■ 앉아서 읽는 책이 아닌 뛰면서 보고 활용하는 책!!

CEO가
될 수 있는 성공법칙 101가지

김 승 룡 편역

가림출판사

CEO가 될 수 있는 성공법칙 101가지

자기의 생활에 대해서 불만을 갖지 말라.
그렇지만 자기 자신에 대해서는
항상 불만을 가지도록 하라.
-네이던-

책머리에

　편집부로부터 관리자·간부를 대상으로 '읽는 책'이 아닌 '볼 수 있는 책', '활용할 수 있는 책'을 써 달라는 부탁을 받았다.

　그 때서야 비로소 필자는 '아! 이제는 그런 시대에 돌입했구나.' 하는 생각이 들었다. 아무튼 세상은 서서히, 아니 시시각각으로 다양하게 변화하고 있다. 이러한 시대의 흐름에 따라 관리자 역시 과중한 업무 속에서도 더욱 더 눈물겨운 노력을 하지 않으면 안 되는 시대가 된 것이다.

　관리자가 되면 여유있게 공부할 수 있는 시간을 가지기가 그리 쉽지 않은 게 사실이다. 그러나 이유야 어쨌든 열심히 공부하지 않으면 관리자로서 일을 능률적으로 수행할 수 없는 시대가 온 것이다. 이러한 때에 침착하게 읽지 않으면 이해할 수 없는 문장보다는 개조서(簡條書)나 체크리스트, 혹은 곧바로 기입할 수 있는 시스템(system)집 또는 폼(form)집이 만들어진다면 편리하게 이용할 수 있을 것이다.

　책은 한번 읽고 그것으로 끝나는 것과 항상 가까이 두고서 몇 번씩 반복해서 볼 수 있는 것이 있다. 필자는 한번 읽고 마는 책보다는 필요할 때마다 활용할 수 있는 책이 더 좋은 책이라고 생각한다.

　관리자가 되면 과중한 업무로 인해 건강을 해치는 경우가 종종 생기게 된다. 이럴 때마다 스스로에게 '과연 이래도 좋은 것인가?' 라고 질문하게 되는데, 그런 때에 이 책을 가벼운 마음으로 들여다본다면 아마도 신속한 해답을 얻을 수 있으리라 본다.

　또한 이 책은 업무의 초점이나 방향을 잃었을 때에도 매우 유용할 것이다.

　등산에 비유해 보면, 관리자·간부들 중의 대부분은 정상을 향해 끈기있게 오르기는 하나 자신의 현재 위치를 정확하게 파악하지 못하는 경우가 있다. 그럴 때 밑에서 지켜보고 있는 부하들은 "저분이 왜 머뭇거리고 있을까? 부하들 생각도 해줘야 할 텐데……."라며 수군거리게 된다.

　한편, 정상에 올라선 경영자의 입장에서는 '뭐야! 저놈 또 길을 잘못들어 헤매고 있군! 어디 저래서야 정상에 오를 수 있겠나!' 라고 생각할 것이다.

남자들의 경우 30세가 지나고, 더군다나 관리자·간부까지 되면 주위 사람들이 결코 부담없는 조언이나 어드바이스를 해주지는 않는다. 그러므로 스스로가 자기 자신의 현재 위치를 정확하게 파악하고, 또한 악으로 어떻게 해야 좋은가를 스스로 판단하고 체크하면서 나아가지 않으면 안 되는 것이다.

성공하는 사람은 자신이 처해 있는 현실을 정확하게 파악하고 있는 사람이다. 그리고 자신이 무엇을 해야 하는가를 잘 알고 있는 사람이다. 세상이나 회사는 자신의 생각대로 움직여 주지 않는다. 그러나 자신이 주위의 희망대로 움직여 준다면 모두들 좋아할 것이다.

이상과 같은 관점에서 볼 때 이 책은 관리자, 간부, 그리고 프로 샐러리맨을 지향하는 분들을 위해 발행된 실무지침서라고 할 수 있다.

아무쪼록 이 책을 철저하게 활용하여 관리자, 간부, 프로 샐러리맨의 행동 계획을 확립하고 곧바로 행동에 옮김으로써 보다 나은 목표를 향해 매진해 주기 바란다.

이 책은 책상에 비치하거나 휴대에도 간편하며, 어느 곳에서나 쉽게 활용할 수 있도록 매뉴얼식으로 펴냈다. 그러므로 독자 여러분에게 친숙한 반려자가 될 것임을 믿어 의심치 않는다.

끝으로, 본 책자를 집필함에 있어 물심양면으로 협조해 주신 관계자 여러분에게 진심으로 감사를 드린다.

편 역 자

contents

contents

제3장
자신의 업무를 개선하기 위한 실행노트

contents

제4장
올바른 부하지도를 위한 실행노트

contents

제5장
업무의 질을 높이기 위해 유용한 명언집 노트

contents

contents

제 8 장
알아두어야 할 관리자의 상식노트

부록 1

부록 2 관리자 · 간부를 위한 일반상식 12문제

CEO

1. 관리자의 '마음가짐'을 위한 실행노트

처음으로 관리자 · 간부가
되었다면 이것만은 실행하자

싸움은 이제부터라는 점을 잊지 마라

막강한 경쟁자들을 물리치고 영광의 승진을 하게 된 관리자 · 간부 여러분에게 먼저 축하의 말을 전한다. 우리 인간들은 이 세상에 태어나면서부터 치열한 경쟁을 하면서 살아가도록 되어 있다.

우리는 학창시절부터 많은 관문을 뚫고 나왔으며, 이것은 사회생활에서도 역시 마찬가지이다. 이렇게 볼 때 당신은 지금 근무하고 있는 회사에 입사할 무렵에도 상당한 어려움을 겪었을 것이다. 그리고 관리자 · 간부가 되기까지도 치열한 경쟁을 거쳤다. 경쟁 끝에 지위가 상승했다고 해서 결코 안심해서는 안 된다. 진정한 의미에서의 싸움은 이제부터라는 점을 자각해야 한다.

일단 관리자가 되면 승진의 문턱은 더욱 좁아지게 된다. 그뿐만 아니라 무사안일주의로 근무를 하다 보면 경우에 따라서는 강등까지도 감수해야 한다. 이런 점에서 관리자 · 간부들은 항상 마음을 가다듬어 다음의 승진을 향해 힘차게 도약해야 한다.

실행 계획의 우선 순위를 정하라

관리자 · 간부가 되고 나서 계획적인 실행 목표가 없으면 곤란하다. 엉거주춤하고 있는 사이 부하직원에게 추월당하고 만다.

이 책에서 기술하는 101가지의 실행노트는 관리자 · 간부 여러분에게 상당히 유용한 지침서가 될 것이다. 따라서 이에 대한 적극적인 활용을 당부하며 참고가 될 만한 사항은 완전하게 소화해 주기 바란다.

관리자 · 간부는 각 부서의 책임자로서 회사의 업적에 공헌해야 한다. 기업은 공헌도가 큰 관리자 · 간부에게 중요한 업무를 일임함으로써 그 노력을 인정해 준다. 그러므로 이제부터의 수입이나 승진은 스스로 실력을 연마해서 쟁

취해야 한다.

아울러 기업의 3대 목표라고 할 수 있는 '① 매출액을 증대시킨다 ② 이익을 증대시킨다 ③ 시장 점유율을 증대시킨다' 의 3가지 당면문제를 명확하게 인식하면서 업무를 추진해야 한다.

자상한 인간이 아닌 엄격한 인간이 되라

관리자 · 간부가 되면 부하직원 수도 늘어나고 책상도 커지게 된다. 또한 승진에 따라 위상도 높아지고 직책수당도 나오게 마련이다.

그러나 여기에서 중요한 것은, '이만하면 상당히 출세한 것 같다.' 라는 생각에 업무를 안이하게 추진하다 보면 자신도 모르는 사이에 주위로부터 외면당하게 된다는 사실이다.

관리자 · 간부라면 자상한 사람이 되기보다는 엄격하고 냉정한 사람이 되려고 노력해야 한다.

관리자가 되면 직책수당은 늘어나도 시간 외 근무수당이나 휴일 출근수당은 부여되지 않는다. 출근시간도 부하직원보다 이른 것이 상식이고 퇴근 또한 모두가 퇴근한 후에 해야 한다.

만약, 어떤 문제라도 발생하게 되면 주위로부터 "관리자 · 간부들은 도대체 무엇들을 하고 있는 거야!"라는 비판의 소리를 듣게 된다.

결국 기업 내에서 일을 가장 많이 해야 하는 사람은 곧 관리자인 것이다. 관리자는 항상 24시간 체제로 명석한 두뇌를 발휘해야 한다는 점에서 왕성한 심장력과 체력을 유지해야 한다. 또 관리자 · 간부가 마이홈주의로 가게 되면 회사에 부담을 주는 부양가족으로 전락하고 만다. 따라서 관리자는 업무 위주로 행동하지 않으면 안 된다.

관리자 · 간부는 혈기왕성하고 건강해야 한다

관리자가 체력이 약하거나 질병이 있어서는 곤란하다. 따라서 '머리가 아프다'든가 '몸살이 난 것 같다'고 하면서 회사를 쉬게 되면 곧바로 신뢰를 잃게 된다. 또한 관리자가 지나치게 술을 마신다거나 과식함으로써 건강 조절을 잘못하여 회사업무에 지장을 주는 경우도 마찬가지이다. 무엇보다도 식생활이나 사생활에 각별한 주의를 기울여야 한다.

관리자가 신체의 컨디션을 잘못 조절하여 정서불안에 빠진다면 이는 분명히 낙제가 아닐 수 없다. 무엇보다도 관리자에게는 춘풍(春風)과 같은 상냥함과 여름의 태양과 같은 정열이 필요하다.

노력하는 자세를 지녀라

대체로 우리들은 학교를 졸업한 후, 결혼을 한 후, 그리고 회사의 관리자가 되고부터는 독서를 소홀히 하는 경향이 있다. 그러나 그렇게 되면 자기 발전을 꾀하기가 어렵다.

특히, 관리자가 되고 나서 독서를 멀리한다는 것은 직무를 등한시한다는 것과도 같다. 관리자는 그 누구보다도 앞서가는 독서량이 필요하다. 적어도 하루에 1시간 정도는 독서 시간을 갖도록 한다.

한 달에 최소한 급료의 5% 정도는 자신의 장래를 위해 독서에 투자해야 한다. 투자 없이 보다 나은 장래를 기대하기란 어렵다. 평상시에 많은 독서를 한 사람은 비상시에 실력을 발휘하게 마련이다.

제1장의 실행노트를 활용하기 위한 핵심 포인트

해마다 수많은 관리자·간부가 탄생하지만, 관리자로서의 직책을 완전하게 수행하고 있는 사람은 과연 몇 명이나 될까? 자기가 관리자·간부라는 직책을 부여받았다고 해서 일을 완벽하게 수행한다고 할 수는 없다.

그렇다면 관리자·간부는 어떠한 마음가짐을 가지고 있어야 하며, 어떠한 행동을 취해야만 하는가를 명확하게 정립하지 않으면 안 된다.

관리자·간부에게는 일반사원이나 일선감독자와 같은 단순한 사고방식은 허용되지 않는다. 따라서 관리자는 현재 자신이 어떠한 입장에 놓여 있는가를 냉철하게 생각해 볼 필요가 있다. 이를 위해서는 어떠한 상황에서든 현실을 정확하게 파악하는 안목이 무엇보다도 필요하다. 그 다음에는 관리자로서 어느 정도의 수준이 요구되고 있는가에 대한 올바른 인식이 필요하다.

관리자는 회사 내에서 수많은 경영회의 등에 참석하게 된다. 그런 자리에서 "저 친구, 대단한 인물이야!"라는 말을 들을 정도의 평가는 받아야 한다. 또 관리자는 회사 밖의 업무 관계자와도 많은 접촉을 갖게 된다. 따라서 관리자·간부의 언행은 자신뿐만 아니라, 회사의 평가에도 직결되는 것이다. 접촉했던 사람들로부터 "저 회사는 형편없어!"라는 평가를 받게 된다면 큰일이 아닐 수 없다.

이런 점에서 관리자·간부는 자기 직책에 필요한 지식과 교양, 그리고 경험을 쌓아야 하는 것이다. 그 다음에는 관리자로서의 일상적인 업무를 어떻게 수행할 것인가를 계획하고 설정해야 한다.

관리직이라고 불리고 있는 만큼 관리에 관한 업무는 치밀하고 정확하게 수행해야 한다. 관리자가 되면 판단업무가 증가하면서 신속도와 정확도가 요구되므로 이를 위한 노력도 게을리해서는 안 된다.

 ## 관리자의 정의

> 관리자·간부가 되었다고 하여 출세했다는 단순한 생각은 버려야 한다.
> 회사에서 중요한 일을 가장 많이 하는 사람이 관리자인 것이다. '관리자로서 과연 어떻게
> 일하고 있는가?'라는 경영층의 엄격한 시선도 받게 되고, 또 부하직원들로부터는 '우리
> 상사는 무얼 하고 있는 거야?'라는 비판도 받게 된다. 그러므로 관리자의 일을 완수하기
> 위해서는 단순한 이해관계를 떠난 투철한 사명감이 필요하다.

1. 관리자란 계장직부터 부장직의 직위를 가진 사람들을 말한다.

2. 관리자란 부하를 통하여 업무를 추진하는 사람이다.

3. 관리자란 부하직원을 통솔하면서 자신도 자신의 업무에 주력하는 사람이다.

4. 관리자란 시간이 아닌 목표를 중심으로 일을 하는 사람이다.

5. 관리자란 부서의 경영자 내지는 책임자이다.

6. 기업의 우열은 관리자의 능력에 의해 결정된다.

7. 관리자란 '자상한 사람'이 아닌 '엄격하고 냉철한 사람'이다.

8. 관리자란 곤란한 업무도 능숙하게 처리하는 사람이다.

9. 관리자란 '머리가 아프다, 몸살이 났다'는 등의 사소한 이유로는 회사 근무를 소홀히 하지 않는 사람이다.

10. 관리자란 부하직원보다 일찍 출근하고, 늦게 퇴근하는 사람이다.

관리자 · 간부의 5가지 기능

관리자가 되어서도 업무를 계획적으로 실행할 줄 모르는 사람이 있다.
보통 회사에서는 '그 정도의 일은 알아서 하겠지!'라는 전제 아래 관리자로 임명하는 것이다. 따라서 '결정, 계획, 준비, 실시, 검토'라는 경영의 5가지 기능에 대해서는 완벽하게 숙달해 놓아야 한다.

1. 관리자는 부서의 경영자 내지는 책임자로서 자기 부서의 업적에 책임을 갖고 업무를 수행해야 한다.

2. 관리자는 '사람, 물건, 돈, 정보'의 관리를 효율적으로 추진하지 않으면 안 된다. 관리란, 즉 'plan, do, check'이다.

3. 관리자는 부하직원의 지도, 통솔을 효과적으로 진행하지 않으면 안 된다. 즉 부하직원들의 역량을 110% 이상 끌어내 주는 것이 중요하다.

4. 관리자는 문제를 효과적으로 해결하지 않으면 안 된다. 문제란 '업적 달성의 장애물'이기 때문이다.

5. 관리자는 판단을 요하는 업무를 정확하게 처리하지 않으면 안 된다. 판단이란 위로 갈수록 어려워진다. 관리자의 판단 실수는 회사에 큰 손실을 가져다 주게 된다.

경영관리의 5가지 사이클

관리자는 업무를 계획하고, 실행하고, 검토하는 사람이다.
회사에는 '경영관리의 5가지 사이클'이 있다. 관리자에게 맡겨진 범위를 '작은 우주', 회사를 '큰 우주'라고 할 때 우주는 지구를 중심으로 움직이지 않는다. 중요한 것은 지구가 어떤 위치에 있는가를 정확하게 포착하는 것이다. 그렇듯이 능력 있는 관리자는 점차적으로 기업의 중요한 위치로 올라서게 된다.

① 계획 plan

경영관리 사이클의 출발점이다. 이 속에는 예측, 목표, 방침도 포함된다. 이것을 명확하게 함으로써 전원의 힘을 결집시킬 수 있다.

⑤ 통제 control

사원의 활동이 계획에 입각하여 실행되고 있는가를 점검한다. 계획과 실적의 비교, 검토를 통하여 이를 수정·보강한다.

② 조직 organization

계획을 실현하기 위해 타인과 일을 연결시킨다. 업무분담을 명확히 하고 책임과 권한을 부여함으로써 업무 상호간의 관계를 합리적으로 한다.

④ 동기부여 motivation

사원들이 지시, 명령에 의해서만 일을 하는 것은 의미가 없다. 기업의 목적, 개인의 근로 목적을 인식하고 자주적으로 일을 할 수 있도록 배려한다.

③ 조정 co-ordination

경영상의 활동을 지향하는 방향으로 통일한다. 경영활동을 추진, 실행하는 과정에서 발생되는 이해나 견해 차이를 적절하게 조정한다.

 경영관리의 9가지 원칙

경영관리의 원칙

회사와 사원 개인과의 통합, 업무의 추진이나 합리성, 민주성, 사회성 등의
조화를 이루면서 경영을 추진해 나가는 데에는 아래 두 번째 항 이하의 원칙
이 적용된다.

목표에 관한 원칙

경영관리의 지향목표는 지배와 피지배 관계가 아닌 노사 쌍방의 만족을 최
우선으로 한다. 여기에서 만족이란 그 시점에 맞는 목표를 설정하느냐에 달려
있다.

명령 일원화의 원칙

한 사람의 사원에 대하여 한 사람의 상사만이 명령을 하도록 하는 원칙이
다. 이는 복수 명령을 함으로써 야기되는 업무상의 혼란을 막기 위해서지만
특수한 상황이나 조건 아래서는 다소 변경될 수도 있다.

분업과 전문화의 원칙

업무는 가능한 한 분업화를 추진하면서 전문화를 달성해 가는 것이 합리적
이다. 또한 명령 일원화와의 조화를 이루는 문제는 라인 앤드 스태프(line and
staff)의 도입에 의해 해결할 수 있다.

감독범위 적정화의 원칙

한 사람의 장(長)이 관리할 수 있는 인원수에는 한도가 있게 마련이다. 대개
근로자의 경우는 15~30명, 사무직의 경우는 6~8명, 그리고 기획직의 경우

세상에는 여러 형태의 원리원칙이 존재하는데, 이와 마찬가지로 경영관리에도 원칙이 있다. 이것이 바로 '경영관리의 9가지 원칙'이다.
업무에 있어서 원칙에 따라 행동하면 업무가 효율적으로 진행되나 원칙을 무시하면 좋은 결과를 기대하기 어렵게 된다. 그러므로 관리자는 업무와 관련된 여러 가지 원리원칙을 숙달해 놓아야 한다.

는 2~3명이라고 한다. 그러나 상황에 따라 다소 달라질 수는 있다.

계층 단축화의 원칙

관리 계층은 가능한 한 짧은 쪽이 좋다. 길면 말단에까지 도달하는 데 시간이 걸릴 뿐만 아니라, 명령의 내용도 잘못 전달될 우려가 있다. 따라서 다섯 번째 항의 사항을 참고하는 것이 좋다.

권한위양의 원칙

업무를 추진하기 위해서는 그것에 필요한 권한이 뒤따르게 된다. 따라서 부하직원에게 일을 맡길 경우에는 권한까지도 위양하지 않으면 안 된다. 또한 권한을 위양한 자는 위양한 권한에 대한 관리를 행하지 않으면 안 된다.

분권화의 원칙

권한위양은 조직 전체에서 행해지지 않으면 안 된다. 이것이 분권화의 원칙이다. 분권화에는 의사결정과 집행이 있다. 이에 따라 체계적인 관리체제가 정비되지 않으면 안 된다.

목표에 의한 관리의 원칙

분권화의 결과 담당자는 스스로 목표를 설정하든가 아니면 상사의 목표설정에 참여한다. 결과에 대해서는 올바른 업적 평가를 실시함으로써 자주성과 참여의식을 높일 수 있다.

 **관리자의 기본직책**

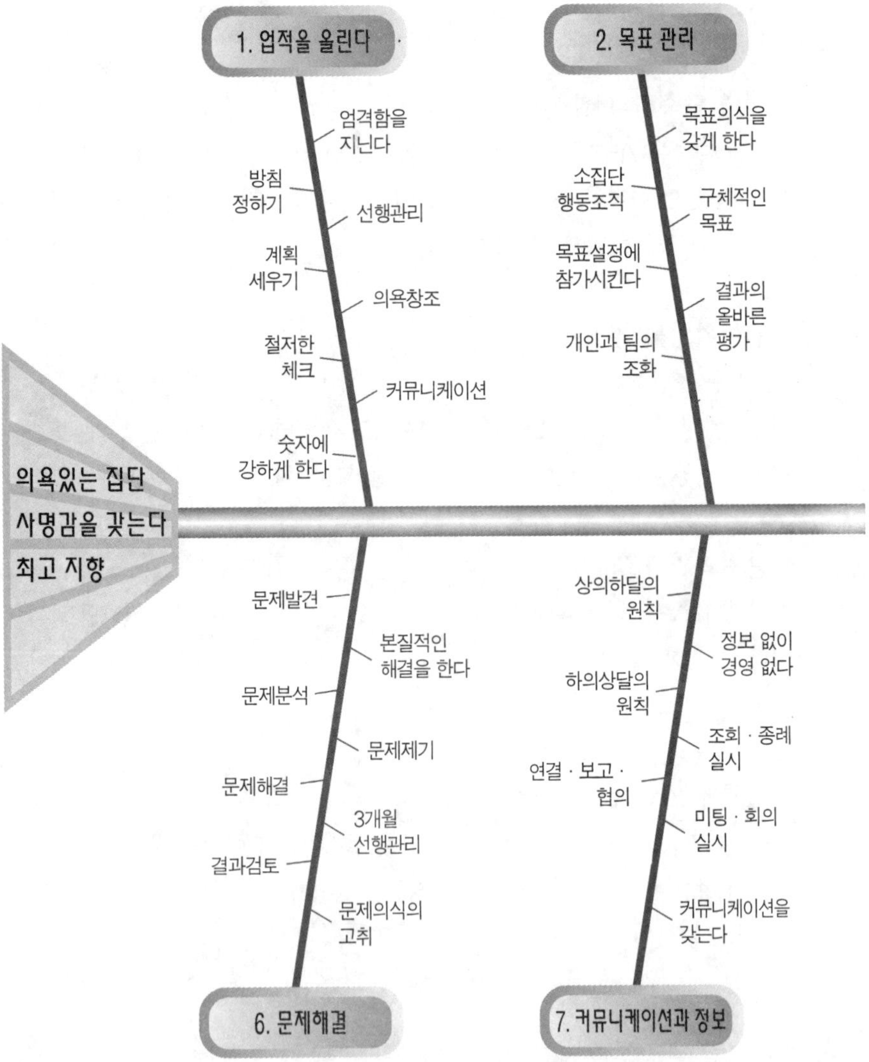

```
        ┌─────────────┐              ┌─────────────┐
        │ 1. 업적을 올린다 │              │  2. 목표 관리  │
        └─────────────┘              └─────────────┘

                 엄격함을                      목표의식을
                 지닌다                        갖게 한다
         방침                          소집단
         정하기        선행관리          행동조직         구체적인
                                                      목표
         계획                          목표설정에
         세우기        의욕창조          참가시킨다         결과의
                                                      올바른
         철저한                         개인과 팀의        평가
         체크         커뮤니케이션         조화

                 숫자에
                 강하게 한다

  의욕있는 집단
  사명감을 갖는다 ═══════════════════════════════════════════════
  최고 지향

                 문제발견                      상의하달의
                                               원칙
                        본질적인                        정보 없이
                        해결을 한다                       경영 없다
         문제분석                        하의상달의
                                        원칙           조회 · 종례
         문제해결        문제제기                        실시
                                        연결 · 보고 ·
         결과검토        3개월           협의            미팅 · 회의
                        선행관리                        실시

                        문제의식의                       커뮤니케이션을
                        고취                           갖는다

        ┌─────────────┐              ┌─────────────────┐
        │  6. 문제해결  │              │ 7. 커뮤니케이션과 정보 │
        └─────────────┘              └─────────────────┘
```

다음은 관리자의 기본직책을 특성 요인으로 표시한 것이다. 이를 통하여 균형 있는 업무를 추진하고, 업적상승을 위한 목적을 달성해야 할 것이다. 이를 위한 원동력으로 첫째는 의욕적인 집단을 만드는 일이고, 둘째는 사명감을 가질 수 있는 업무를 추진하는 것이며, 셋째는 사내의 최고를 지향하는 것이다.

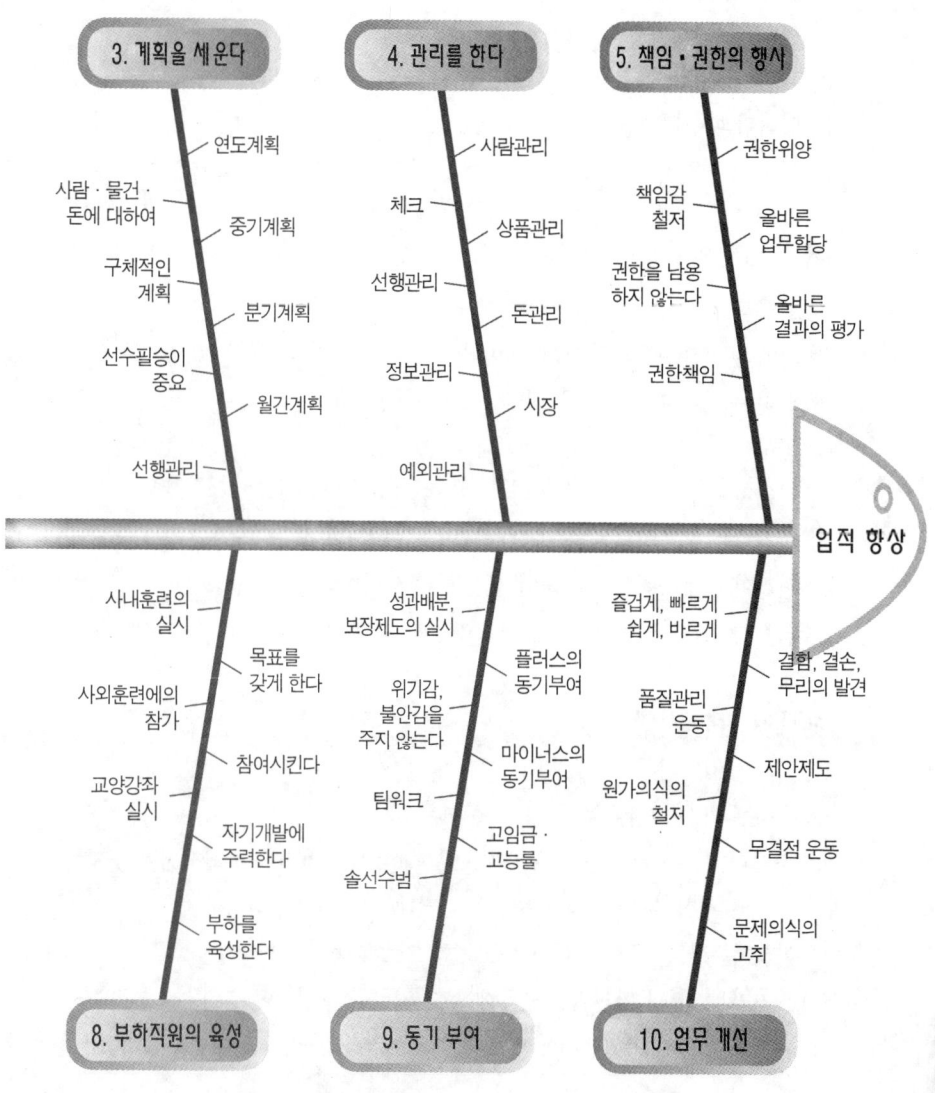

 **관리자 · 간부의 일상적인 판단기준**

인간에 관한 사항

① 사람을 육성하는 관리자가 된다.

② 사람을 사랑하는 관리자가 된다.

③ 엄격함과 상냥함을 겸비한다.

④ 보좌역에 철저를 기하여 상사에게 협력함으로써 상사의 승진과 함께 자동적으로 자신도 승진되도록 한다.

⑤ 소수정예주의에 철저를 기한다.

⑥ 고임금 · 고능률주의를 지향한다.

⑦ 기업은 인간수업의 도장(道場)이다.

⑧ 일하는 것과 배우는 것에 대한 조화를 유지한다.

⑨ 공사(公私)를 혼동해서는 안 된다.

⑩ 관리자는 업무 중심으로 인생을 설계한다.

⑪ 관리자는 부하직원을 형제자매와 같이 보살펴야 한다.

⑫ 관리자는 부하직원을 통하여 일을 하는 사람이다.

⑬ 업무는 신속하고 엄격하게, 즐겁고 쉽게 처리해야 한다.

숫자에 관한 사항

① 적자는 죄악이다. 이익을 중요시해야 한다.

② 숫자에 약한 기업은 돈을 벌지 못한다.

③ 비즈니스 용어란 사물을 구체적으로 나타내는 말이다. 구체적이란 숫자로써 표시할 수 있는 것은 숫자로 나타내는 것을 말한다.

④ 관리자는 시간 중심이 아닌 목표 중심으로 행동해야 한다.

⑤ 관리자는 1분당 인건비를 염두에 두고 업무를 추진해야 한다.

⑥ 관리자는 자신의 인건비에 대해 10배의 이익을 올려야 한다는 각오로 근

> 기업 내에 있어 상급자가 될수록 정확한 판단력이 요구된다. 그리고 판단의 정확을 기하기 위해서는 기준이 필요하다. 관리자로서 일상적인 판단을 용이하게 하기 위해서는 사람, 물건, 돈에 관한 기준이 있어야 한다. 다음 사항들을 참고하여 자신의 판단 기준을 세우도록 하자.

  무해야 한다.

⑦ 대차대조표와 손익계산서는 기업의 성적표이다. 그 편성을 알고 업무를 추진하도록 한다.

⑧ 업계의 경영지표를 항상 염두에 둔다.

⑨ 부서에서 필요한 숫자는 정리하여 노트나 수첩에 요약해 둔다.

물건에 관한 사항

① 상품을 돈보다 중요하게 취급한다.

② 고객은 신(神)이다.

③ 달걀을 한 개의 바구니에 모두 담지 않도록 한다. 만약의 경우 바구니를 떨어뜨리게 되면 달걀이 모두 깨지기 때문이다. 적당한 상품 구성의 비율은 4 : 3 : 3이다.

④ 넘버원주의는 생존전략이며 이익을 올리는 조건이다. 양과 질의 측면에서 넘버원주의의 요소를 많이 갖도록 한다.

⑤ 공격은 최대의 방어이다.

⑥ 호점불변객(好店不變客), 호객불변점(好客不變店)의 원칙을 익힌다.

⑦ 자기를 알고 적을 알면 백 번 싸워도 지지 않는다.

⑧ 전략 80%, 전술 20%로 한다.

  ◆ 메이커 — 무엇을 만들 것인가

  ◆ 상사(商社) — 얼마 만큼 팔 것인가

  ◆ 도소매 — 어디에서 팔 것인가

⑨ 판매는 상품의 비중이 30%, 사람의 비중이 70%이다.

⑩ 판매 없이 사업 없고, 회수(回收) 없이 판매 없다.

 # 관리자 · 간부가 범하기 쉬운 7가지 악습

1. 자신이 직접 해야 한다고 고집하여 부하직원에게 일을 맡기지 않는다.
   결과 — 잡다한 업무에 쫓겨 정신을 못차리게 된다.

2. 업무의 추진방법이 독단적이다.
   결과 — 업무의 균형과 표준화가 불가능하여 비능률적으로 일을 처리하게 된다.

3. 업무에 대해 언제 어디서나 그 누구에게든 알기 쉽도록 설명해 주지 않는다.
   결과 — 관리자가 없으면 부하직원들은 아무 일도 하지 못한 채 업무가 정체된다.

4. 관리자로서 무엇을 해야 할지 모른다.
   결과 — 사람(부하직원), 물건(상품), 돈(자금)에 대한 관리의 경우 이를 구체적으로 이해하지 못하면 관리에 대한 결손과 결함이 발생하게 된다.

5. 부여된 권한에 대해 보고나 연락을 전혀 취하지 않는다.
   결과 — 경영자는 결과에 대한 불안감 때문에 그 이상의 업무를 부여하지 않는다.

6. 사무실 안에 있었다는 것만으로 일을 했다고 주장하거나 잠시 몸을 움직였다는 것만으로 업무를 수행했다고 하는 등 자기만족에 빠지고 있다.

관리자·간부가 되면 업무의 처리 방법이 변해야 한다. 일단 부하직원에게 맡길 수 있는 일은 미련없이 맡기도록 하고, 맡겨 놓은 업무는 반드시 보고를 받은 다음 결과를 확인한다. 또한 자신의 업무에 대해서도 상사가 알고 싶어한다는 점을 파악하고 즉시 보고하도록 한다.

결과 — 실적향상에 연결되지 않는 업무만을 하고 있어 회사의 실적이
　　　　오르지 않는다.

7. 상사가 명령한 대로만 실행하면 합격점수를 받을 수 있다고 생각하고 근무한다.
　　결과 — 자립성이 결여되기 쉽고 판단력이 미흡하여 단순한 의미의 로봇
　　　　　　형 관리자가 되어 버린다.

관리자로서 최소한 필요하다고 인정되는 10가지 상식

관리자가 업무만 잘하면 된다는 식의 생각을 가지고 있으면 곤란하다. 다방면에 걸쳐 박식하지 않으면 안 된다. 그렇게 되기 위해서는 지속적인 노력이 필요하다.
따라서 매력적인 관리자가 되기 위해서는 다음에서 기술하는 10가지 상식은 꼭 알아두어야 한다.

1. 최소한 신문 기사에 나오는 한자 정도는 막힘 없이 읽을 수 있어야 한다.
2. 외국어의 경우 영어 정도는 일상적인 대화를 나누기에 불편함이 없어야 한다.
3. 계수(計數)에 대해서는 대차대조표, 손익계산서 정도는 작성하고 이해할 수 있어야 한다.
4. 경영에 대해서는 10명 규모 정도의 관리 업무를 맡겨도 곤란을 느끼지 않아야 한다.
5. 화제가 되는 정치, 경제, 사회, 종교, 문학, 예술, 국제문제 등에 대한 '취직시험문제'에서 최소한 70점 이상은 받을 수 있어야 한다.
6. 자신의 건강을 유지하는 데 도움이 되는 의학상식, 스포츠상식, 식이요법 등에 대한 풍부한 지식을 갖고, 이를 스스로 실천할 수 있어야 한다.
7. 취미는 남보다 앞서가는 건전한 취미를 갖고 있어야 한다.
8. 복장이나 태도는 언제 어디서나 관리자로서 부끄럽지 않을 정도여야 한다.
9. 표현력은 아침 조회시 언제 지명되더라도 5분 정도는 막힘없이 논리정연하게 말할 수 있어야 한다.
10. 전문 분야에 대해서는 여러 사람들 앞에서 최소한 1시간 정도는 이야기할 수 있어야 한다.

관리자로서의 업무능력 평가기준

관리자가 되면 어떻게 평가되는지에 대해서는 알아둘 필요가 있다.
다음 도표에 나온 내용들은 평생을 통하여 계속적인 평가를 받지 않으면 안 될 위치에
있는 사람이라면 특히 알아두어야 할 내용이다. 그리고 다음 승진을 위해서도 확실하
게 알아놓기 바란다.

종별	요소	평가 내용
업무	업무의 양 목표관리	업무의 총량, 일을 추진하는 속도, 계산에 입각한 수행도는 어떤가. 또한 담당부서의 목표달성 방법을 설정한 진도상황의 체크와 대책은 어떠했는가.
	업무의 질 창의연구	일의 정밀도, 정확도, 수단은 어떤가. 또한 과거의 방법을 변경하여 새로운 견해, 방법, 순서 등에 대한 개선실시는 어떠했는가.
정열	소속감	기업에 대한 소속감은 충분한가. 회사와 업무를 중심으로 한 근무 자세인가.
	적극성	자신의 업무에 관해 질적향상, 개선제안, 자기개발을 위해 노력하고 있는가. 위기시 곤란을 극복하는 자세는 어떤가.
	책임감	자신의 일에 대한 마음가짐 또는 자신 및 부하의 행동에 대한 책임감과 그 태도는 어떤가.
	협조성	자신의 업무범위 외의 사항, 즉 상사, 동료, 타부서와의 업무협조는 양호한가. 회사 내에서 자신의 위치를 유지하면서 행동하고 있는가. 부서간·개인간의 커뮤니케이션은 원활한가.
능력	지식·기능	자기 부서의 업무를 원활하게 추진함에 있어 필요한 지식과 기능은 충분한가. 그리고 노력하고 있는가.
	지도·통솔	부하를 지도하면서 능력향상에 노력하고 있는가. 또한 부하를 장악하면서 목표에 도전하고 있는가.
	관리·조정	자기 부서의 사람, 물건, 금전 등의 관리는 정확한가. 필요에 따라 부서 내 또는 타부서와의 조정을 하고 있는가.
	문제해결	업적의 장애물이 되는 문제에 대해 전향적인 자세로 임하고 있으며 적절히 선수를 치면서 대처하고 계획수행에 노력하고 있는가.

관리자 · 간부의 지침헌장

직책수당 중 일부는 관리자가 어려운 일을 수행하는 데 대하여 지불되는 것이다. 그러므로 관리자는 업무를 회피해서는 안 된다. 관리자가 업무로부터 도피하게 되면 부하직원들이 따라오지 않는다. 그러므로 관리자가 일을 효율적으로 수행하기 위해서는 확고한 자기 사상과 철학이 필요하다. 다음의 관리자의 지침헌장을 정기회의나 연수회의 때 복창하거나 책상 위에 두어 마음가짐을 새롭게 해보자.

1. 우리들 관리자는 자진하여 어려운 일에 임할 것을 맹세한다.
1. 우리들 관리자는 사장의 분신(分身)이며 경영추진의 원동력이 될 것을 맹세한다.
1. 우리들 관리자는 부하직원들의 힘과 조직력을 100% 발휘시킬 것을 맹세한다.
1. 우리들 관리자는 신속하게 일을 추진함으로써 시간을 낭비하지 않을 것을 맹세한다.
1. 우리들 관리자는 항상 계수(計數)에 입각하여 판단할 것을 맹세한다.
1. 우리들 관리자는 적극적으로 자기개발에 노력할 것을 맹세한다.
1. 우리들 관리자는 새로운 시대를 살아가기 위해 창조성을 개발할 것을 맹세한다.
1. 우리들 관리자는 정열적이고 적극적으로 행동할 것을 맹세한다.
1. 우리들 관리자는 적극적으로 부하직원을 육성할 것을 맹세한다.
1. 우리들 관리자는 문제의식, 가치의식을 철저히 갖고 행동할 것을 맹세한다.

CEO

2. 관리자·간부의 업무를 '훌륭하게' 수행하기 위한 실행노트

13 제2장의 실행노트를 활용하기 위한 핵심 포인트

우수한 관리자가 되기 위해서는 우선 앞을 내다보면서 업무를 추진해야 한다. 이것이 곧 프로관리자의 첫 번째 조건이다.

관리자가 부하직원들로부터 듣게 되는 나쁜 평판 중의 한 가지가 "우리 상사는 계획성이 없는 것 같아!"라는 것이다. 이것은 한 개인에 대한 단순한 평가로 그치지 않고 자기 부서의 실적과도 밀접한 관계를 갖는다.

이 세상은 선수필승(先手必勝)·후수필패(後手必敗)의 구조로 되어 있다. 단발적인 사고나 지연책으로는 일을 효율적으로 추진할 수 없다. 이런 점에서 관리자는 적어도 3개월 앞을 내다볼 수 있는 식견력과 선견력이 필요한 것이다. 이와 같은 테크닉이 가능해질 때 비로소 프로관리자로서 평가받게 된다. 따라서 단지 1개월 앞의 일밖에 보지 못하는 관리자가 있다면 현대와 같이 냉엄한 경쟁 시대에서는 살아 남기가 어렵게 될 것이다.

우수한 관리자가 되기 위헤 또 한 가지 필요한 것은 일상적인 업무를 표준화, 시스템화하는 일이다. 따라서 이 책 전체가 일종의 표준화 시스템이라 할 수 있다.

관리자로서의 업무를 '언제, 무엇을, 어떻게 할 것인가'를 명확하게 수립하여 정확하게 실행토록 안내해 주는 지침서가 곧 이 항목에서 기술하는 내용이다.

또한 자기 부서의 업무를 완전하게 수행하기 위해서 팀의 역량을 결집시키는 일도 관리자에게는 중요한 일이 아닐 수 없다. 각종 회의를 비롯하여 커뮤니케이션의 강화에도 심혈을 기울일 필요가 있다. 결론적으로 커뮤니케이션이 원활하지 못하면 자연히 업적도 저하되는 것이다.

목표를 달성하기 위한 관리표

관리자로서 업무실적을 남기기 위해서는 구체적인 목표를 세워 도전하는 자세가 필요하다. 묵묵히 주어진 일만 해서는 몇 년이 흘러도 자신의 업적이 남지 않는다. 그러므로 현재의 직위, 현재의 직장에서 무언가 업적을 남기려면 보다 진지한 자세로 업무에 임해야 할 것이다.

목표관리표

소속	직위	성명	기간	년 월 일 ~ 년 월 일	소속부서장	검인
목표항목	1.	2.	3.		4.	
구체적인 내용						
본인의 평가와 반성 (결과에 대한)						

상사의 평가와 조언 (결과에 대한)	A 매우 노력했다	B 상당히 노력했다	C 보통이다	D 미흡하다	A 매우 노력했다	B 상당히 노력했다	C 보통이다	D 미흡하다	A 매우 노력했다	B 상당히 노력했다	C 보통이다	D 미흡하다	A 매우 노력했다	B 상당히 노력했다	C 보통이다	D 미흡하다

15 연간 업무계획용 노트
(연 · 월 · 일별 행사예정표)

연간 행사예정표			
순간 월	상 순	중 순	하 순

관리자가 되면 계획적으로 업무를 추진해야 된다. 이를 위해서는 1년간의 계획진행표를 준비하는 것이 바람직하다. 1년을 통하여 유지해야 할 필요성이 있는 양식으로는 '연간 행사예정표'와 '월·일별 행사예정표'를 들 수 있다. 이들 양식을 모두 사용해도 좋고 일부만 사용해도 상관은 없으나, 지속적·계획적으로 활용해야 한다.

월·일별 행사예정표

일 \ 월	월	월	월	월	월	월
1						
2						
3						
4						
5						
6						
7						
8						
9						
10						
11						
12						
13						
14						
15						
16						
17						
18						
19						
20						
21						
22						
23						
24						
25						
26						
27						
28						
29						
30						
31						

월	월	월	월	월	월

 월간 업무계획용 노트

년 월별 행사예정표													
항목 \ 월	요일	1	2	3	4	5	6	7	8	9	10	11	12
	예정												
	실적												
	예정												
	실적												
	예정												
	실적												
	예정												
	실적												
	예정												
	실적												
	예정												
	실적												
	예정												
	실적												
	예정												
	실적												
	예정												
	실적												
	예정												
	실적												
	예정												
	실적												
	예정												
	실적												

[기입예] 3일 필요 ←☐☐→ 1일 필요 ⊠ 반일 필요 ◪ 1/4일 필요 ⊞

자신의 업무에 대한 1개월의 스케줄 또는 부하직원에 대한 업무파악을 위한 시스템으로 활용하면 좋을 것이다.

참고가 되도록 하기 위해 기입방법에 대한 예(例)를 양식 하단부에 표시했다. 각 개인에 따라 독자적인 연구가 필요하다고 본다. 어떠한 일에든 '계획 — 실행 — 반성'의 사이클 을 거치는 것이 관리의 기본이다.

13	14	15	16	17	18	19	20	21	22	23	24	25	26	27	28	29	30	31

17 하루의 행동계획용 노트

일별 24시간 행동계획표

일자	7일앞	요일	시간→ 1	2	3	4	5	6	7	8	9	10	11
1	8												
2	9												
3	10												
4	11												
5	12												
6	13												
7	14												
8	15												
9	16												
10	17												
11	18												
12	19												
13	20												
14	21												
15	22												
16	23												
17	24												
18	25												
19	26												
20	27												
21	28												
22	29												
23	30												
24	31												
25	1												
26	2												
27	3												
28	4												
29	5												
30	6												
31	7												

일반적으로 업무가 많아지면 계획했던 일이 늦어지게 된다. 이를 위한 대책으로 아래와 같은 계획표를 작성, 활용하게 되면 업무를 효율적으로 수행할 수 있을 것이다.

이 도표의 특징은 1개월을 24시간 체제로 대응할 수 있도록 했다는 점과 항상 7일 앞을 의식하면서 일을 진행할 수 있도록 했다는 점이다. 업무가 바쁜 사람의 경우나 특별히 이동이 많은 사람에게는 매우 효율적인 양식이다.

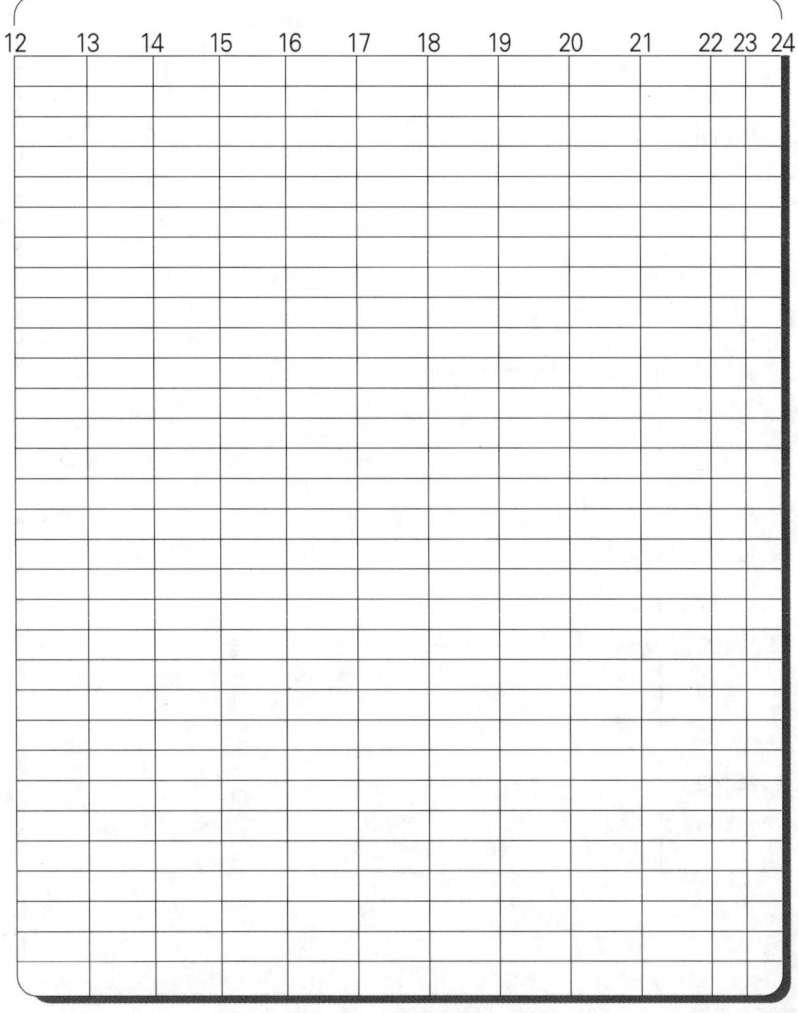

 **단기업무용 스케줄표**

스 케 줄

일(요일)

시간	
6 : 00	
7 : 00	
8 : 00	
9 : 00	
10 : 00	
11 : 00	
12 : 00	
13 : 00	
14 : 00	
15 : 00	
16 : 00	
17 : 00	
18 : 00	
19 : 00	
20 : 00	
21 : 00	
22 : 00	

메 모

어느 회사를 막론하고 전시회를 비롯한 각종 행사를 개최하는 경우가 있다. 다음 도표는 2~3일 동안에 걸쳐 개최되는 단기간의 행사계획에 효과적으로 활용할 수 있는 스케줄 표이다. 필수적인 사항을 공란에 기록하면 좋을 것이다. 관리자의 입장에서 완벽한 행사를 추진하는 사람은 우수한 인물로 평가받게 된다.

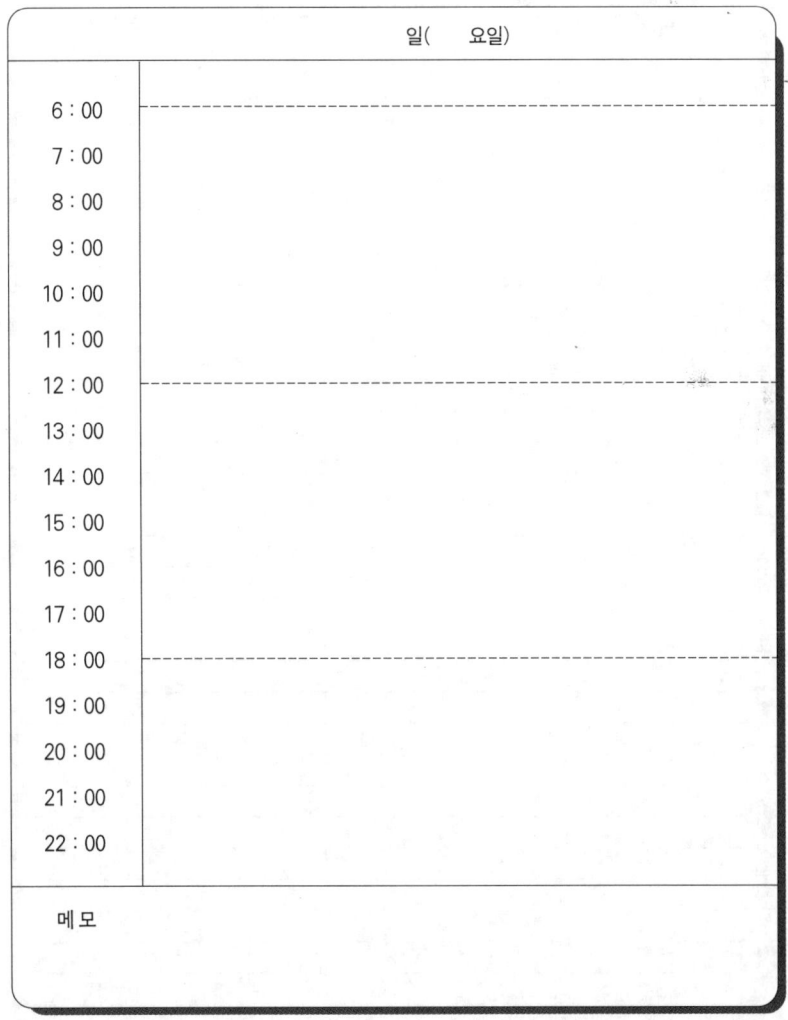

일(요일)

6 : 00	
7 : 00	
8 : 00	
9 : 00	
10 : 00	
11 : 00	
12 : 00	
13 : 00	
14 : 00	
15 : 00	
16 : 00	
17 : 00	
18 : 00	
19 : 00	
20 : 00	
21 : 00	
22 : 00	

메모

관리업무를 완벽하게 수행하기 위한 체크리스트

관리업무 체크노트

	관리업무(지시, 명령, 협의 등)	언 제	누구에게(와)	포 인 트
관리직으로서 해야 할 일상업무	1			
	2			
	3			
	4			
	5			
	6			
	7			
	8			
	9			
	10			

	내　　용	언 제	축소해야 할 포인트	
주목해야 할 서류	1			
	2			
	3			
	4			
	5			

	내　　용	언 제	누구에게	포 인 트
상사에의 보고사항	1			
	2			
	3			
	4			
	5			

	내　　용	언 제	포 인 트	
계획 및 선행관리사항	1			
	2			
	3			
	4			
	5			
	6			
	7			
	8			

관리자가 일상적인 업무를 효율적으로 수행하기 위해서는 다음에서 소개하는 '관리업무 체크리스트'를 활용하면 좋을 것이다. 무엇보다도 관리자란 '계획 — 실행 — 체크'를 잘 해야 한다. 결론적으로 정기적인 업무조차 명확하게 정립할 수 없는 관리자는 실격되지 않을 수 없다.

기입예(좌측 도표와 일부 상이함)

	관리업무(사람, 물건, 돈 등)	언제	포인트
관리직으로서 해야 할 일상업무	1. 건물의 내외	8시	도난, 파손의 확인
	2. 타임 카드	9시 30분	결근, 지각자의 확인과 대책
	3. 경쟁회사 조사	11시	신상품과 특가품의 파악
	4.		
	5.		
	6.		
	7.		
	8.		
	9.		
	10.		

	내 용	언제	축소해야 할 포인트
주목해야 할 서류	1. 매출누계표	매일 오전	대(對) 목표달성도
	2. 경영실적표	매일 오전	대(對) 예산진행도
	3.		
	4.		
	5.		

	내 용	언제	누구에게	포인트
상사에의 보고사항	1. 금일 실적	19시	본부	매출
	2. 업무일지(전일분)	11시	본부	보고사항의 추출
	3.			
	4.			
	5.			

	내 용	언제	포인트
계획 및 선행관리사항	1. 주간 판촉계획	금요일	날씨, 소비경향으로의 대응
	2.		
	3.		
	4.		
	5.		
	6.		
	7.		
	8.		

▶ 체크포인트

1. 자신에게 맡겨진 부하직원 및 건물, 설비, 기구, 차량, 원제료 등의 관리는 어디부터 어디까지 인가?
2. 관리자로서 달성해야 할 일상적인 관리업무는 무엇인가? 관리기준, 코스트의 핵심은?
3. 매일 검토해야 할 일지, 서류는 무엇인가? 핵심 사항, 예외처리요점은 무엇인가?
4. 상사에게 보고, 상담할 사항은 무엇인가?
5. 작업해야 할 관리자료는 무엇인가?
6. 출석할 회의와 보고자료는 무엇인가?
7. 업무 수행상의 중요 서류, 도서는 어느 부서에 서 관리보관책임을 맡고 있는가?
8. 법적규제를 받는 업무와 담당자, 그리고 업무 처리의 요점은 무엇인가?
9. 직장의 안전관리, 작업관리의 요점은?
10. 부하의 통솔, 지도상의 핵심사항은?

 체크 업무를 완전하게 수행하기 위한
실전노트

| 체크작업검토표 | | | | |

체 크 항 목	제1차 체크		제2차 체크	
	담 당	빈 도	담 당	빈 도

체크작업검토표(예)

체 크 항 목		제1차 체크		제2차 체크	
		담 당	빈 도	담 당	빈 도
판 매	1. 영업 수주 실적	과장	매주 토요일	부장	매주 월요일
	2. 영업 매상 실적	〃	〃	〃	〃
	3. 영업 일지 실적	〃	매일 저녁	〃	다음날 오전

'계획 — 실행 — 체크'의 사이클 가운데 '체크'는 업적향상을 위해 매우 중요한 의미를 갖고 있다. 작업이 끝난 후에 체크작업을 행하는 것은 바람직하지 않은 방법이다. 따라서 체크작업은 '사전, 실시중, 사후'의 3단계로 구분하여 실시하는 것이 바람직하다. 또한 사후(事後)의 체크보다는 '사전(事前)'의 체크가 무엇보다도 중요하다.

방　법	포인트

방　법	포인트
과장은 세일즈별, 부장은 과별	
〃	
〃	당일의 예정확인과 실적에 대한 어드바이스

21 업무 명령 · 지시의 일상적인 체크리스트

관리자가 되면 부하직원에 대한 명령 · 지시사항이 많아지게 되는데, 명령이나 지시는 가능한 한 정확하고 조리 있게 전달해야 한다. 다음의 '업무처리 메모'를 적절히 활용하면 부하직원들의 업무활동에 지장을 초래하는 혼선이나 오류를 방지할 수 있을 것이다.

업무처리메모

월/일	타인에게로의 명령 · 지시 · 보고			결과의 체크와 메모
	누구에게	무엇을	언제까지	

업무처리메모(예)

월/일	타인에게로의 명령 · 지시 · 보고			결과의 체크와 메모
	누구에게	무엇을	언제까지	
4 / 7	B	M사의 대금회수	4 / 10	
4 / 8	C	영업보고서의 제출	4 / 20	
4 / 8	D	ABC분석	4 / 15	

22 부서 내의 커뮤니케이션을 원할하게 하기 위한 체크리스트

기록에 있어서의 사례

	커뮤니케이션	월·일·시	계통변화	목적·수단	대 상	담 당	성과
1	조 례	매일 아침 8:30~8:40	↔↕	단합, 의욕개발, 리듬창조, 의식통일, 연락보고, 교육의 장	전사원	전사원 교대제	B
2	미 팅	매일 아침 8:40~8:50	↔↕	정보교환, 지시	판매원	판매 부장	A
3	1일 1점 보고	매일 (아침~저녁)	↑	부하와의 접촉, 지도, 문제의식의 고양	과원	각과장	A
4	업무보고	〃	↑	당일의 성과 보고, 라이벌, 시장정보	세일즈맨	〃	C
5	전화메모	수시로	↔	5W 2H(언제, 누가, 무엇을, 어떻게, 왜, 수는, 금액은)	전사원	〃	B
6	연락일지	〃	↔↕	상호연락, 요망사항, 클레임 등의 기록을 남길 것	〃	〃	C
7	당직일지	매일	↑	특기사항, 사외와의 연락, 내객 등	일직담당	총무부장	B
8	기록판, 게시판	수시로	↔↕	핵심사항 2~3개 기록	전사원	총무부장	C
9	월요조조회의	월요일 7:30~8:40	↔↕	한 주간의 중요한 협의사항, 중역간의 팀워크	과장이상	사장	B
10	제안제도	매주토요일개봉	↑	회사의 업무에 대한 개선안, 제안	전사원	총무부장	C
11	경영회의	매월 7일	↑↔	방침의 철저, 업적검토, 문제점 해결, 선행관리	과장이상	전무	B
12	각종회의	매월 1~6일	↔↓	각과 내의 업무의 원활화	과원	각과장	A
13	전체회의	매월 26일	↔	전사원의 커뮤니케이션과 문제점 해결	전사원	과장참석	B
14	생일기념회	매월 중순	↕	사장과 사원의 커뮤니케이션	〃	사장	B
15	나의 한마디	급료일	↓	불평불만의 해결	〃	총무부장	A
16	사내지	매월 1일	↔↓	정서교육, 사기향상, 교육방침의 철저, 가족에의 연락	〃	총무과장	B
17	그달의 명언	급료일	↓	사원, 가족에 대해 생각하고 있는 것을 월급봉투에 넣어 전달	〃	사장	B
18	자기신고제도	9·3월	↑	배치전환에 활용	〃	총무부장	B
19	인사고과	6·11·3월	↓	결과를 본인에게 알려 레벨 상승 독려	〃	〃	A
20	프로젝트팀	필요에 따라	↑↔	기동력과 담력을 배양	관계자	——	A
21	경영방침발표회	3월	↓	연도방침의 철저	전사원	사장	A
22	레크리에이션	2개월에 1회	↔	사원의 친목 도모	〃	총무과장	B
23	○○회	연 2회	○→	거래처와의 교류	A랭크 거래처	영업부장	C
24	△△회	〃	←○	구입처와의 교류	B랭크 거래처	상무	

↓ 상의하달　↑ 하의상달　←→ 쌍방의 연락　→ 일방통행 연락　○→ 회사에서 외부에

회사 내의 커뮤니케이션이 원활하지 못하면 업적이 저하되고, 업적이 저하되면 커뮤니케이션도 나빠지게 된다. 그러므로 커뮤니케이션과 업적과의 관계는 겉과 속의 관계라고 볼 수 있다.

기업 내의 커뮤니케이션은 '명령, 지시, 연락, 협의, 보고'로 이루어지고 있다. 다음에 소개하는 도표를 커뮤니케이션의 확대수단으로 적절히 활용하면 좋을 것이다.

커뮤니케이션 점검표

커뮤니케이션	월·일·시	변화	목 적

수 단	대 상	담 당	판 정		
			○	△	×

부서의 결함을 제거하기 위한 체크리스트

기업의 경쟁력을 높이기 위해서는 결손과 결함을 최대한 줄이는 일도 중요하다. 이는 경쟁력 향상뿐만 아니라 불필요한 비용을 낭비함으로써 줄어드는 이익폭에도 신중을 기해야 하기 때문이다.
그러므로 관리자로서 부서의 합리화를 추진하기 위해서는 결손과 결함의 예방에 주력해야 한다.

결함 예방을 위한 체크리스트

[기입예] 가능 ○ 검토 △ 불가능 ×

1. 곧바로 중단할 수는 없는가.		26. 좀더 분산화할 수는 없는가.	
2. 목적과 효과에 부합되지 않는 작업을 하고 있지는 않는가.		27. 좀더 계획적으로 할 수는 없는가.	
3. 시기지연을 초래할 자료를 생산하고 있지는 않는가.		28. 어느 부서에서 담당하는 것이 가장 정확한가.	
4. 필요한 자료를 곧바로 꺼내 쓸 수 있도록 되어 있는가.		29. 일의 우선 순위는 정확한가.	
5. 서류의 유통은 원활한가.		30. 역할 분담에 문제는 없는가.	
6. 활용하지 않는 자료는 없는가.		31. 기일은 잘 지키고 있는가.	
7. 카피 매수를 적게 할 수는 없는가.		32. 회의 횟수를 줄일 수는 없는가.	
8. 배포 대상을 적게 잡고 있지는 않는가.		33. 회의 시간을 짧게 할 수는 없는가.	
9. 쓰는 일을 줄일 수는 없는가.		34. 회의 참석 인원을 줄일 수는 없는가.	
10. 정서(正書)를 줄일 수는 없는가.		35. 서류반출로 결손이 발생되지 않는가.	
11. 원장(元帳) 등의 장부를 없앨 수는 없는가.		36. 흡연, 차 마시는 시간으로 인한 작업 중단이 많지는 않은가.	
12. 날인의 횟수를 줄일 수는 없는가.		37. 카피 등 자신이 할 수 있는 일을 타인에게 맡기지는 않는가.	
13. 보존해야 할 서류를 줄일 수는 없는가.		38. 여성으로 대체할 수는 없는가.	
14. 문서의 경과부서를 줄일 수는 없는가.		39. 파트타이머로 대체할 수는 없는가.	
15. 작성 빈도를 줄일 수는 없는가.		40. 업무 동작에 결함은 없는가.	
16. 자료를 지나치게 많이 만들고 있지는 않는가.		41. 퇴사자가 생기지는 않는가.	
17. 현상을 타개할 노력은 하고 있는가.		42. 관리를 강화함으로써 시간 절약을 기할 수는 없는가.	
18. 좀더 간단하게 할 수는 없는가.		43. 전화통화시간을 줄일 수는 없는가.	
19. 좀더 집중할 수는 없는가.		44. 전체의 운영 관리에 결함은 없는가.	
20. 좀더 평준화할 수는 없는가.		45. 정리·정돈이 불량하여 손실이 초래되지는 않는가.	
21. 좀더 표준화할 수는 없는가.		46. 형식적인 점검으로 끝나지는 않는가.	
22. 좀더 고도화, 전문화할 수는 없는가.		47. 점검 횟수가 부족하지는 않는가.	
23. 좀더 기계화할 수는 없는가.		48. 연락과 협조가 원활히 이루어지고 있는가.	
24. 좀더 외주로 돌릴 수는 없는가.		49. 클레임이 발생되지는 않는가.	
25. 좀더 시간을 단축할 수는 없는가.		50. 실수에 의한 마이너스 요소가 발생되고 있지는 않는가.	

24 부하의 제안촉진용 노트

기업에서 제안제도를 활성화시키는 일은 매우 중요하다. 대기업에서는 사원 한 사람당 한 달에 한 건 이상의 제안을 내도록 하고 있다. 아무튼 제안제도를 활성화시키기 위해서는 우선 관리자 자신이 최소한 한 달에 한 건 이상의 제안을 냄으로써 솔선수범을 보여야 한다.

제 안 표

소속		성명		접수번호	
				접수년월일	

제안건
제안 내용(구체적으로 기술)   첨부서류 :
제안의 특징 · 개선점 등
제안을 실시했을 때의 효과

접수번호		접수년월일	
제안건			
	소 속		직 위
제안자	성명 또는 팀 대표자명 협력자 성명		

 **회의 효과를 올리기 위한 계획표**

년도 회의실시 계획표

구분 \ 회의명		
개최횟수		
개최일		
개최시간		
목적		
참가자		
사회		
의장		
사무국		
의사록작성		
기록계		
출석자지참자료		
회장표시자료		
일전 사전 배포자료		

어느 회사를 막론하고 여러 형태의 회의가 개최되고 있다. 회의도 목적에 입각하여 효과적으로 개최한다면 그 나름대로의 성과를 거둘 수 있다. 그러나 잡담식의 회의는 아무리 많이 개최한다 해도 별 성과를 기대할 수 없다. 그러므로 관리자의 입장에서 주관하여 개최하는 회의 또는 참가하는 회의에 있어 과연 어느 정도의 효과를 올리고 있는지의 여부를 정기적으로 체크해 본다.

 **26**

효율적인 회의를 개최하기 위한 실전노트

년 월 회의록		일시 : 년 월 일 요일 시 분~ 시 분 장소 :

의 제	문 제 점	부 서
코멘트		
코멘트		

▣▶ 효과적인 회의를 개최하기 위하여

◆ 의제
사전에 출석자에게 알릴 것.

◆ 리더(사회)
1. 연구를 위한 교대제도 좋다.
2. 질문의 방법, 종합하는 기술이 능숙한 사람.

◆ 시간
1. 2~3시간 이내(필요시 1시간 이내).
2. 가능하다면 아침, 저녁, 휴일도 고려.
3. 정해진 시간은 가능한 한 지킨다.

◆ 출석자의 주의사항
1. 회의는 발언하는 데에 의의가 있다.
2. 발언하지 않는 자는 참석할 자격이 없다.
3. 전체를 위해 무엇을 할 것인가.

관리자가 되면 각종 회의에 참가할 기회가 많아지게 된다. 또 관리자 자신이 개최하는 회의도 많아진다. 그러므로 무엇보다 중요한 것은 개최하는 회의의 의의와 목적을 명확하게 해주는 일이다. 보다 능률적이고 효과적인 회의를 개최하기 위해 다음의 시스템을 잘 활용하기 바란다.

사 회 _____   출석자 _____
기 록 _____
기록판 _____   결석자 _____ 이유 _____

결 의 사 항	담당자	기 한	체 크

◆ **출석인원 수**
가능하다면 15명 이내가 바람직하다.

◆ **장소**
1. 소음이 없는 정숙한 장소.
2. 시간의 제약이 있는 곳.
3. 호출이 오지 않는 곳.

◆ **회의의 목적**
1. 예산실적을 검토하고 대책을 세운다.
2. 문제해결의 장소이다.
3. 총력을 결집하는 장소이다.

◆ **회의시 4가지 악습 추방**
1. 만나서 토론하지 않는다.
2. 회의에서 결정하지 못한다.
3. 결정을 행하지 못한다.
4. 행한 후 그 책임을 지지 않으려 한다.

 정보수집을 위한 체크리스트

정보대책표 정보의 내용 ＼ 정보원	1 국제기관	2 상사	3 정부	4 관공서	5 연구기관	6 금융기관	7 증권회사	8 흥신소	9 컨설턴트	10 동업자	11 회합	12 신문
1. 국제경제의 동향												
2. 국제적인 자원에너지 동향												
3. 국제적인 신상품의 동향												
4. 국제적인 물가의 동향												
5. 국제정치의 동향												
6. 국제적 기술의 동향												
7. 국내정치의 동향												
8. 국내경제의 동향												
9. 국내신상품의 동향												
10. 국내물가의 동향												
11. 국내기술의 동향												
12. 국내금융의 동향												
13. 국내업계의 동향												
14. 지역경제의 동향												
15. 거래처의 동향												
16. 소비자의 동향												
17. 경쟁회사의 동향												
18. 구매처의 동향												
19. 관공서의 동향												
20.												
21.												

[기입예] 충분 ○ 대체로 부족 △ 부족 ×

정보화시대를 맞이하여 정보의 중요성과 가치는 한층 높아지고 있다.
기업 내의 어떠한 직책을 막론하고 '필요한 때에 필요한 정보를 필요한 양만큼 입수하도록 하는 것'이 중요하다. 이를 위해서는 관리자 개인의 입장에서도 최대의 노력을 해야 하며 또한 회사의 입장에서도 이에 주력해야 한다.

13 업계지	14 잡지	15 도서	16 TV · 라디오	17 구매처	18 자사세일즈맨	이제부터의 대상	
						구체적인 실행책	비 용

 **28** ㅣ개월간의 효율적인 월간 업무리포트

월간 관리자리포트	
1. 이번 달에 특별히 중점적으로 다뤄야 할 사항은 무엇인가. 그 결과는 어떠했는가.	
2. 자기 부서에서 안고 있는 문제는 무엇인가. 그것을 어떻게 하려고 생각하는가.	
3. 이번 달에 특별히 성공한 일은 무엇인가. 어떻게 하여 그렇게 되었는가.	
4. 이번 달에 실패한 일은 무엇인가. 어떻게 하여 그렇게 되었는가.	
5. 상사에게 주의 받은 사항은 무엇인가. 그것을 어떻게 처리했는가.	
6. 부하에 대해 지도 또는 주의를 준 일은 무엇인가. 결과는 어떠했는가.	
7. 자신에게 좀더 필요한 사항은 무엇인가. 어떻게 하려고 생각하는가.	

1개월을 효율적으로 보내기 위해서는 한 달 동안의 행사 리포트를 기록, 보관하면서 업무를 수행할 수 있는 월간 관리자 리포트의 작성이 필요하다. 관리자가 되어 쓰는 일이 고통스럽다면 이는 분명히 마이너스가 아닐 수 없다. 다음과 같은 내용의 리포트는 비교적 1시간 이내에 종합, 정리할 수 있는 적절한 양이라 할 수 있다.

소속		직위		성명	

8. 이번 달의 플러스 제안	
9. 타부서, 또는 회사의 운영에 대해 착안한 일 또는 요망사항	
10. 10개월 앞까지 선행관리하고 있는가. 결과는 어떤가.	
11. 건강상태는 어떤가.	
12. 이번 달의 자기개발 (1) 읽은 잡지, 단행본 (2) 수강받은 세미나, 강습회 (3) 기타 연구했던 일 등을 자유롭게 기록하시오.	
13. 상사의 의견	

사전교섭을 효과적으로 추진하기 위한 체크리스트

큰 나무를 이식할 경우에 이식하기 6개월 내지 1년 전에 주변의 뿌리를 잘라두게 되면, 남은 뿌리에서 잔뿌리가 생겨 고목이 되지 않은 채 이식에 성공하게 된다. 이와 같은 측면에서 기업 내에서도 나무의 이식작업과 같은 사전교섭이 필요하다.
다음은 사전교섭을 행함에 있어 주의해야 할 10가지 핵심요소이다.

1. 관계자 전원에 대한 사전교섭은 충분히 이루어지고 있는가(한 사람이라도 누락되는 경우에는 문제가 생기게 된다).

2. 추상적인 이론만으로 현실을 무시하고 있지는 않은가(현장과 차이가 있다는 점도 염두에 둔다).

3. 기본적인 형식만으로 일을 처리하고 있지는 않은가(모든 일에는 융통성이라는 점도 큰 비중을 차지하고 있다).

4. 상대방의 입장이나 상황을 잘 고려하고 있는가(상대방의 입장이 되어 보지 않으면 그 상황을 이해하지 못한다).

5. 절차와 수속을 가볍게 보고 있지는 않은가(숙달된 솜씨로 결손이 발생되지 않도록 한다).

6. 실시결과 가장 큰 영향을 받게 되는 담당자나 부서에 대하여 충분히 협의했는가(약한 자에게 추궁만을 해서는 후에 문제가 발생하게 된다).

7. 협상(타협)의 타이밍은 적절한가(지나치게 빠르거나 늦으면 실패하게 된다).

8. 전달방법에 문제는 없는가(전달만으로는 곤란하므로 확인을 정확하게 해야 한다).

9. 자신이 수행하는 범위와 협력을 얻어 추진하는 범위를 검토했는가.

10. 실시결과 새롭게 발생되는 문제는 없는가.

 **행사를 성공시키기 위한 체크리스트**

항 목	체크	항 목	체크
1. 행사의 취지		16. 행사장 실내장식	
2. 행사의 규모		17. 파티형식	
3. 예산		착석형식(디너, 런치…)	
4. 초대 대상		뷔페형식(세미나형식)	
5. 총출석자 수		칵테일뷔페형식(서서)	
6. 개최일과 행사 시간		칵테일형식	
7. 개최일수		18. 요리	
8. 총괄책임자		프랑스요리	
9. 담당별 업무준비 부서		중국요리	
10. 행사장의 예약		혼합요리	
회의장		카운터서비스	
전시장		와콘서비스	
내빈실		19. 아이스크림	
주최자 사무실		20. 음료	
11. 초대객 명부의 작성		식전음료	
성명 · 주소 · 회사명 · 전화번호 기입		위스키(수입주, 국산주)	
12. 초대장 발송		칵테일(수입주, 국산주)	
봉투		와인(적 · 백, 수입주, 국산주)	
회신 엽서		맥주	
기념품 교환권		민속주	
주차장 이용권		가벼운 드링크류	
안내지도		바카운터	
식권		건배용 술(샴페인 · 위스키…)	
발송매수(20% 정도 여유 있게)		21. 담배	
우편엽서		국산품	
발송업무 담당		수입품	
발송일(개최일의 2~3주 전에 도착하도록)		22. 메뉴판의 인쇄	
13. 기념품 준비		23. 꽃꽂이	
기념품 선정 방법		꽃의 종류	
포장지		조화	
속지		얼음조각	
기념품 글씨		가슴에 다는 꽃	
내용 삽입		① 이름표	
리본장식		② 회사명 · 성명 등의 대서	
포장방법		선물용 꽃	
발송수량(20% 정도 여유 있게)		무대 장식꽃	
14. 왕복편의 교통관계		메인테이블의 장식꽃	
항공편		꽃문자	
열차편		촛불	
버스편		전시품 장식꽃	
15. 행사 내용		헌화(특별한 경우)	

어느 회사를 막론하고 1년에 1회 정도는 정기행사 또는 전시회를 개최하게 된다. 따라서 충실하고 내실 있는 행사를 개최하기 위해서는 다음과 같은 체크리스트를 사전에 준비하여 진행하는 것이 필요하다. 어떠한 형태의 행사이든 이는 곧 회사의 수준을 외부에 알리는 기회라는 점을 인식하여 신중하게 준비해야 한다.

24. 장식
    서양식 커튼
    한식 커튼
    파라솔
25. 간판, 표시
    환영 간판
    현관 간판
    방향표시
    전용주차장 간판
    접수 간판
    행사장 입구의 환영 아치
    스테이지 간판
    전시상품 설명 간판
    행사장 내 안내표시
    휘장, 마크, 간판
    국기, 사기, 대회기
26. 사진촬영
    스냅사진
    기록사진
    폴라로이드 사진
27. 테이블모양(원형테이블, 사각테이블…)
28. 좌석순
    좌석 안내
    배석표의 인쇄
29. 이름표
    크기, 종류의 선정
    직위명, 성명의 대서
    영문
30. 여주인, 안내자
    양장
    한복
    민속의상
31. 연예인
32. 숙박
    접대객의 숙박(스위트, 트윈, 싱글)
    주최자의 숙박
    출연 연예인의 숙박
33. 전용 프론트 카운터의 특설
34. 지불부담 범위(숙박, 식사, 냉장고, 전화 등)
35. 식사
36. 진행스케줄

총사회자
주최자 인사
내빈축사
건배
여흥의 내용
축전피로연
축사
게시판과 대서
배경음악
PR 영화, 슬라이드 상영
37. 접수계
    초대객의 참석확인
    가슴에 리본 전달 담당자
    프로그램의 전달방법
    주최자에 의한 영접
    내빈실의 안내
    기념품 전달방법
    보도관계자의 접대
    가설전화의 설치
38. 쇼관계의 총예산
    기획
    무대 연출
    감독
    연예인, 밴드의 교섭
    쇼 사회자
    무대조명
        ① 조명계획
        ② 조명기기
    무대장치
        ① 스테이지램프
          메인 스테이지
          특설 스테이지
          회전 스테이지
          간이무대
        ② 장치디자인 시공
    음향
        ① 음향계획
        ② 음향기기
          마이크
          스피커
        ③ 앰프

CEO
3. 자신의 업무를 개선하기 위한 실행노트

제3장의 실행노트를 활용하기 위한 핵심 포인트

당신이 현재의 위치에 3년간 있었다고 하자. 어느 날 경영자로부터 "자네도 이제 우리 회사에 근무한 지 약 3년이 지났군. 그래, 자네 입장에서는 어떠한 업적을 남겼다고 생각하는가?"라고 질문을 받는다면 과연 어떻게 답변할 것인가. 이를테면 전임자의 업무에 대하여 나름대로 몇 가지의 문제를 개선했다면 당신은 아마도 당당하게 답변할 수 있을 것이다. 그러나 개선사항이나 업적이 한 가지도 없다면 이는 분명한 수치가 아닐 수 없다.

이와 같은 사항들은 장래를 크게 좌우하게 되는 결정적인 요소가 된다. 우수한 관리자라면 더욱 자신의 역량을 발휘할 수 있는 부서에 몸담게 되겠지만, 약 3년 이상 관리자로 몸담고 있었으면서도 무엇하나 떳떳하게 내놓을 수 없는 위치에 있었다면 어느 경영자라도 승진시킬 리는 없을 것이다.

세상이나 회사의 상황은 갈수록 급변하고 있는데도 무사안일하게 관리자의 자리만을 지키고 있다면 이는 분명히 부끄러운 일이 아닐 수 없다. 업무의 개선실적은 관리자의 이력서라는 점을 자각해야 한다.

따라서 큰 개선안은 6개월 내지 1년에 1건, 작은 개선안은 한 달에 1건 정도는 제안한다는 자세로 업무에 임해야 할 것이다.

다음의 제3장에서 기술하고 있는 시스템은 관리자가 자기개발이나 문제의식을 높이는 데 활용하면 좋을 것이다. 이와 같은 시스템을 자기 부서뿐만 아니라 타부서에서도 공통적으로 활용할 수 있도록 하는 배려도 필요하다고 본다.

부서의 방침결정을 위한 실전노트 (영업관리자용)

물품을 생산하는 기업은 물론 영업을 맡은 도·소매업자의 판매는 회사의 사활이 걸린 과제다. 그러나 의외로 판매방침이 명확하게 설정되어 있지 않은 회사가 많음을 볼 수 있다. 판매방침이 없는 판매활동은 실적을 올릴 수 없을 뿐만 아니라 부하들에게도 신뢰성을 주지 못한다.

판매부문방침(연도;중기)

항 목	방 침
1. 상 품 정 책	
2. 판 매 경 로	
3. 판 매 조 직	
4. 시 장	
5. 고 객	
6. 세 일 즈 맨	
7. 판 매 촉 진	
8. 세일즈포인트	
9. 판 매 경 비	
10. 선 전 광 고	

33 업무개선을 위한 계획노트

관리자에게 현상(現狀)의 개선이란 중요한 업무 중의 하나이다. 그러므로 현재 추진하고 있는 제반의 업무 상황에서 시행착오를 발생시키고 있는 문제점은 없는가 살펴보고 심사숙고하여 좀더 좋은 방법을 모색하는 문제의식을 가지도록 한다.

업무개선안 계획표

개 선 할 점		소속	
		성명	
1. 현재 상황의 진행 상태확인			
2. 현재 발생하고 있는 문제점			
3. 개선안 실시에 대한 구체적 설명			
4. 개선안 실시에 따른 효과			
5. 개선안 실시에 따른 문제점			
6. 개선안을 실시하는 데 필요한 기간			
7. 개선안을 실시하기 위한 사전교섭책			
8. 개선안을 실시하기 위해 필요한 예산			
9. 첨부자료			
10. 개선안 작성을 위한 협력자			

 **34** 업무개선을 위한 검토노트

업무개선안 검토표

구분 항목	개 선 안 의 내 용	코스트다운	코스트컷	간소화	축소감원
1. 생 산					
2. 상 품					
3. 물 류					
4. 시 장					
5. 거 점					
6. 거래처(고객)					
7. 구 매 처					
8. 경 비					
9. 관 리					
10. 사 무					
11. 회 의					
12. 자 료					

어떠한 업무를 막론하고 일이란 '빠르게, 정확하게, 쉽게, 즐겁게'하는 것을 필수요건으로 한다. 이것을 기준으로 하여 자신의 업무와 주위에서 진행되는 업무상황을 체크해보면 개선해야 할 사항이 많을 것이다.

폐지	통합재편	외부기간의이용	담당자의교대	기계화	스피드업	개선의 구체적인 방안

 **35** 간접부문 관리자를 위한 업무
검토노트(총무·경리 등의 관리자용)

간접부문 활성화 검토표

항 목		현 황
업무구분	1. 꼭 필요한 일	
	2. 하는 편이 좋은 일	
	3. 어느 쪽도 좋은 일	
	4. 불필요한 일	
누가하면 좋은가	1. 관리직이 아니면 할 수 없는 일	
	2. 숙련자가 아니면 할 수 없는 일	
	3. 미숙련의 남자사원이 가능한 일	
	4. 미숙련의 여자사원이 가능한 일	
	5. 파트타이머·임시사원이 가능한 일	
개선의 제반책	1. 합 리 화	
	2. 효 율 화	
	3. 코스트 다운	
	4. 생 력 화	
	5. 생 인 화	

기업에 있어 간접부문의 활성화는 중요한 과제이다. 간접부문이 지나치게 팽창되어 있으면 간접비(인건비)의 지출이 많아지는데 인원·코스트면에서 적정수준이 초과되면 자칫 인건비에서 어려움을 겪게 된다. 그러므로 최소한의 인원과 코스트로써 효율적인 업무를 수행해야만 간접비 출열을 막을 수 있다. 즉 이것이 간접부문의 활성화이며, 이 부분에 대한 최대의 절약이 곧 관리자의 역할이자 사명인 것이다.

개 선 책

◘ 간접부문의 합리화·효율화란?

간접부문의 합리화 및 효율화란 구체적으로 무엇을 의미하는 것인가? 이 점을 깊이 이해하여 인식할 필요가 있다고 본다. 합리화나 효율화를 논할 때 그 사용하고자 하는 의미를 깨닫지 않으면 목표, 수단, 방법 등에서 혼란이 야기되는 것이다.

그러면 여기 합리화와 효율화에 대한 정확한 정의를 서술해보자.

1. 합리화(合理化)

이론이나 이유에 합치된다는 뜻으로 사무, 작업에 대한 결함·결손을 제거하고 과학적, 이론적으로 변화시키는 것을 말한다.

2. 효율화(效率化)

효율이라고 하는 것은 입력에 대한 출력의 비율을 의미한다.

효율화는 동일한 입력(돈, 사람, 시간, 에너지 등)에 대하여 출력(사무량, 생산량, 매출 등)을 증가시키거나 동일한 출력을 얻기 위해 입력을 줄이는 것을 말한다.

3. 코스트 다운(Cost Down)

동일한 가치를 실현하기 위해 생산원가를 줄이는 것을 말한다.

 **판매력을 높이기 위한 대책 (영업관리자용)**

판매력 검토표	
항 목	내 용
1. 정보력	필요한 정보를 필요한 때에 필요한 양만큼 입수할 수 있는가.
2. 구매처	A클래스, B클래스, C클래스의 밸런스는 좋은가.
3. 상품력	타회사에 없는 상품을 몇 개나 보유하고 있는가.
4. 시 장	시장의 폭과 밀도의 관계는 잘 유지되고 있는가.
5. 시장점유율	각각의 시장점유율은 높은가.
6. 거점수	거점수와 그 효율은 어떤가.
7. 판 매 채 널	거점·대리점·거래처의 양과 질은 어떤가.
8. 거래처 (고객)	필요한 숫자만큼 보유하고 있는가. A클래스, B클래스, C클래스의 밸런스는 좋은가.
9. 관리화	거래처의 관리는 잘 진행되고 있는가.
10. 물 품	신속하고 용이하게 배달되고 있는가.
11. 세 일 즈 맨	양과 질의 밸런스가 취해지고 있는가.
12. 기획·판촉	기획·판촉의 수와 그 효과는 어떤가.
13. 집중력	전시회·캠페인·판촉 등의 효과는 있는가.
14. 기동력	상황에 맞는 기동력은 있는가.
15. 광고·선전	기업의 인지도를 높이기 위해 노력하고 있는가. 그 효과는 어떤가.

기업에서 아무리 판매력을 높인다 해도 그에 따른 방법을 구체적으로 추구해 가지 않으면 효과를 거둘 수가 없다. 다음의 도표는 15개 항목으로 분류, 관리자가 주의해야 할 핵심적인 내용만을 간추린 판매력 검토표이다. 따라서 하나하나의 요소들을 충실히 다져 감으로써 판매력은 높아지게 되는 것이다. 판매는 과학의 세계이며 종합력의 세계라고 할 수 있다. 또한 본 시스템은 일반적인 마케팅 활동의 일환이라고 할 수 있다.

A	B	C	대 책

37 마케팅의 검토노트(영업관리자용)

마케팅이란 소비자나 수요자가 필요로 하는 상품을 적절한 시기에 맞춰 신속하게 제공하는 행위를 말한다. 마케팅을 효과적으로 추진하기 위해서는 다음과 같은 마케팅 검토표가 필요하다. 이 마케팅 검토표는 신년도를 맞이할 경우 마케팅 관계자가 모여 이들 요소에 대한 철저한 분석 검토시 필요하다.

마케팅 검토표

구 분	현상 및 문제점	대 책
상 품 전 략		
지 역 전 략		
고 객 전 략		
경 합 전 략		
유 통 전 략		
물 류 전 략		
판 촉 전 략		
광 고 전 략		
세일즈맨 전 략		
정 보 전 략		

38 클레임을 활용하기 위한 실전노트 (영업관리자용)

기업에서는 항상 클레임의 대응에 만전을 기해야 한다. 즉 클레임에 대한 해결능력에 따라 기업의 종합력이 평가되는 것이다. 거래처에서 자사의 상품에 대해 문제점을 말해 준다는 것은 앞으로도 거래를 계속할 의사가 있다는 의지의 표현이 된다. 그러므로 소비자들의 문제점 제안에 항상 신속하고 성의 있게 임해야 한다.

고정처리표				담당책임자	조사원	담당자	발행자
년 월 일 시							

상대고정내용	사명		직위		성명	
	주소				전화	
	품명		수량		금액	
	항목	반품 · 할인 · 대체 · 지불거절 · 기타				
	상대방 의견해					
	청취자 의견해					

조사	조사항목 및 결과	
	조사판정	

잠정대책	누가, 언제, 어떻게 할 것인가.
근본대책	누가, 언제, 어떻게 할 것인가.

원인	1. 잘못된 계획 2. 설 계 3. 재 료 4. 원 료 5. 작 업 6. 검 사	7. 일 수 경 과 8. 취급부주의 9. 사용부주의 10. 기 타	급별	중대	비고
				중	
				경소	

 **일주일 단위의 업무리스트
(영업관리자용)**

점   월   주보

1. 매출 목표 [   ] 매출 실적 [   ] 달성률 [   ]

2. 달성했던 이유(하지 못했던 이유)

3. 판매하기 좋았던 상품 (數)	4. 판매하기 나빴던 상품 (數)
1.	1.
2.	2.
3.	3.
4.	4.
5.	5.

5. 팔린 이유	6. 팔리지 않았던 이유

7. 어떠한 클레임이 발생했는가

8. 품절된 상품 또는 고객으로부터 요청받았던 상품

영업부서에서 근무하고 있는 관리자에게 활용할 필요가 있는 시스템이 '주보(週報)'라고 할 수 있다. 영업실적을 높이기 위해서는 일주일 단위의 업무리포트를 작성·활용하는 것이 좋다. 이는 문제점의 현안을 순발력 있게 파악하여, 그것을 직시하면서 목표에 도전하기 위함이다.

사			
장			

9. 시급히 보충하고 싶은 상품　(數)　10. 확보해 둘 필요가 있는 상품 (數)

1.	1.
2.	2.
3.	3.

11. 거래처에 어떠한 문제가 있는가.

12. 판매원에게 뭔가 문제는 없는가.

13. 경쟁사에 대한 보고사항

14. 다음 주에 역점을 두어야 할 일

15. 본사(본부)에 대한 요망 및 기타 사항

40 외상매입금 회수를 완전하게 하기 위한 체크노트(영업 · 경리 등의 관리자용)

회수율 향상을 위한 체크리스트

항　　목	판정			메　　모
	○	△	×	
판매활동에 있어 1. 신용조사를 실시했는가.				
2. 판매조건을 명확하게 설정했는가.				
3. 상대방에게 지불능력 이상으로 판매하지는 않았는가.		~		
4. 반품을 유발시킬 수 있는 강매를 하지는 않았는가.				
5. 클레임(불량품, 파손, 수량부족 등)을 완벽하게 처리했는가.				
6. 반품 인수를 정확하게 했는가.				
7. 미도착분을 정확하게 확인했는가.				
8. 애프터 서비스의 약속사항을 처리했는가.				
9. 감정문제 등으로 충돌은 없는가.				
10. 할인처리를 정확하게 했는가.				
11. 판매원의 부정은 없는가.				
12. 기　타				
청구에 있어 1. 상대방의 결제일을 확인했는가, 변경은 없는가.				
2. 규정된 양식은 있는가, 변경은 없는가.				
3. 잔액 확인을 했는가.				
4. 회수일을 일러주었는가.				
5. 지불담당자와 충분하게 연락을 취했는가.				
6. 청구서는 고객(거래처)에게 착오 없이 도착시켰는가.				
7. 청구금액을 확인했는가.				
8. 내용의 조회에서 문제는 없는가.				
9. 청구마감일을 명시했는가.				
10. 기　타				

"대금회수 없이 판매 없다"라는 말도 있듯이 기업에 있어서 회수업무는 매우 중요한 업무 중의 하나이다. 직접적으로 회수업무와 관계 있는 관리자는 물론, 관련이 적은 관리자들도 대금회수에 적극적으로 참여해야 한다. 회수율이 좋은 회사는 일류회사라고 할 수 있으며, 회수율이 불량한 기업은 이류회사로 불린다. 그러므로 상대방이 거절할 수 없도록 하는 치밀한 판매 및 회수전략이 필요하다.

항　　　　　목	판정			메　　모
	○	△	×	
독촉에 있어 1. 외상 채권의 존재를 확인시켰는가.				
2. 지불지연의 사실을 지적했는가.				
3. 상대방의 실정에 맞춰 독촉했는가.				
4. 권위가 유지되고 있는가.				
5. 동일문서를 재차 사용하고 있지는 않는가.				
6. 청구서의 재발행, 전화, 전보, 독촉장 발송, 직접 방문 등 회수하기까지 규칙적인 연락을 취하였는가.				
7. 2개월 이상의 경우는 상사에게 힘을 빌리고 있는가.				
8. 기 타				
대금회수에 있어 1. 반드시 대금 회수일에 방문하고 있는가.				
2. 대금 회수일에 골든 아워를 연구하고 있는가.				
3. 대금 회수의 시기와 장소를 고려하고 있는가.				
4. 설득방법을 연구하고 있는가.				
5. 어떠한 돈이라도 정중하게 취급하고 있는가.				
6. 예의바른 태도를 취하고 있는가.				
7. 신속한 계산 등의 사무처리를 하고 있는가.				
8. 상대방에게 안도감을 주고 있는가.				
9. 정확하게 영수하고 있는가.				
10. 관계자에게도 성의를 나타내고 있는가.				
11. 예외를 남용하고 있지는 않는가.				
12. 반드시 확답을 받고 있는가.				
13. 처음부터 듣기 거북한 말을 꺼내지는 않는가.				
14. 양보할 때는 쾌히 승낙하고 있는가.				
15. 감정본위가 아닌 계산본위로 실시하고 있는가.				
16. 판매활동시와 동일한 정도의 정열을 갖고 있는가.				
17. 단순한 회수뿐만이 아닌 좋은 인간관계를 맺고 있는가.				
18. 책임자가 부재시에도 대금 회수가 가능하도록 하고 있는가.				
19. 수표, 어음에 대한 지식은 충분히 익히고 있는가.				

 부도 예방을 위한 체크노트
(영업·경리 등의 관리자용)

위험한 회사의 판정 체크리스트

체 크 항 목	있다	알 수 없다	아니다
재무에 관한 사항 1. 은행의존도가 높고 금리유출이 많다.			
2. 과소자본으로 부채비율이 높다.			
3. 이익 없는 성장을 계속하고 있다.			
4. 설비투자가 과대한 상태로 되어 있다.			
5. 신규 설비투자를 시작했다.			
6. 경영의 다각화를 시작했다.			
7. 재고과대로 자금부담이 증대되고 있다.			
8. 회수와 지불의 결함으로 자금부담이 증대되고 있다.			
9. 학력이 낮고 변동요인이 많다.			
10. 불량채권의 발생이 눈에 띄고 있다.			
11. 대출 어음의 자금막기에 급급하다.			
12. 적자누적이 증대되고 있다(월간 상당액까지).			
조직·환경에 관한 사항 1. 족벌경영이 장기화되어 조직이 노후화하고 있다.			
2. 경영규모에 비해 사원이 많다.			
3. 학력이 낮아 2세 육성이 곤란하다.			
4. 기업에 전략적인 특징이 없다.			
5. 판매기술이 낮고 판매 루트의 기반도 취약하다.			
6. 업계의 경쟁이 격화되어 이익률이 저하되고 있다.			
7. 후발업체의 진출로 고전중이다.			
8. 도시구조의 변화로 입지조건이 악화되고 있다.			
9. 업계가 사양길에 접어들었다.			
10. 유사상품의 증가로 시장이 포화상태이다.			
11. 학력이 낮음에도 간부가 지나치게 많다.			
12. 호황·불황 등의 경기변동이 변화를 증폭시키고 있다.			
경영한 자의 직무에 관한 사항 1. 사업확대 욕망이 지나치게 강하여 균형을 무시하고 있다.			
2. 계획성이 결여되어 있고 한탕주의에 빠져 있다.			
3. 타사업에 눈을 돌리고 지속적인 철학이 없다.			
4. 장기적인 비전이 없고 사업성공의 실적도 없다.			
5. 경리에 어둡고 숫자 개념이 희박해서 재무규정을 무시한다.			

부도를 예방하기 위해서는 거래처에 대한 정기적인 신용조사를 해야 한다. 세부적인 사항에 이르기까지 신용조사기관을 이용하는 것은 막대한 비용이 들기 때문에 전적으로 그곳에 의뢰함은 어려운 일이다. 대체로 신용조사기관의 정보신뢰도는 약 30% 정도라고 한다. 이런 점에서 영업부 및 관련 부서의 관리자는 부도를 사전 예방하는 자세를 갖고 있어야 하며, 다음의 서식을 참고하는 것이 좋다.

체 크 항 목		있다	알 수 없다	아니다
경영자의 직무에 관한 사항	6. 자사의 업적과 본업에 대한 열의가 부족하다.			
	7. 상품전략, 지역전략에 대한 연구도가 낮다.			
	8. 몸치장, 사무실, 승용차 등에 불필요한 돈을 많이 사용한다.			
	9. 자사와 관련이 없는 방대한 자금을 유용하고 있다.			
	10. 본업에 대한 실력이 부족하다.			
	11. 도산이나 부도의 이력을 갖고 있다.			
경영자 개인에 관한 사항	1. 이기주의적이고 공과 사의 구별이 없다.			
	2. 부하에 대해 불공평하고 편애적이다.			
	3. 부하를 신용하지 않고 의심이 많다.			
	4. 지도육성에 무관심하고 자기 혼자만 일을 안고 있다.			
	5. 출근시간이 늦어 근로의 절대량이 부족하다.			
	6. 공직과 명예직, 취미 등을 위한 외출이 많다.			
	7. 교제비 사용이 많고 금전감각이 없다.			
	8. 겸허함이 없고 타사의 좋은 점을 응용하지 않는다.			
	9. 건강상의 이유에 의한 휴가가 많다.			
	10. 결단력이 부족하고 우유부단하다.			
도산의 징후	1. 어음 지급이 연기되고 있지 않은가.			
	2. 지나치게 비싸게 구매하지는 않는가.			
	3. 납품조사가 형식적이지 않은가.			
	4. 융통어음의 지연은 없는가.			
	5. 타사로의 어음 지급은 어떤가.			
	6. 최근 자산을 매각하고 있지 않는가.			
	7. 주거래은행은 있는가.			
	8. 경리책임자가 잔업하고 있지 않는가.			
	9. 중역간에 대립은 없는가.			
	10. 사장이 현장순시를 수시로 하고 있는가.			
	11. 유능한 인재가 퇴사하고 있지는 않는가.			
	12. 종업원의 의욕이 저하되어 있지는 않은가.			

대금 회수를 원활하게 하기 위한 체크 노트(영업 · 경리 등의 관리자용)

영업 및 경리 관계의 관리자에게 있어 중요한 일의 하나가 대금회수이다. 일단 대손(貸損)이 발생하면 지금까지의 수고는 수포로 돌아가 버릴 수밖에 없다. 그러므로 대금회수를 원활하게 하기 위해서는 문제가 발생했을 때 즉시 대책을 강구하여 처리해야 한다. 세일즈맨에게 '이상회수 보고서'를 휴대하게 하고 이상이 생기면 즉시 보고하도록 한다.

이상회수보고서

부장	과장	담당자

거래처		A · B · C클래스	평균매출	만원	거래	년

이 상 보 고

1. 회수금액(차이 10% 이상)

회수예정액	만원
회수실적액	만원
차 이	만원

2. 지불일 지연(10일 이상)

계약지불일	월	일
실 적	월	일
지연 일수	월	일

3. 지불방법의 차이(10% 이상)

계약	•현금 %	•어음 %	•계 %
실적	•현금 %	•어음 %	•계 %
차이	•현금 %	•어음 %	•계 %

4. 결제기한연장(10일 이상)

계 약	일
실 적	일
지연일수	일

이   유

1. 장부 미정리

(1) 상대방 미검토
(2) 선매납입분
(3) 자사 납입지연에 따른 미검토
(4) 현품 미도착
(5) 청구서 미도착
(6) 불량에 따른 보류
(7) 반품
(8) 기타

2. 자금융통의 형편상

(1) 설비투자 과대
(2) 불량외상매출, 대치금 발생
(3) 상품 · 제품 재고 과대
(4) 원재료 재고 과대
(5) 판로부진
(6) 기타

주위의 평가

1. 아무것도 듣지 못했다.

2. 들은 내용

대책의견

1. 계속
2. 경계하면서 계속
3. 중지
4. 기타

지 시

1. 거래를 중지한다.
2. 거래를 계속한다.
3. 기타

(1) 즉시   (2) 잠시   (3) 시기를 선택해서

(1) 월매출액한정
(2) 대금회수조건개선
(3) 거래상품
(4) 기타

43 영업부문을 위한 월간 업무보고서 (영업관리자용)

관리자의 업무는 가능한 한 표준화해야 한다. 관리란 '계획 — 실행 — 체크'를 말한다. 따라서 관리자는 매월마다 수행하는 업무에 대해 다음과 같은 리포트에 입각하여 일을 추진한다면 새로운 문제의식을 배양할 수 있으며 업무의 표준화를 이룰 수 있다.

월 영업보고서

사				
장				

1.   월 영업실적

구분 항목	월 목 표 실 적				월~ 월누계실시			
	목 표	실 적	달성률	전년비	목 표	실 적	달성률	전년비
매 출								
순이익								
회 수								

2. 이번 달에 노력한 일

3. 이번 달에 반성할 일

4. 현재 안고 있는 문제점

5. 타부문으로의 요망 및 기타 사항

6. 다음달 목표 및 달성예정

매 출		순이익		회 수		재 고	

7. 다음달의 중점 예정사항

CEO

4. 올바른 부하지도를 위한 실행노트

제4장의 실행노트를 활용하기 위한 핵심 포인트

관리자로서의 자격 조건 중의 한 가지가 '부하를 통해서 일을 하는 사람'이어야 한다는 것이다. 그리고 우수한 관리자는 '부하의 능력을 110% 이상 끌어내는 사람'이다.

관리자 교육 속에 '리더십, 부하에 대한 능숙한 대처방법' 등에 관한 내용이 많다는 점이 바로 그것을 증명하고 있다.

연령과 일을 결부시켜 생각해 보면 다음과 같은 해답이 나온다.

◆ 20대는 사용을 당하는 연령층
◆ 30대는 사용을 당하면서 사람을 부리는 연령층
◆ 40대는 사람을 부리는 연령층

관리자가 되면 사람을 부리면서 사용당하기도 하는 입장이 되므로 둘 사이의 균형을 잘 맞출 수 있어야 한다. 이때 주의할 점은 자신을 갑자기 변화시키려 해서는 안 된다는 것이다.

관리자는 사람을 부리는 동시에 업적 향상을 위해서 행동하는 사람이어야 한다. 시도 때도 없이 책상에만 철썩 달라붙어 있으면 부하나 상사로부터 불평을 살 것은 뻔한 일이다. 상사로부터 부리기 쉬운 관리자라는 평가를 받는다면 합격이다. 그 반대로 부리기 어렵다거나 보고가 엉망이라는 평가를 받는다면 관리자로서의 자질에 문제가 있는 것이다. 항상 부하입장에서, 그리고 상사입장에서 사물을 보는 자세를 갖는 것이 중요하다.

 **당당한 리더의 조건**

리더는 언제나 위풍당당해야 한다. 리더가 흐트러지면 젊고 힘있는 부하의 도전을 받아 쓰러지게 된다. 마찬가지로 우수한 관리자가 되려면 외형을 갖추는 것도 필요하다. 뒷모습이 당당하게 보이는 사람은 힘이 있다는 증거이기도 하기 때문이다. 그러므로 마음의 눈으로 자신의 뒷모습을 떠올려 볼 필요가 있다.

1. '할 수 없다, 어렵다' 라고 말하지 말라.

2. 허리를 곧게 펴고 정신을 긴장시켜라.

3. 턱을 끌어당기고 목을 똑바로 세워라.

4. 입을 꼭 다물고 어금니를 악물어라.

5. 눈동자 초점을 바로하고 마음을 흐트러뜨리지 말라.

6. 아랫배에 힘을 주고 복식호흡을 하라.

7. 몸을 앞으로 구부리고 걷지 말며 힘있고 경쾌하게 걸어라.

8. 감정을 표출시키지 말고 정서(情緖)를 안정시켜라.

9. 체념하거나 나서거나 배반하거나 편을 들거나 화내지 말라.

10. 좌절하거나 게으름을 피우거나 초조해 하거나 상심하거나 양보하지 말라.

리더십의 10가지 조건

리더에게는 부하로 하여금 따르고 신뢰하게 만드는 힘이 있어야 한다.
또한 리더는 부하의 생활의 윤택을 진심으로 바라는 마음을 가져야 한다. 다른 부서보다
좀더 나은 업무조건을 모색하는데 전력투구할 그때 비로소 리더십은 자연발생적으로 생
기게 된다.

1. 목표달성을 향한 의욕과 기백이 있어야 한다.

2. 목표달성을 향한 구체적인 방침과 계획을 세워두어야 한다.

3. 관리에 관한 지식과 능력을 갖추어야 한다.

4. 부하가 지켜야 할 준칙을 모범으로 행하라.

5. 강한 책임감과 행동력을 가져라.

6. 부하의 향상을 진정으로 생각해야 한다.

7. 불필요한 간섭이나 관여는 되도록 피해야 한다.

8. 항상 상대방의 입장이 되어 생각해야 한다.

9. 자기 주장이나 자기 판단을 무조건 내세워 독단적 · 독선적으로 일을 추
   진하지 말라.

10. 부하를 공평하고 냉정하게 평가하도록 해야 한다.

 # 부하 지도를 위해 알아둘 기초 상식

관리자는 언제나 자신의 정열적인 모습을 보여줄 필요가 있다. 관리자의 무기력한 모습은 부하에게도 그대로 반영되어 결국 부서 전체의 사기저하를 초래하게 된다. 자신의 정열을 불태우기 위하여, 부하의 패기를 자극하기 위하여 '욕구의 5단계'와 '대뇌생리학에 의한 전두엽의 운동'을 응용해 보자.

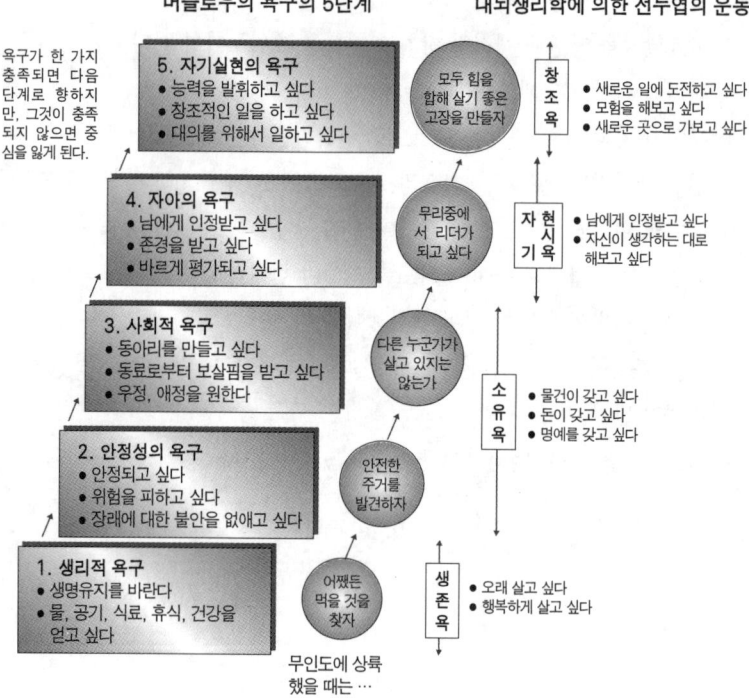

머슬로우의 욕구의 5단계

욕구가 한 가지 충족되면 다음 단계로 향하지만, 그것이 충족되지 않으면 중심을 잃게 된다.

5. 자기실현의 욕구
- 능력을 발휘하고 싶다
- 창조적인 일을 하고 싶다
- 대의를 위해서 일하고 싶다

4. 자아의 욕구
- 남에게 인정받고 싶다
- 존경을 받고 싶다
- 바르게 평가되고 싶다

3. 사회적 욕구
- 동아리를 만들고 싶다
- 동료로부터 보살핌을 받고 싶다
- 우정, 애정을 원한다

2. 안정성의 욕구
- 안정되고 싶다
- 위험을 피하고 싶다
- 장래에 대한 불안을 없애고 싶다

1. 생리적 욕구
- 생명유지를 바란다
- 물, 공기, 식료, 휴식, 건강을 얻고 싶다

대뇌생리학에 의한 전두엽의 운동

모두 힘을 합해 살기 좋은 고장을 만들자

창조욕
- 새로운 일에 도전하고 싶다
- 모험을 해보고 싶다
- 새로운 곳으로 가보고 싶다

무리중에서 리더가 되고 싶다

자기현시욕
- 남에게 인정받고 싶다
- 자신이 생각하는 대로 해보고 싶다

다른 누군가가 살고 있지는 않는가

소유욕
- 물건이 갖고 싶다
- 돈이 갖고 싶다
- 명예를 갖고 싶다

안전한 주거를 발견하자

어쨌든 먹을 것을 찾자

생존욕
- 오래 살고 싶다
- 행복하게 살고 싶다

무인도에 상륙했을 때는 …

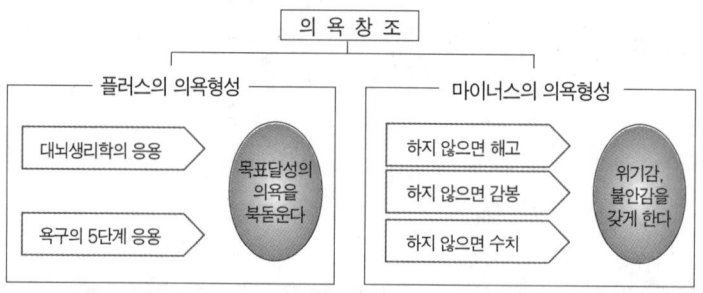 ### 의욕창조는 플러스와 마이너스의 양면으로부터

의 욕 창 조

플러스의 의욕형성

대뇌생리학의 응용

욕구의 5단계 응용

목표달성의 의욕을 북돋운다

마이너스의 의욕형성

하지 않으면 해고

하지 않으면 감봉

하지 않으면 수치

위기감, 불안감을 갖게 한다

# 부하직원에 대한 칭찬방법 10가지

세미나에서 "당신의 배우자에 대한 나쁜 점을 써 주십시오."라고 말하면 참석자는 순식간에 15 내지 20가지 항목을 써낸다. 다음으로 "좋은 점은……." 하는 요청을 받으면 갑자기 펜이 움직여지지 않아서 2~3가지 쓰는 것도 어렵다고들 한다. 이는 칭찬에 인색한 우리 사회의 단면을 보여주는 예이다.

1. 사랑의 반대는 증오가 아니라 무관심이다. 칭찬도 하지 않으며 꾸짖지도 않는 간부라면 부하는 발전하지 않는다.

2. 인간은 제각기 자기현시욕(自己顯示欲)을 가지고 있다. 그것을 인정받음으로써 일할 의욕이 생긴다.

3. 부하가 칭찬을 받고 싶다고 생각할 때에 타이밍을 잘 맞추어 칭찬하면 부하는 일할 의욕이 생긴다.

4. 알랑거림과 칭찬한다는 것은 다르다. 부하에게 겉치레의 인사를 해서는 안 된다.

5. 말 한마디가 사람을 살리기도 하고 죽이기도 한다고 한다. 너무 칭찬하거나 너무 꾸짖지 않도록 주의한다.

6. 때로는 다른 사람을 통해서 부하를 칭찬하는 것도 커다란 효과를 보게 된다.

7. 세상에서 가장 가깝고 가장 중요한 것은 자기 자신이다. 그런 자신이 칭찬받아서 기쁘지 않은 사람은 없을 것이다.

8. 사람이란 장점은 내보이고 싶어 하지만 단점은 가능한 한 남이 알기를 원하지 않는 법이다.

9. 시범을 보이고, 말하여 듣게 하고, 시켜보고, 칭찬해 주면 사람은 움직이게 마련이다.

10. 부하 직원은 5가지를 가르치고, 3가지를 칭찬하며, 2가지를 꾸짖어 훌륭한 인재로 육성해야 한다.

부하직원 꾸짖는 방법

요즘의 관리자들은 부하직원을 꾸짖지 않는다고 한다. 그것은 부하가 자신보다 우수하기 때문이 아니라 꾸짖을 자신이 없기 때문이다. 꾸짖는다는 것은 부하직원의 발전을 바라는 의미와도 같다. 부하직원을 인재로 키우려면 꾸짖어야 할 때는 따끔하게 꾸짖는 관리가 필요하다.

질책의 5단계

제5단계) 제재를 통하여 깊은 반성을 촉구한다.
"당신에게는 세 차례에 걸쳐서 주의를 했는데 또 큰 손해를 냈소. 이건 분명히 부주의에 의한 것이니, 시말서를 제출하시오."

제4단계) 질책에 의해서 반성을 촉구한다.
"당신의 최근의 업무 상태를 보면 엉망이오. 더욱 신중하게 대처하시오.!"

제3단계) 주의에 의해서 반성을 촉구한다.
"○○씨, 회의석상에서는 당당한 자세로 더욱 신중히 남의 이야기를 들으시오."

제2단계) 충고에 의해서 반성을 촉구한다.
"인사고과의 시기도 다가오고 있으니, 지각이 잦은 사람은 주의하시오."

질책의 5단계
'처음에는 타이르고, 다음에는 엄격하게 대한다.'

제1단계) 암시, 격려에 의해서 반성을 촉구한다.
"○○씨, 최근 정기적인 방문을 하고 있으리라 믿는데 확실히 부탁하오."

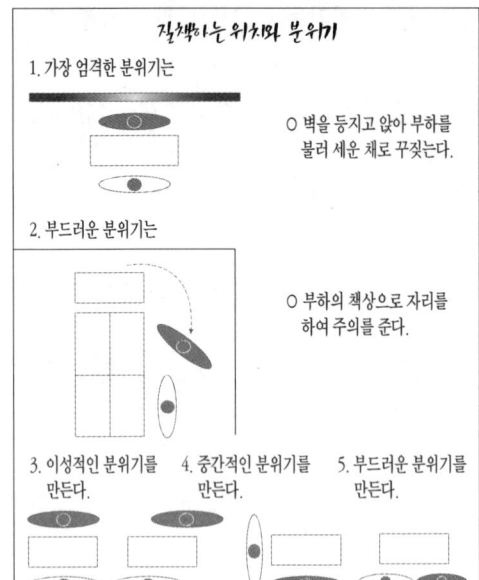

질책하는 위치와 분위기

1. 가장 엄격한 분위기는

○ 벽을 등지고 앉아 부하를 불러 세운 채로 꾸짖는다.

2. 부드러운 분위기는

○ 부하의 책상으로 자리를 하여 주의를 준다.

3. 이성적인 분위기를 만든다.   4. 중간적인 분위기를 만든다.   5. 부드러운 분위기를 만든다.

질책에 실패하지 않기 위해서는

① 언어의 사용에 주의한다.
② 상대에게 적의가 없음을 표시한다.
③ 불확실한 것은 질문해서 확인한다.
④ 상대가 말하는 것에 되도록 귀를 기울인다.
⑤ 강한 인내심을 발휘하여 초조한 모습을 보이지 않도록 한다.
⑥ 상대가 감정적으로 되어 반항을 하지 않도록 배려한다.
⑦ 상대가 무조건 틀리고 이쪽이 옳다는 선입관을 갖지 않는다.
⑧ 가능한 한 단시간에 한다.
⑨ 유머와 미소를 띰으로써 숨막히는 분위기를 조성하지 않는다.
⑩ 사례나 예시를 들면서 구체적인 질책을 한다.

여사원의 능숙한 활용방법

갈수록 여성이 일하는 시대가 되고 있다. 여성의 역량을 능숙하게 찾아내는 관리자가 아니면 업적을 신장시킬 수 없다.
여성이기 때문에 차별대우를 한다면 업무에도 지장을 초래하게 된다. 여성의 특성을 잘 이해해야만 여성을 잘 활용할 수 있다.

1. 여성의 능력을 잘 활용하는 기업이 업적도 좋음을 인식할 필요가 있다.
2. 기업 내에서 남성이 해낼 수 있는 일은 여성도 얼마든지 할 수 있다는 전제하에서 일을 진행한다.
3. 직장 내에서 '성(性)은 존재하지 않는다' 라는 인식을 갖고 일을 진행해야 한다.
4. 미모가 남보다 나은 여성에게만 잘 대해 주는 것을 좋아할 여성은 없다.
5. '여자애' 라든가 '여자' 라는 말은 사용하지 않는다. '여성' 또는 '여사원' 이라고 한다.
6. 한 사람 한 사람의 여성이 '우리 상사는 나를 잘 이해해 준다' 라는 생각을 가질 수 있도록 해야 한다.
7. "왜 아직 결혼하지 않았어? 나이가 이제 몇 살이더라. 꽤 나이를 먹었군." 등의 무신경한 말들은 절대 하지 않는다.
8. 상사라고 해서 자신은 쉬고 있으면서 당연한 것처럼 잡일을 계속 시킨다면 존경을 받을 수 없다.
9. "자네를 믿어."하면서 한 사람 한 사람에게 일에 대한 주체성(主體性), 책임감을 갖게 한다.
10. 여성의 인간관계는 남성보다 복잡한 부분이 많다는 점에 유의하지 않으면 안 된다. 여성이 퇴직하는 이유 중에서 70%가 인간관계의 갈등에서 오는 경우이다.

부하의 자기방어적 행동을 간파하는 체크노트

▶ 자기방어의 10가지 패턴

1. **반발** — 타인으로부터 자신의 결점이나 단점을 지적받으면 화를 내거나 반발을 하기도 하며 더 이상 들으려고 하지도 않는다.

2. **공격** — 위협을 느끼면 반사적으로 상대에게 대항함으로써 자신을 지키려고 하는 것. 과장으로부터 주의를 받은 부하가 "그렇게 말씀하시지만, 사실 과장님도 요즘……"하는 식으로 직접적인 관계가 없는 일을 들춰내며 반항하는 경우가 있다.

3. **합리화** — 이유를 적당히 만들어 자기 자신을 납득시키려는 것. 예를 들면 상품이 팔리지 않는다든가, 능률이 떨어진다든가, 실수를 했다든가, 일이 잘 진행되지 않았을 때 등 그 원인을 다른 사람에게 전가한다.

4. **억압** — 불쾌한 일을 마음속 깊이 눌러놓고 의식적으로 떠오르지 않도록 하는 것. 자신의 실패나 과거의 싫은 경험을 부인하고 잊기 위해 마음을 억압하려 한다.

5. **부정** — 예를 들어 진중한 대화중 대화 내용이 자신에게 불리해지면 갑자기 말문이 막히는 것처럼, 무의식적으로 상대방의 말이 들리지 않게 되는 심리 상태이다.

6. **억제** — 남 앞에서 모자람을 감추기 위해 자신의 언동을 억제하는 것. 예를 들면, 회의석상에서 자신의 무능함이 발각될까봐 전혀 발언을 하지 않는 등 스스로 움츠리는 행위이다.

7. **책임전가** — 자신의 무능을 감추기 위해 자신보다 못한 사람을 격하시킴으로써 상대적 절대우월성을 인정받으려고 한다.

8. **도피** — 자신에게 불리한 일은 피하려고 하는 것. 예를 들면, 자신의 결점이나 단점이 의식될 만한 장소에는 가고 싶어하지 않는다.

사람은 타인으로부터 공격을 받게 되면 자신을 지키기 위해서 본능적으로 방어수단을 강구하게 되는데, 그 패턴에는 10가지가 있다. 이는 본인으로서는 신중하고 필사적일지 모르지만 결코 좋은 방법이 아님을 명심하자. 다만, 자신의 무능함을 확대, 표출시킬 뿐이다. 따라서 상황처리가 요구될 때나 자신과 부하직원간에 이와 같은 우가 범해졌는지를 빨리 간파해야 한다.

9. **전환** — 심리적 압박을 신체적 열악으로 전환시키는 것. 자신이 매우 난처한 상황에 처하거나 비참한 생각이 들게 하는 일이 있으면 그날 반드시 복통이라든가 두통으로 몸져 누워 버린다. 업무성적이 부진한 세일즈맨이 월 1회, 영업회의 날이 되면 간혹 병으로 쉬거나 하는 것은 틀림없이 이와 같은 사례이다.

10. **동요**(動搖) — 갑(甲)을 택할지 을(乙)을 택할지 미처 결정내리지 못하고 갈팡질팡하는 중에 이를 보다 못한 상사가 이미 결정을 한다. 이때 본인은 안심하게 되지만 이것은 자신을 지키려고 하는 마음의 동요이다.

52 부하직원을 알기 위한 실전노트 ①

자기 신고서

소속					생년월일		년 월 일	연령	세
성명			성별	남 · 녀	입사년월일			근속	년

직무만족도	**1. 당신의 일은?** (몇 개라도 체크해 주십시오)
	● 괴로운 일이다 ● 즐거운 일이다
	● 어려운 일이다 ● 쉬운 일이다
	● 중요한 일이다 ● 중요하지 않은 일이다
	● 변화무쌍한 일이다 ● 단순한 일이다
	● 단순하지 않은 일이다
	● 능력을 발휘할 수 있는 일이다
	● 능력을 발휘할 수 없는 일이다
		근무지	**5. 근무지에 관한 희망**
			
			● 지금의 근무지를 떠나고 싶지 않다
			
			  그 이유)
			
			● 지금의 근무지를 떠나고 싶다
			
			  그 이유)
			
			● 근무지를 떠난다면
			
			  제1희망
			
			  제2희망
			
			  떠날 시기는
			  (지금이 좋다 년 월이 좋다)

업무의 희망	**2. 일에 관한 희망** ● 지금의 직무를 떠나고 싶지 않다 ● 지금의 직무를 떠나고 싶다 ● 장소에 따라 지금의 직무를 떠나도 괜찮다 ● 특별한 희망사항은 없다 **3. 현직재직연수** ● 현재의 직무를 맡으면서부터 년 월 ● 현재의 과에 소속되면서부터 년 월 **4. 희망하는 직무가 있으면** ● 제1희망 ● 제2희망	**관심포인트**	**6. 연구한 분야, 과제 등**(직무와의 관련 유무 또는 자발적인가, 아닌가는 묻지 않는다) **7. 습득한 기술, 자격 등**(上同) **8. 직무수행상, 특히 노력했던 것은**(업무, 상사, 동료, 부하 등에 대해서)

연 1회에 걸쳐서 부하직원에게 자기신고서를 제출케 한다. 이것은 부하직원과의 커뮤니케이션을 원활하게 하기 위한 방법이다.

평소 커뮤니케이션을 잘하고 있더라도 이처럼 정확하게 의견을 제출케 하지 않으면 커뮤니케이션이 충분히 이루어지고 있다고는 볼 수 없다.

자유의견	9. 상사, 동료에 대한 요망, 타부문, 회사에 대한 요망 등을 자유롭게 써 주십시오.	능력개발계획	12. 자기개발에 대한 계획안을 간단하게 기입해 주십시오. 13. 장래 어떤 분야에서 자신의 능력을 발휘하고 싶습니까?
능력개발계획	10. 자기의 능력(잠재적인 것 포함) 및 성격의 탁월한 면을 기입하십시오. 11. 개선이 필요하다고 생각되는 점을 기입하십시오.	건강상식	14. 현재의 직무는 ● 충분히 견딜 수 있다 ● 그런 대로 견딜 수 있다 ● 약간 견디기 어렵다 ● 견디기 어렵다 ● 지병이 있다 ● 재발의 위험이 있는 질병 이름
		생활상태	15. 주거의 종류 ● 자택　● 사택　● 전세　● 맨션 ● 아파트　● 임대　● 하숙 16. 통근 소요시간 　　　　시간　　　　분 　선　　　승차역　　　하차역 17. 가족상황 　　동거　　명　부양가족　　명

 **부하직원을 알기 위한 실전노트 ②**

사원리포트	년 월분

1. 이번 달에 잘 진척된 일이 있는가. 어째서 잘되었는가.	
2. 이번 달에 실패한 일이 있는가. 어째서 실패했는가.	
3. 이번 달에 상사로부터 주의를 받았는가. 그래서 어떻게 했는가.	
4. 업무과정 중 어려운 점이나 고민되는 점이 있으면 열거하시오.	
5. 업무과정상 개선되어야 할 부분이 있는가	

부하직원을 육성하는 방법으로는 여러 가지가 있는데, 그 한 가지로 보고서 작성이 있다. 전반적인 세부 사항을 정리하기에는 복잡하기 때문에 꼭 쓰도록 할 필요가 있다.
보고서 작성을 통하여 새 달을 맞이하면서 문제의식을 갖게 하고, 월말에는 그 달의 성과에 대해 반성하도록 하는 것도 중요하다.

소속: 성명:

6. 상사 또는 회사에 대해 요망사항이나 의견이 있으면 열거하시오.	
7. 이번 달에 어떤 것을 곰부했는가. 아무 것이든 좋으니 열거하시오.	
8. 건강상태는 어떤가.	
9. 가정에 경조사나 이사 같은 것은 없었는가.	
상사의 의견	

54 부하직원의 의욕 촉진을 위한 실전노트

사기향상을 위한 점검표

항 목		판정 O	판정 △	판정 ×	메 모
경영자세는 좋은가	1. 회사에서 장래의 비전을 제시하고 있는가.				
	2. 장기·단기의 경영계획을 갖고 있는가.				
	3. 커뮤니케이션은 원활하게 이루어지고 있는가.				
	4. 사원의 특성을 발견하여 끌어내는 노력을 하고 있는가.				
	5. 사원에게 능력 발휘의 기회를 주고 있는가.				
	6. 목표와 그 달성 수단을 구체적으로 제시하고 있는가.				
	7. 중간적인 분위기를 조성하고 있는가.				
	8. 경영성과의 발표와 성과 배분 제도는 있는가.				
	9. 고임금정책을 목표로 하고 있는가.				
	10. 사원과의 접촉을 충분히 고려하고 있는가.				
	11. 약속은 반드시 지키고 있는가.				
	12. 사원의 의견을 적극적으로 도입하고 있는가.				
	13. 밝은 사풍 만들기에 노력하고 있는가.				
기업 매력 창조	1. 항상 사원의 장래를 생각하고 있는가.				
	2. 의견을 내놓도록 기회를 주고 있는가.				
	3. 명확한 목표가 설정되어 있는가.				
	4. 인간을 존중하고 있는가.				
	5. 필요한 숫자 현황을 필요한 사람에게 알리고 있는가.				
	6. 실력 위주의 인사체제인가.				
	7. 운명공동체 조성의 노력이 행해지고 있는가.				
	8. 사원주주 제도는 시행되고 있는가.				
	9. 독립원조는 진행되고 있는가.				
	10. 독선적인 파벌은 없는가.				
	11. 사원에게 책임 있는 일을 주고 있는가.				
좋은 직장 만들기	1. 적재적소의 인원배치인가.				
	2. 제안 제도 등을 두어 창조성을 중시하고 있는가.				
	3. 조례·종례는 계획적으로 행하고 있는가.				
	4. 직장간담회 등 의사소통 기구가 있는가.				
	5. 사보는 발행하고 있는가.				
	6. 모럴 서베이는 정기적으로 행하고 있는가.				
	7. 가정이나 출신학교와의 연락은 충분한가.				
	8. 인사 불평 처리 제도는 있는가.				

부하에게 일에 대한 의욕을 고취시키는 것은 관리자가 지녀야 할 가장 중요한 능력 중의 하나이다. 그러나 관리자 한 사람의 노력만으로는 한계가 있기 때문에 회사의 전반적인 배려가 요구된다.
다음의 점검표를 체크함으로써 문제점을 파악하고 개선하는 데 잘 활용하기 바란다.

항 목		판정			메 모
		O	△	x	
동기부여	1. 실적파악과 평가는 충분한가.				
	2. 목표 관리 제도는 도입되어 있는가.				
	3. 실력 · 능력주의에 의한 승진인가.				
	4. 자기 신고 제도는 도입되어 있는가.				
	5. 표창 제도는 효과를 올리고 있는가.				
	6. 자존심에 호소하고 있는가.				
	7. 국내 · 해외 시찰 제도는 있는가.				
	8. 경영에 대한 사원 참여 제도는 있는가.				
조직	1. 일의 책임과 권한은 명확하게 되어 있는가.				
	2. 족벌 경영으로 경영을 사유화하고 있지는 않은가.				
	3. 승진 · 승격의 기준은 명확한가.				
	4. 직장 규율은 명확히 되어 있는가.				
	5. 직장 규율은 준수되고 있는가.				
	6. 권한위양은 충분히 행해지고 있는가.				
근로조건	1. 법정 근로기준은 지켜지고 있는가.				
	2. 근로시간 단축은 검토되고 있는가.				
	3. 취업규칙은 있는가. 내용은 문제가 없는가.				
	4. 주휴 1일제는 실시되고 있는가.				
	5. 임금체계는 합리적인가. 그리고 명시되어 있는가.				
	6. 퇴직금 제도는 있는가. 내용은 문제가 없는가.				
	7. 하기휴가 제도는 있는가.				
	8. 직장 환경의 정비는 진행되고 있는가.				
교육훈련	1. 교육훈련 계획은 세워져 있는가.				
	2. 관리자의 교육훈련은 충분한가.				
	3. 사외교육의 이용도 생각하고 있는가.				
	4. 자격 제도는 도입되고 있는가.				
	5. 카운슬러 멘투맨 제도는 있는가.				
복리후생	1. 유급휴가 제도의 운용은 잘되고 있는가.				
	2. 체육대회 · 문화행사 등은 있는가.				
	3. 건전한 레크리에이션은 실시되고 있는가.				
	4. 위로여행은 있는가. 그 운용은 잘되고 있는가.				
	5. 취미 모임, 친목회는 있는가.				
현재 빠져 있는 항목과 앞으로의 대책					

부하 동료간의 행동평가 실전노트

자기 자신을 바르게 안다는 것은 매우 중요한 일이다. 그런데 대부분의 사람들은 자신에게 너무 후한 점수를 주고는 상사가 그것을 인정해 주지 않는다고 불평한다. 이런 착각은 자신에게 도움이 되지 않는다. 그러므로 '상호평가표'를 활용하여 부하간에 점수를 내보도록 하는 것이 좋다.

상호평가표

항 목 \ 채점자와 점수	A	B	C	D	E	F	G	H	I	J	K	평균점	5	4	3	2	1
1. 불규칙한 생활을 하고 있는가.																	
2. 정서는 안정되어 있는가.																	
3. 세일즈 일을 싫어하고 있지는 않는가.																	
4. 복장은 단정한가.																	
5. 끈기가 있는가.																	
6. 적극성이 있는가.																	
7. 경어를 바르게 사용하고 있는가.																	
8. 자기개발을 하고 있는가.																	
9. 시간을 정확히 지키고 있는가.																	
10. 약속을 어기지는 않는가.																	
11. 일에 대해 열심인가.																	
12. 목표의식은 높은가.																	
13. 목표달성을 위해 노력하고 있는가.																	
14. 계획성이 부족하지는 않은가.																	
15. 행동일수, 행동시간은 충분한가.																	
16. 예의가 바른가.																	
17. 상품지식은 충분한가.																	
18. 상담기술을 습득하고 있는가.																	
19. 거래처와의 관계는 원만한가.																	
20. 부서원들과의 관계는 좋은가.																	

 **부하직원에게 매력적인 관리자가 되기 위한 체크노트**

상사로부터 신뢰를 받고 부하로부터는 매력적인 관리자로 보이기 위해서는 인간적인 매력을 가질 필요가 있다. 다음의 20개 항목으로 당신의 매력을 평가해 보자. 몇 개나 해당되는지 체크해 보도록 한다.
- 15개 항목 이상 해당한다면 합격이다. ● 10개 항목 이상 해당한다면 보통이다.
- 10개 항목 이하인 사람은 낙제이다.

▣ 인간적 매력을 갖기 위한 20포인트

1. 센스 있는 차림새를 하고 있는가.
2. 언제나 명랑함과 유머를 가지고 있는가.
3. 언제나 침착하며, 정서적으로 안정되어 있는가.
4. 남의 이야기를 열심히 듣는 겸허함을 가지고 있는가.
5. 적절한 표현력을 구사하고 있는가.
6. 어떤 사람이라도 교제할 수 있는 사교성을 가지고 있는가.
7. 좋은 인맥(人脈)을 가지고 있는가.
8. 약속은 반드시 지키는가.
9. 무슨 일에든 감사하는 마음을 가지고 있는가.
10. 유사시에 당황하지 않는 냉정함을 지니고 있는가.
11. 다른 사람을 배반하지 않으며, 안심하고 교제할 수 있는 사람인가.
12. 매사에 치밀하지만 너무 사사로운 일에 얽매이지는 않는가.
13. 알면 알수록 깊이가 있는 사람인가.
14. 비난받아 마땅한 자도 용서하는 관대함을 가지고 있는가.
15. 여러 방면에 조예(造詣) 깊은 사람이 되려고 노력하고 있는가.
16. 사사로운 일에 얽매이지 않는 자세로 일하고 있는가.
17. 필요한 때에 필요한 행동을 하는 실행력을 가지고 있는가.
18. 진심으로 사람을 좋아하고, 부하 한 사람 한 사람을 개인으로서 중요하게 여기고 있는가.
19. 끊임없이 열심히 노력하는 향상심(向上心)을 가지고 있는가.
20. 일에 대해서나 인생에 대해서나 신중하고 정열적으로 몰두하고 있는가.

5. 업무의 질을 높이기 위해 유용한 명언집 노트

57 제5장의 실행노트를 활용하기 위한 핵심 포인트

우리들 인간에게는 강한 면과 약한 면의 이중적인 면이 있어서, 강할 때는 어느 누구의 도움도 필요 없이 자기 스스로 앞으로 전진할 수 있지만, 뭔가 어려운 문제에 부딪히게 되면 자기 자신이 불쌍하게 여겨질 정도로 나약해진다.

여기서 강조하여 말하고 싶은 것은, 관리자라는 직책에 있는 사람은 아무리 나약해지고 좌절감에 빠져 있을지라도 절대 자기 감정을 드러내서는 안 된다는 것이다. 어려운 난관에 봉착한 때일수록 냉철한 이성으로서 자신의 위치를 지켜내야만 한다.

격언이나 금언, 좌우명 등은 이런 때에 자기를 극복하는 데 커다란 도움이 될 것이다. 여기 나의 좌우명으로 일례를 들어볼까 한다.

1. 하루가 일생.
2. 하면 된다. 해서 안 되는 일이 없다.
3. 큰 야망 · 큰일 · 큰 인생.

몸의 컨디션이 나빠졌을 때, 피로가 겹쳐 지쳐 있을 때 얼마나 커다란 위안이 되는지 모른다.

한편, 격언 · 금언은 인생의 무기라고 생각해도 좋을 것이다. 동서고금을 막론하고 수없이 많은 인간들의 인생역정에서 비롯된 산물인 격언 · 금언은 시대가 아무리 변한다 해도 결코 그 빛을 잃지 않는다. 그러므로 이를 바른 양식으로 좇아가는 사람은 성공자가 될 수 있으나, 역행하는 사람은 결국 패배자가 될 수밖에 없음이 불을 보듯 훤하다.

앞으로 인생의 정점을 향해 나아가는 이들에게 반드시 자신에게 필요한 명구를 갖기를 권하고 싶다.

사물을 보는 방법을 배우는 명언

우리가 생활함에 있어서 도움이 되는 주위의 모든 사물들은 나의 좋은 스승이 될 것이다.
사물을 볼 때는,
● 본다 — 눈으로 사물을 포착한다.   ● 관찰한다 — 주의깊게 본다.
● 진단한다 — 치밀하게 살펴본 뒤 판단한다.

사람은 이렇게 되기를 원한다

● 규율을 잘 지키고 근면한 사람

● 속이 꽉 차 있는 사람

● 융통성이 있는 사람

● 기회에 당면하여 재빨리 대처할 수 있는 사람

● 얼마든지 성장 가능성이 있는 사람

● 장래에 사람들로부터 존경받을 수 있는 사람

● 북처럼, 두들기면 울려 퍼지는 사람

● 보통때는 두드러지지 않지만 유사시에는 쓸모가 있는 사람

● 포용력이 있는 사람

● 담대하고 의연한 사람

대인관계를 배우는 명언

담당의사를 선택할 때는 미소띤 의사를 선택하는 것이 좋다. 언제나 미소띤 얼굴을 한 의사는 자기 자신이 건강하기 때문에 환자의 건강도 빨리 회복시킬 수 있다.
마찬가지로 정서적으로 불안정한 관리자라면 부하직원이 상담하고 싶어도 벼락 같은 호령이 떨어질까봐서 상담하기를 꺼리게 된다.

미 소

● 미소는 자본이 들지 않으면서도 우리에게 큰 이익을 얻어준다.

● 미소는 아무리 주어도 줄지 않고 상대에게 풍요로움을 준다.

● 한순간의 미소는 그 기억이 영원하다.

● 아무리 부자라 할지라도 미소 없이는 살 수 없다.

● 아무리 가난한 사람일지라도 미소로 인해 풍요롭게 된다.

● 미소는 가정에 행복을, 장사에 선의를 가져오는 우정의 표어이다.

● 미소는 지친 자에게는 휴식을, 실의에 빠진 자에게는 광명을 준다.

● 미소는 슬픔에 잠긴 자에게는 태양이며, 괴로워하는 자에게는 자연의 해독제이다.

● 미소는 살 수도 강요할 수도 빼앗을 수도 없다. 아무런 대가 없이 줌으로써 비로소 가치가 있는 것이다.

 # 자신의 마음가짐을 바꾸는 방법

"바람이 불면 통장수가 돈을 번다."라는 말도 있지만, 마음가짐이 바뀌면 태도가 바뀐다. → 태도가 바뀌면 행동이 바뀐다. → 행동이 바뀌면 습관이 바뀐다. → 습관이 바뀌면 인격이 바뀐다. → 인격이 바뀌면 운명이 바뀐다. → 운명이 바뀌면 인생이 바뀐다. 제1보는 마음가짐이다.
이제부터 마음가짐을 바꾸어서 좋은 인생을 설계해 나가자.

좋은 씨를 뿌리자

● 마음가짐이라는 좋은 씨를 뿌리자. 그렇게 하면 태도라는 수확물이 들어온다.

● 이번엔 태도라는 좋은 씨를 뿌리자. 그러면 행동이라는 수확물이 들어온다.

● 그러고 나서 행동이라는 좋은 씨를 뿌리자. 그러면 습관이라는 수확물이 들어온다.

● 다음엔 습관이라는 좋은 씨를 뿌리자. 그러면 인격이라는 수확물이 들어온다.

● 결실의 계절이 가까워졌다. 인격이라는 좋은 씨를 뿌리자. 그러면 운명이라는 수확물이 들어온다.

● 마지막으로 좋은 운명의 씨를 뿌리자. 그러면 멋진 인생이 당신을 맞이할 것이다.

부하직원에의 접촉방법을 배우는 명언

"사랑의 반대는 증오가 아니라 무관심이다."라는 말이 있다. 관리자는 어머니와 같은 깊은 애정을 가지고 부하직원을 대하면 된다.
주위에 대해서도 따뜻한 마음으로 대응하기 바란다. 언제나 이솝이야기의 〈북풍과 태양〉을 생각하면 될 것이다.

무재(無財)의 7가지 행동방침

1. 사신시(捨身施)

    자신의 육신의 괴로움을 마다하지 않고 타인을 위해서 힘쓴다.

2. 심려시(心慮施)

    타인에 대해서 배려하고 심려하는 동정심을 앞세운다.

3. 화안시(和顏施)

    타인에 대해서 언제나 미소로써 상냥히게 대힌다.

4. 자안시(慈眼施)

    자애와 동정이 담긴 눈으로 사람을 대한다.

5. 애어시(愛語施)

    사람에 대해서 항상 예의를 갖추고 사랑이 담긴 충고를 한다.

6. 반사시(房舍施)

    방(房)은 방, 사(舍)는 집. 비를 피하듯 마음의 편안함을 주는 장소를 제공한다.

7. 상좌시(上座施)

    타인에 대해서 항상 편안한 자리를 사용하도록 해준다. 예를 들면, 버스 등을 탈 때 양보하는 행위도 포함된다.

자신을 변화시켜 나가기 위한 명언

껍 질

게는 껍질을 벗는다.

잠자리도 매미도 껍질을 벗는다.

인간도 껍질을 벗지 않으면 안 된다.

나무에는 나이테가 있다.

대나무에는 마디가 있다.

인간에게는 연륜이 있다.

땅두릅에게는 아무것도 없어서

게, 잠자리, 나무, 대나무에게 비웃음을 당한다.

인간은 태어난 그대로는 만물의 영장이라고 할 수 없다.

껍질을 벗자.

자신을 새롭게 만들기 위해.

새로운 세계를 펼치기 위해.

해 보십시오

치켜 올린 주먹을

두번 다시 없는 인생이라서

횡하니 내려 버린다.

외치려 했던 소리를

두번 다시 돌아오지 않는 인생이라서

꿀꺽 참아 버린다.

아무리 해도 참을 수 없는 일을

두번 다시 없는 인생이라서

> 성장하는 사람은 점차적으로 자신을 변화시켜 나가는 사람이다. 지금은 하루가 다르게, 1분 1초가 다르게 변화하는 시대이다.
> 변화에 대응하는 사람은 장래를 보장받을 수 있지만, 변화에 뒤쳐진 사람은 과거의 추억만을 되씹게 될 뿐이다. 추억에 잠긴다는 것은 이미 성장이 멈췄다든가, 나이가 들었다는 증거이다.

어쩔 수없이 참아 버린다.

조금 더 자고 싶지만

두번 다시 없는 인생이라서

재빨리 일어난다.

해 보십시오.

'아, 괜찮았다' 라고 말할 수 있는 인생을 얻을지니.

진지해지면

진지해지면

자신이 변화하게 된다.

세계를 보는 눈이 달라지게 된다.

만약 달라지지 않았다면

진지하지 않았다는 증거이다.

진실된 사랑, 진정한 일.

아아, 일생에 한번만이라도

이것을 붙잡을 수만 있다면.

열심히 행동하기 위한 명언

관리자는 위대한 사람이 아니라 괴로운 사람이라는 인식이 필요하다. 회사를 신체에 비유한다면 관리자는 심장에 해당된다고 할 수 있다. 그러므로 24시간 온몸에 왕성하게 혈액을 공급하지 않으면 안 된다. "이제 시간이 다됐으니까."라든가 "내일은 휴일이니까."라고 말하는 샐러리맨 근성으로는 감당해 낼 수 없다.
항상 목표 중심, 일 중심으로 열심히 행동해야 한다.

열심히

목적없이 남의 뒤를 어슬렁어슬렁 따라가는 행동은 그만두자.

새가 나무 위에 둥지를 틀고, 해리가 물속에 집을 짓듯이 자신의 성을 쌓자.

누에가 입으로 실을 토하고, 진주조개가 아름다운 진주를 만들듯 우리도 사람에게 기쁨을 주는 말을 하자. 회사에 도움이 되도록 하자.

은어나 방어가 몇 번씩 이름을 바꾸며 성장하듯 우리들도 나날이 직함을 바꾸어 나가도록 하자.

산토끼나 뇌조(雷鳥)의 털색깔이 계절에 따라 바뀌듯 우리들도 환경변화에 적응하는 노력을 하자.

'열심히' 라는 글자 하나로 일생의 목표를 향해 나아가면 할 수 없는 일이란 있을 수 없다.

# 젊음을 유지하면서 활력 있게 행동하기 위한 명언

나이는 어쩔 수 없이 늘어간다고 해도 신체적 정신적 연령은 자신의 노력으로 언제까지나 젊게 유지할 수가 있다.
누군가 나이를 물어오면 "10년 빼고 ○○살입니다."라고 실제 자기 나이보다 젊게 말해도 통용되는 인간이 되고 싶은 것이다.

젊음을 유지하자

청춘이란 인생의 어느 시기를 말하는 것이 아니라, 마음의 상태를 두고 말하는 것이다. 뛰어난 창조력, 불타는 정열, 비겁함과 나약함을 떨쳐버릴 수 있는 용맹성, 그리고 안이함 따위는 뿌리쳐 버리는 모험심을 가지고 살아가는 상태를 청춘이라고 하는 것이다.

세월이 흐르기 때문에 늙는 것이 아니라 이상을 상실했을 때 비로소 늙는 것이다. 세월은 살갗에 주름을 만들 뿐이지만, 정열을 상실했을 때 정신은 폐물이 된다.

고민이나 의심, 불안, 공포, 실망, 이런 것들이야말로 마치 긴 세월의 흔적처럼 인간의 정기를 앗아가 버린다.

나이가 70살이든 16살이든 그 가슴속에는 언제나 '경이로운 것에 대한 애모심, 하늘에 반짝이는 별, 사물이나 사상에 대한 흠모, 일에 대응하는 도전정신, 어린아이 같은 끊임없는 탐구심, 인생에 대한 환희와 흥미'를 지니고서 살아가야 한다.

인간은 신념에 차면 젊어지고, 실의의 생활을 보내면 대지와 신과 인간으로부터 아름다움과 희열, 용기와 웅대함, 위대함과 영감을 받고 있는 한 인간의 젊음은 유지될 것이다.

이 모든 영감이 사라지고 비탄이 인간의 마음을 뒤덮게 되면 그때야말로 인간은 완전히 늙고 무기력해져서 신에게 동정을 구걸할 수밖에 없게 된다.

 **목표의식을 배양하기 위한 명언**

성공한 사람들은 모두가 높은 목표의식을 갖고 있다. 목표의식이 낮은 사람은 성공하기 어렵다.
"그 지위를 최종 목표로 삼고 있는 사람을 그 지위에 앉히지 말라."라는 말이 있다. 현 상태에 만족하는 사람은 노력을 하지 않기 때문이다. 밝은 미래는 원대한 목표와 끝없는 노력에 의해 주어진다.

목표의식

1. 당신은 무엇을 위해서 살고 있는가.

2. 당신은 무엇을 위해서 일하고 있는가.

3. 당신은 왜 지금의 일을 하고 있는가.

4. 당신은 어디까지 출세하고 싶은가.

5. 당신은 언제 집을 지을 것인가.

6. 당신은 얼마 정도 저축을 하고 있는가.

7. 당신은 세상을 위해서 무엇을 하고 있는가.

8. 당신은 해외 여행으로 어디를 가고 싶은가.

9. 당신은 이 세상에 무엇을 남길 것인가.

10. 당신은 몇 살까지 살고 싶은가.

11. 오늘 하루의 목표를 명확하게 설정하자.

12. 이번 달의 목표를 명확하게 설정하자.

13. 올해의 목표를 명확하게 설정하자.

14. 3년 후의 목표를 명확하게 설정하자.

15. 10년 후의 목표를 명확하게 설정하자.

16. 일생의 목표를 명확하게 설정하자.

행동력을 배양하는 명언

나이가 들수록 행동보다는 말이 앞서는 경향이 있다. 그러나 관리자에게 요구되는 것은 행동력이다.
실수를 하더라도 말보다는 행동력으로 일에 대처할 수 있는 관리자가 되어야 한다. 관리자는 더 많이 보고, 더 열심히 듣고, 더 많이 움직이고, 더 열심히 뛰어야 한다.

입은 화의 근원이고 귀는 행복의 근원이다

신은 우리 인간에게 귀 둘, 입 하나를 주셨다.

그것은 입으로 말을 많이 하지 말며, 과식을 하지 말라는 뜻이다. 그러나 사람들은 그것이 불만이다. 말을 하고 싶어하는 사람들이 너무 많고 한입에 먹을 것을 많이 넣고 싶어하는 사람들도 너무 많다.

술을 마시고 그것도 부족해서 담배라는 연기까지 빨아들인다. 거기다 마약까지 밀어넣는다. 그 대가로 병들게 된다. 그리고 신체에 들어간 독을 말로서 흩뿌리는 것이다. 입은 중얼거린다.

"꼴 좋게 됐군. 고소하다."

귀를 더욱 크게 열고 입을 쉬게 해주어라. 귀를 크게 열고 입을 작게 하면 성인이 될 수 있다.

의욕을 높이기 위한 명언

인간에게 있어서 의욕을 갖는다는 것은 아주 중요한데, 특히 관리자에게는 더욱 그러하다.
자신있는 나를 찾기 위해서는 우선 좌우명을 가져야 하는데, 다음의 내용을 참고하기 바란다.

의욕을 키운다

의욕이라는 나무는

근성이라는 뿌리를 대지에 튼튼하게 내린다.

대수롭지 않은 비료로도 늠름하게 자란다.

대기 중의 좋은 공기도 빨아들여 나무의 줄기를 튼튼하게 한다.

모든 가지에 활기찬 기개라는 기합을 넣는 시기가 되면, 만족할 만한 결과를 얻게 된다.

돌아오는 가을에는 '확실한 성과'라는 열매를 얻게 된다.

68 융통성을 갖기 위한 명언

관리자에게 필요한 조건 가운데 하나가 융통성을 갖는 일이다. 인간은 나이가 들수록 완고해지는 경향이 있어서 융통성을 갖도록 노력하지 않으면 안 된다. 우리들은 누구나 태어난 그대로 자신만의 독특한 개성이 있어서 때로는 그것이 자신에게 마이너스 요인이 될 수 있음을 명심하기 바란다. 융통성이 요구될 때는 물의 유연한 성질을 생각해 보자.

물은 어디에든 적응한다

물은 어떤 용기 속이라도 다 들어간다. 액체라서 어떤 형태에도 적응하기 때문이다.

물은 열을 가하게 되면 수증기라는 기체가 되어 대기 중으로 증발하며, 냉각시키면 얼음이라는 고체가 되어 자기의 독특한 형태를 지니게 된다.

물은 무미무취인 까닭에 설탕을 넣으면 달고 소금을 넣으면 짜다.

물은 돌을 던지거나 창으로 찔러도 시간이 지나면 원래의 상태로 되돌아온다.

물은 아무리 더러운 것도 깨끗하게 할 수 있는 정화작용을 한다.

물에다 열을 가하게 되면 주전자 뚜껑을 들어올릴 수 있는 힘도 생긴다.

물은 증기터빈을 돌려서 전기를 일으키기도 한다.

프로의식의 10가지 교훈

우리는 흔히 '프로'라고 하면 운동 선수나 예능인 등을 떠올리곤 하는데, 샐러리맨 역시 예외는 아니다.
관리자라면 더욱 프로의식을 가질 필요가 있다. 이에 대한 경각심을 일깨우기 위해서 다음의 10가지 교훈을 서술한다.

10가지 교훈

1. 프로란 일에 목숨을 걸어야 한다.
2. 프로란 자신의 일에 긍지를 가져야 한다.
3. 프로란 앞을 내다보고 일을 해야 한다.
4. 프로란 일에 주관이 있어야 한다.
5. 프로란 시간보다 목표에 중점을 두어 일을 해야 한다.
6. 프로란 높은 목표를 향해서 매진해야 한다.
7. 프로란 결과에 책임을 질 줄 알아야 한다.
8. 프로란 성과에 의해 보수가 결정되는 것이다.
9. 프로란 적당주의가 통하지 않는다.
10. 프로란 능력향상을 위해서 항상 노력해야 한다.

자발적인 능력을 키우기 위한 길잡이

다음의 10가지 교훈을 자신의 생활에 어떻게 실행으로 옮길 것인지에 대해 신중히 생각하여 활용하기 바란다.
의욕이 상실되었을 때 자신에게 도움이 되는 명언을 갖는다는 것은 크나큰 힘의 원천이 된다. 사람에게 있어서 명언 한마디는 용기를 북돋우기도 하고, 의욕을 상실하게도 한다.

자발적인 능력을 기르기 위한 10가지 교훈

1. 일은 스스로 찾아서 하는 것이며 주어지는 것이 아니다.

2. 원대한 일을 계획하라. 작은 일은 자신을 작게 만든다.

3. 힘든 일에 도전하라. 그것을 해결함으로써 자기에게 발전이 온다.

4. 계획된 일을 시작했다면 목적이 완수될 때까지 그만두어서는 안 된다.

5. 주위환경에 좌지우지되지 말고, 자기 뜻대로 밀고 나가라.

6. 계획을 세워라. 장기 계획을 가지고 인내와 끈기로 노력하면 좋은 성과가 있다.

7. 자신감을 가져라. 자신이 없기 때문에 자신이 하는 일에 의욕과 추진력이 없는 것이다.

8. 두뇌는 항상 전회전(全回轉), 사방을 두루 살피고 한 치의 틈도 주어서는 안 된다.

9. 마찰을 두려워 마라. 마찰은 진보의 어머니이며, 적극성을 보이는 태도이다. 마찰을 두려워하면 비굴한 사람이 될 수밖에 없다.

10. 많은 경험을 쌓아라. 그 경험을 바탕으로 모든 일에 현명하게 대처해 나가도록 한다.

 # 서비스 정신을 배양하는 10가지 교훈

서비스의 중요성이 점점 높아지고 있다. 서비스란 자신의 일의 가치를 높이기 위한 특별한 마음씀씀이이다.
그것을 전제로 다음의 10가지 교훈을 서술했는데, 일에 연결시켜서 좋은 성과를 얻기 바란다.

서비스 정신을 위한 10가지 교훈

1. 서비스란 상대가 원하는 것을 알아차리고 먼저 베푸는 것이다.

2. 항상 타인을 먼저 생각하고, 상대방에게 불편함이 없도록 하는 것이 서비스의 기본이다.

3. 풍신수길(風神壽吉)이 주인의 짚신을 들고 따라다니던 것처럼, 자기도 최선을 다해 일한다는 것을 행동으로 보여준다.

4. 자신의 급료보다 몇 배나 되는 일을 하여 회사에 공헌한다.

5. 일은 '신속하게 쉽게 바르게 편안하게' 하는 것을 좌우명으로 하여, 질적으로 수준 있는 일을 행한다.

6. 100가지의 일에 대해서 110가지의 노력을 쏟아서 확실하고 신중하게 일에 대처한다.

7. 필요한 때에 필요한 정보를 제공받을 수 있도록 정보수집에 주력한다.

8. 만족할 만한 일을 하기 위해 기능(技能), 기술력을 향상시킨다.

9. 힘들 때 의지할 수 있는 좋은 인간 관계를 형성한다.

10. 자신이 존재함으로써 주위 사람들에게 즐거움을 주는 서비스 정신을 익혀야 한다.

TQC를 활용화시키기 위한 TQC 활동의 10가지 교훈

TQC(total quality control ; 종합적 품질관리)운동을 도입해 보면 우리 실정에 잘 맞지 않는다고들 한다. 그 원인의 하나는 관리자가 무관심하기 때문이다. 관리자가 측면에서 열심히 도와주기만 한다면 얼마든지 활성화시킬 수 있다. 여기에 TQC 운동을 활성화시키기 위해서 주창했던 것을 서술했으니, 참고하기 바란다.

TQC 활동의 10가지 교훈

1. 일의 목적은 무엇인가, 더 좋은 방법은 없는가.
2. 일은 순조롭게 진행되고 있는가, 더 빨리 하는 방법은 없는가.
3. 실수가 발생하지는 않았는가, 더 정확하게 하는 방법은 없는가.
4. 목적에 대한 수단은 적합한가, 더 쉽게 하는 방법은 없는가.
5. 낭비는 없는가, 더 효율적으로 할 수는 없는가.
6. 복잡한 작업을 하고 있지는 않는가, 더 쉽게 할 방법은 없는가.
7. 사람에 따라 하는 방식이 틀리지는 않는가, 표준화를 꾀할 수는 없는가.
8. 생산성은 오르고 있는가, 높은 성과를 올릴 수는 없는가.
9. 직장의 분위기는 좋은가, 더욱더 밝은 직장을 만들 수는 없는가.
10. 안이함과 타협하고 있지는 않는가, 더욱 창의적인 발전을 꾀할 수는 없는가.

CEO
6. '회사의 숫자'에 능통하기 위한 실행노트

73 제6장의 실행노트를 활용하기 위한 핵심 포인트

관리자가 되면 숫자개념에 강해져야 한다. 경영의 세계는 숫자의 세계이므로 숫자로 생각하고 숫자로 판단하고 숫자로 행동하지 않으면 안 된다. 숫자는 비즈니스 용어이다.

숫자에 강한 관리자는 좋은 성적을 내며, 숫자에 약한 관리자는 좋은 성적을 낼 수가 없다. 관리자는 항상 '손익계산서'와 '대차대조표'를 염두에 두고 일상의 일을 진행해야 한다.

아무리 노력한다고 해도 결과가 나쁘면 인정을 받지 못한다. 프로 세계는 무엇보다도 결과가 중요하다. 그래서 관리자가 '손익계산서'와 '대차대조표'의 구조에 어두우면 자격을 의심해 봐야 한다.

그 다음으로는 어디에 문제가 있는가, 표를 살펴보아야 한다. 그것은 매년마다 개선을 해야 한다.

관리자의 두뇌 속에 '손익계산서'와 '대차대조표'가 필요한 때에 떠오를 정도가 안 되면 숫자에 강하다고 할 수 없다. 그리고 손익분기점에 대해서도 인식해 둘 필요가 있다.

관리자가 되어 손익분기점의 공식을 잘 모른다는 것은 통용되지 않는다. 공식과 함께 손익분기점의 숫자도 염두에 두었으면 한다.

회사의 손익분기점을 파악하는 숫자

손익분기점계산표

1. 매출고 = 순매출액 + 영업 외 수입

$$\boxed{}^{A} = \boxed{} + \boxed{}$$

2. 변동비 = 매출원가 + 기타 변동비

$$\boxed{}^{B} = \boxed{} + \boxed{}$$

3. 고정비 = 매출액 - 경상이익 - 변동비

$$\boxed{}^{C} = \boxed{}^{A} - \boxed{} - \boxed{}^{B}$$

4. 손익분기점 매출액 = $\dfrac{\text{고 정 비}}{1 - \dfrac{\text{변동비}}{\text{매출액}}}$

$$\dfrac{3.\ \boxed{}}{1 - \dfrac{2.\ \boxed{}}{1.\ \boxed{}}} = \boxed{\ \text{천원}}$$

5. 손익분기점 조업도 = $\dfrac{\text{손익분기점 매출액}}{\text{현재 매출액}}$

$$\dfrac{4.\ \boxed{}}{1.\ \boxed{}} = \boxed{\ \%}$$

'손익분기점 매출고'를 계산할 때 변동비를 산출하게 되지만, 변동비는 '매출원가+(포장운임·외주비·지불수수료)'이다. 이를테면 '매출원가×103', 즉 매출원가에 3% 정도를 더하면 된다. 손익분기점 매출고의 계산이 끝나면 그것을 누구나 알 수 있도록 '이익도표'로 나타낸다.

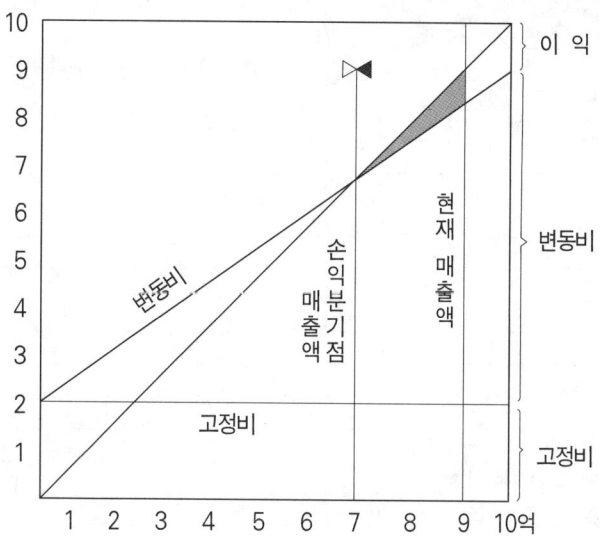

 **75** 회사 전체의 숫자를 파악하기 위한
체크노트

계수현상인식표			
항 목		현 상	있어야 할 숫자
기초숫자	1. 매 출 액		
	2. 순 이 익 률		
	3. 인 건 비		
	4. 기 타 경 비		
	5. 지 불 이 자		
	6. 경 상 이 익		
	7. 회 수 율		
	8. 재 고 금 액		
	9. 차 입 금		
	10. 지 불 어 음		
효율성	1. 손 익 분 기 점		
	2. 총 자 본 이 익 률		
	3. 매출액 대 경상이익률		
	4. 노 동 분 배 율		
	5. 교 차 비 율		
	6. 1개월 1인당 순이익		
	7. 1개월 1인당 총경비		
	8. 1개월 1인당 경상이익		
	9. 1 인 당 매 출 액		
	10. 전표 1장당 매출액		
	11. 1 평 당 매 출 액		

▶ **최소한 기억해 두어야 할 회사의 숫자**

1. 금년도의 매출 예상, 경상이익 예상은 얼마인가, 전년도비의 몇 %인가.
2. 이번 달 매출예상은 얼마인가, 전년도비의 몇 %인가.
3. 지난 달까지의 누계매상액은 얼마인가 , 그것은 전년도비의 얼마인가, 예산비율은 얼마인가.
4. 어제까지 매출액은 얼마인가, 예산비율의 몇 %인가.
5. 이번 달 예상 순이익은 몇 %인가, 어제까지의 진행도는 몇 %인가.

관리자는 숫자에 강하지 않으면 안 된다. 숫자에 약한 관리자가 소속된 부서에는 돈이 들어오지 않는다. 숫자에 강해지는 조건의 하나로서 표의 내용과 같은 숫자를 항상 파악해 두면 된다. 자기 부서의 숫자만이 아니라, 회사 전체의 숫자도 파악하여 비교 검토한다.

계수현상인식표

대	책

6. 이번 달 경비 예산은 얼마인가, 어제까지의 진행도는 몇 %인가.
7. 이번 달 영업이익의 목표는 얼마인가.
8. 이번 달 회수 예산은 얼마인가.
9. 지난 달 말 재고량은 얼마인가, 전년도의 몇 %인가, 예산비의 몇 %인가.
10. 현재 노동생산성 1개월간 1인당 순이익은 얼마인가, 노동분배율(순이익에서 차지하는 인건비의 비율)은 얼마인가.

 알아두어야 할 결산서 ①(손익계산서)

손익계산서

(단위 : 천원)

과목	연도	년		년		년	
		금액	대매출비	금액	대매출비	금액	대매출비
매출액	총 매 출 액						
	반품가격할인액						
	순 매 출 액						
매출원가	기 수 재 고 량						
	당 기 매 입 량						
	기 말 재 고 량						
	당기매출원가						
총이익	매 출 총 이 익						
	매출총이익률						
인건비	임 원 보 수						
	급 여						
	상 여 및 수 당						
	퇴직급여준비금						
	법 정 복 지 비						
	복 리 후 생 비						
	잡 비						
	계						
판매비	운 반 비						
	여 비 교 통 비						
	판 매 촉 진 비						
	차 량 비						
	광 고 선 전 비						
	교 제 접 대 비						
	통 신 비						
	소 모 품 비						
	계						

기업의 통신장부는 '손익계산서', '대차대조표' 등의 결산서이다.

관리자가 되고 나서야 이것들의 구조나 보는 방법을 익힌다면 자기에게 큰 손실이다.

'손익계산서'는 1년간의 수지의 결과를 나타낸다. 그러므로 적자가 나서는 안 된다. 부서의 업적을 건전한 상태로 유지시키기 위해서는 '손익계산서'의 구조를 확실하게 암기해 두어야 한다.

과목 \ 연도		년		년		년	
		금 액	대매출비	금 액	대매출비	금 액	대매출비
관리비	임 대 료						
	수리 · 보수비						
	보 험 료						
	수 도 광 열 비						
	사 무 용 품 비						
	감 가 상 각 비						
	조 세 공 과						
	잡 비						
	계						
경 비 합 계							
영 업 이 익							
영 업 외 수 익							
영 업 외 비 용							
계							
경 상 이 익							
특 별 이 익							
특 별 손 실							
계							
세금공제이전당기이익							
법 인 세 등 의 준비액							
당 기 이 익							

알아두어야 할 결산서 ②(대차대조표)

대차대조표

(단위 : 백만원)

자 산	당기분 년 월 일	전기분 년 월 일	비 고	부채·자본		당기분 년 월 일	전기분 년 월 일	비 고
현 금				외 상 매 입 금				
예 금				지 급 어 음				
외 상 매 출 금				단기 차입금	은행차입금			
받 을 어 음					관계회사차입금			
유 가 증 권					기타차입금			
단 기 대 여 금				유 동 성 사 채				
미 수 금				유동성 장기 차입금	외 국 차 관			
미 수 수 익					은행차입금			
기타당좌자산					관계회사차입금			
당 좌 자 산 (계)					기타차입금			
상 품				미 지 급 금				
제품및반제품				선 수 금				
재 공 품				미 지 급 비 용				
원 재 료				미지급법인세				
기타재고자산				선 수 수 익				
재 고 자 산 (계)				기타유동부채				
선급금및선급비용								
기 타								
기타유동자산(계)				**유 동 자 산 합 계**				
유 동 자 산 합 계				사 채				
관계회사투자자산				장기 차입금	외 국 차 관			
출 자 금					은행차입금			
투 자 부 동 산					관계회사차입금			
기타투자자산					기타차입금			

투 자 자 산 (계)				부채성충당금			
관계회사대여금				기타고정부채			
기타장기대여금							
특정현금과예금							
부 도 어 음							
기 타				**고 정 부 채 합 계**			
기 타 자 산 (계)				환 율 조 성 대			
투자와 기타자산합계				기타이연부채			
토 지							
건 물							
구 축 물							
기 계 장 치							
선박 · 차량운반구				**이 연 부 채 합 계**			
공구, 기구, 비품				**부 채 총 계**			
건 설 가 계 정				자 본 금			
기타유형고정자산				자 본 잉 여 금			
유형고정자산(계)				이 익 잉 여 금			
영 업 권				(당기말미처분이익잉여금)			
기 타				주식할인발행자금			
무형고정자산(계)				배당건설이자			
고 정 자 산 합 계							
시 험 연 구 비							
환 율 조 정 차							
기 타 이 연 자 산							
이 연 자 산 합 계				**자 본 총 계**			
자 산 총 계				**부채와 자본총계**			

 제품에 관해 알아두어야 할 숫자 지식

제조원가 명세서		년 월 일 ~ 년 월 일
Ⅰ 재료비		
1. 전기재료재고액		
2. 당기재료매입액		
3. 합 계	1+2	
4. 기말재료재고액		
5. 당 기 재 료 비	3-4	
Ⅱ 노무비		
6. 임 금		
7. 급 료		
당 기 노 무 비	6+7	
Ⅲ 경 비		
Ⅳ 직접원가	Ⅰ+Ⅱ+Ⅲ	
Ⅴ 제조간접비		
8. 간 접 재 료 비		
9. 간 접 노 무 비		
10. 간 접 경 비		8 + 9 + 10
Ⅵ 당기제조비용	Ⅳ + Ⅴ	
Ⅶ 기초재고품재고액		
Ⅷ 기말재고품재고액		
Ⅸ 당기제품제조원가	Ⅵ + Ⅶ-Ⅷ	

제조업에 종사하는 관리자뿐만 아니라, 유통업에 종사하는 관리자도 제조원가의 구조에 대해 파악해 둘 필요가 있다. 상품의 생산 구조를 모르면서 상품의 가격에 대해 논할 수는 없다. 제조업에 근무하는 관리자가 매년 10%의 코스트 다운을 실현하려면 신중하게 도전하는 것이 필요하다. 그리고 제조원가와 동시에 상품원가의 구성도 알아두어야 한다. 이것은 제조업, 유통업 관리자에게 절대적으로 필요한 지식이다.

원가 · 가격구성도

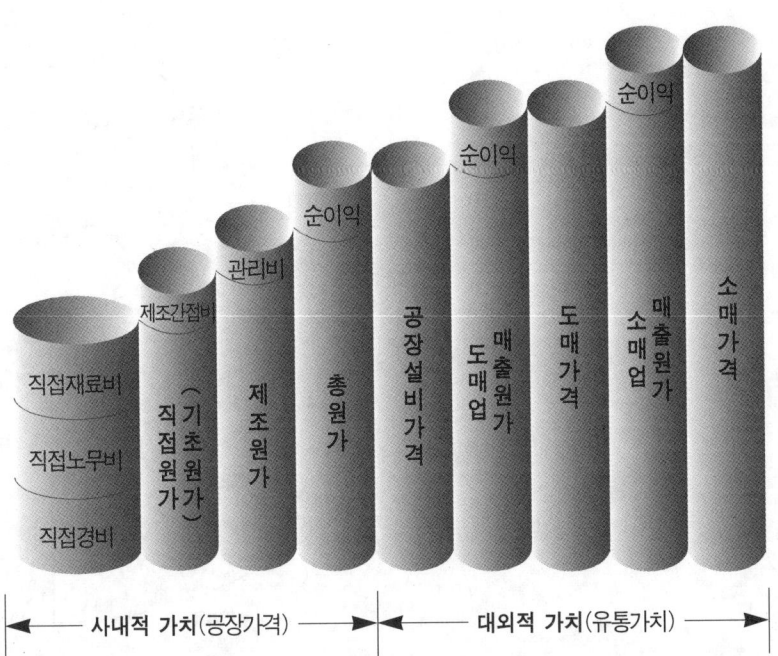

도매업 관리자의 필수적인 숫자 상식

도매업 경영분석도

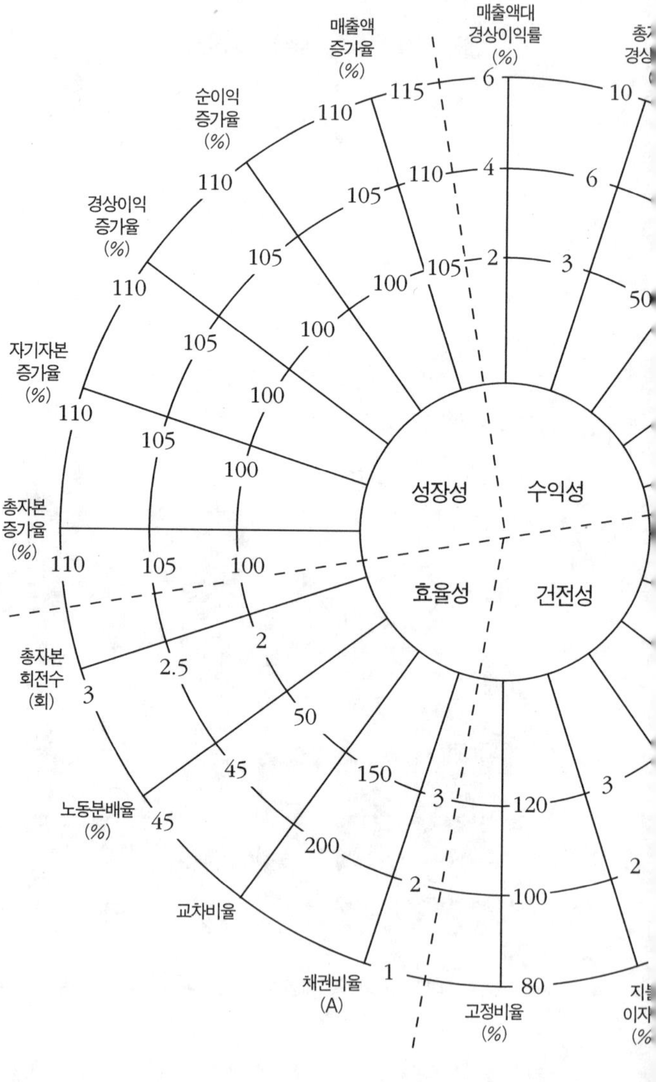

매출액
증가율
(%)

매출액대
경상이익률
(%)

총
경상

순이익
증가율
(%)

115

6

10

110

110

4

6

경상이익
증가율
(%)

110

105

2

3

110

105

110

50

자기자본
증가율
(%)

105

100

105

110

100

100

총자본
증가율
(%)

105

100

110

105

100

성장성

수익성

효율성

건전성

2

총자본
회전수
(회)

2.5

3

50

45

150

3

120

3

노동분배율
(%)

45

200

2

100

2

교차비율

채권비율
(A)

1

80

지
이자
(%

고정비율
(%)

회사에서 경영분석을 할 때 어느 정도의 숫자가 바람직한지 알아보기가 수월하도록 '레이다차트'에 눈금을 그어 도표화해서 나타냈다.

여기서는 도매업을 대상으로 작성한 것이다. 가능하면 회사의 업종에 맞는 레이다차트를 작성해 두면 좋다.

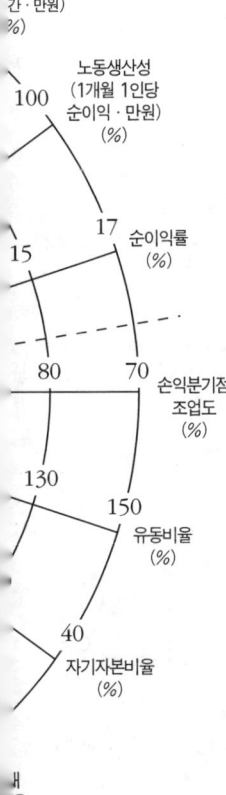

	분 석 항 목	숫　자
수	매출액대경상이익률	
	총자본대경상이익률	
익	1 인 당 경 상 이 익	
	노 동 생 산 성	
성	순 이 익 률	
건	손익분기점조업도	
	유 동 비 율	
전	자 기 자 본 비 율	
	총자본대차입금비율	
성	지 불 이 자 율	
	고 정 비 율	
효	채 권 비 율	
	교 차 비 율	
율	노 동 분 배 율	
성	총 자 본 회 전 수	
성	총 자 본 증 가 율	
	자 기 자 본 증 가 율	
장	경 상 이 익 증 가 율	
	순 이 익 증 가 율	
성	매 출 액 증 가 율	

 소매업 관리자의 필수적인 숫자 상식

소매업 경영분석도

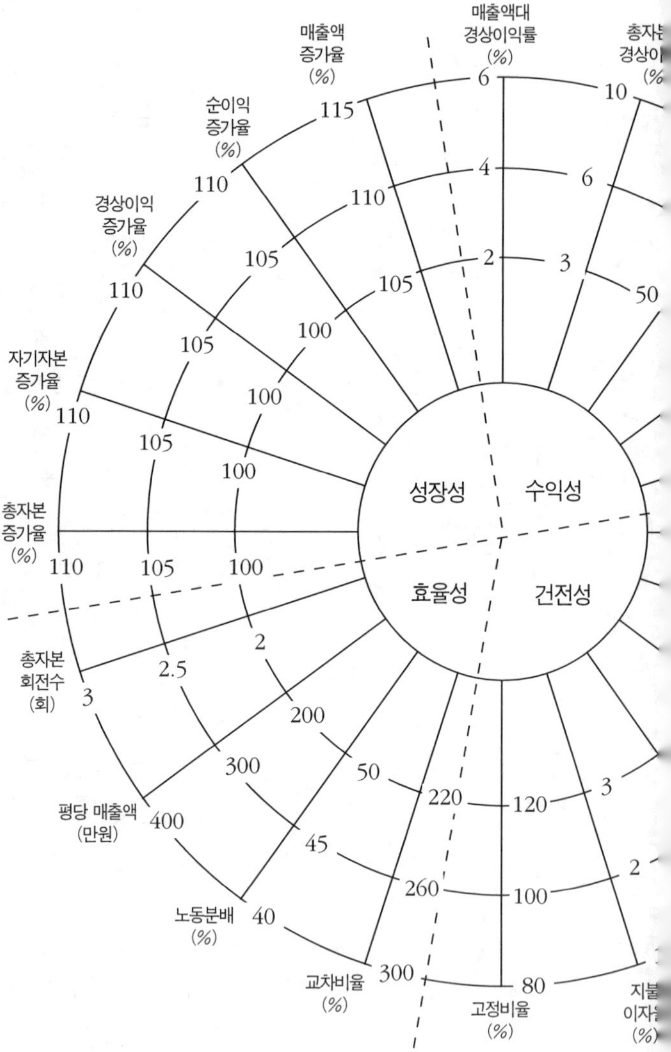

매출액
증가율
(%)

매출액대
경상이익률
(%)

총자본
경상이익

115

6

10

순이익
증가율
(%)

110

4

6

경상이익
증가율
(%)

110

110

105

2

3

50

자기자본
증가율
(%)

105

105

100

100

110

총자본
증가율
(%)

105

105

100

100

성장성

수익성

110

105

100

효율성

건전성

총자본
회전수
(회)

3

2.5

2

평당 매출액
(만원)

400

300

200

50

220

120

3

노동분배
(%)

40

45

260

100

2

교차비율
(%)

300

고정비율
(%)

80

지불
이자
(%)

도매업이든 소매업이든 전 업종을 하나의 도표로 작성해 전체를 보는 것은 무리일지도 모른다. 관계업자들에게 자사에 어울리는 레이다차트를 작성하기를 권장하고 싶다. 가까운 곳에 두어 언제나 바라보고 필요한 숫자는 암기하면 된다. 이 정도의 숫자를 기억할 수 없다면 관리자로서의 자질이 부족하다고 할 수 있다.

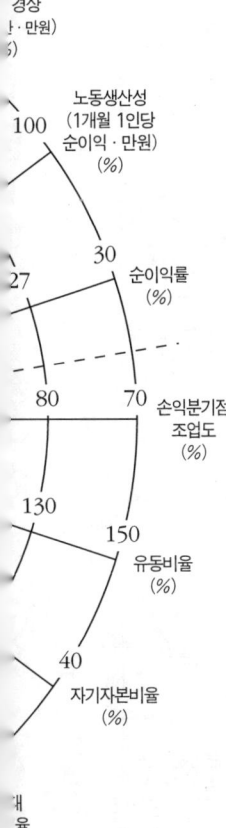

	분 석 항 목	숫 자
수익성	매출액대경상이익률	
	총자본대경상이익률	
	1 인 당 경 상 이 익	
	노 동 생 산 성	
	순 이 익 률	
건전성	손익분기점조업도	
	유 동 비 율	
	자 기 자 본 비 율	
	총자본대차입금비율	
	지 불 이 자 율	
	고 정 비 율	
효율성	평 당 매 출 액	
	교 차 비 율	
	노 동 분 배 율	
	총 자 본 회 전 수	
성장성	총 자 본 증 가 율	
	자 기 자 본 증 가 율	
	경 상 이 익 증 가 율	
	순 이 익 증 가 율	
	매 출 액 증 가 율	

알아두어야 할 경영분석의 테스트 공식

문제 다음의 공식을 완성해 보시오.

1. 수익성

1. 매출액총이익률 = ⬚/⬚

2. 한 계 이 익 률 = ⬚/⬚

3. 영 업 이 익 률 = ⬚/⬚

4. 경 상 이 익 률 = ⬚/⬚

5. 순 이 익 률 = ⬚/⬚

6. 총 자 본 이 익 률 = ⬚/⬚

7. 노 동 생 산 성 = ⬚/⬚

2. 안전성

8. 노 동 분 배 율 = ⬚/⬚

9. 총자본대차입금비 = (⬚ + ⬚)/⬚

10. 실제지불이자율 = (⬚ − ⬚)/⬚

11. 손익분기점매출액 = ⬚ / 1−(⬚ ÷ ⬚)

12. 손익분기점조업도 = ⬚/⬚

3. 건전성

13. 당 좌 비 율 = ⬚/⬚

14. 유 동 비 율 = ⬚/⬚

15. 고 정 비 율 = ⬚/⬚

관리자가 되면 혼자서 '경영분석'을 할 수 있어야 한다. 그러기 위해서는 분석의 공식을 알아두어야 한다. 당신은 다음의 30항목 중 몇 개 정도를 작성할 수 있는가. 가능하면 전부 외워서 활용하는 것이 좋겠지만, 우선은 가까이에 두고 필요할 때에는 언제라도 볼 수 있도록 해야 한다.

16. 장 기 적 합 률 = $\dfrac{\boxed{}}{\boxed{}}$

17. 내 부 유 보 율 = $\dfrac{\boxed{}}{\boxed{}}$

18. 자기자본비율 = $\dfrac{\boxed{}}{\boxed{}}$

4. 효율성

19. 상 품 회 전 수 = $\dfrac{\boxed{}}{(\boxed{}+\boxed{})\div 2}$

20. 교 차 비 율 = $\boxed{} \times \boxed{}$

21. 채 권 배 율 = $\dfrac{\boxed{}+\boxed{}}{\boxed{}\div 12}$

22. 채 무 배 율 = $\dfrac{\boxed{}+\boxed{}}{\boxed{}\div 12}$

23. 총자본회전수 = $\dfrac{\boxed{}}{\boxed{}}$

24. 평 당 매 출 액 = $\dfrac{\boxed{}}{\boxed{}}$

25. 1인당경상이익 = $\dfrac{\boxed{}}{\boxed{}}$

5. 성장성

26. 매 출 증 가 율 = $\dfrac{\boxed{}}{\boxed{}}$

27. 매출총이익증가율 = $\dfrac{\boxed{}}{\boxed{}}$

28. 총 자 본 증 가 율 = $\dfrac{\boxed{}}{\boxed{}}$

29. 자기자본증가율 = $\dfrac{\boxed{}}{\boxed{}}$

30. 경상이익증가율 = $\dfrac{\boxed{}}{\boxed{}}$

1. 수익성

1. 매출액총이익률 $= \dfrac{\text{매출총이익}}{\text{순매출액}}$

2. 한 계 이 익 률 $= \dfrac{\text{한계이익}}{\text{순매출액}}$

3. 영 업 이 익 률 $= \dfrac{\text{영업이익}}{\text{순매출액}}$

4. 경 상 이 익 률 $= \dfrac{\text{경상이익}}{\text{순매출액}}$

5. 순 이 익 률 $= \dfrac{\text{순이익}}{\text{순매출액}}$

6. 총자본이익률 $= \dfrac{\text{경상이익}}{\text{총자본}}$

7. 노 동 생 산 성 $= \dfrac{\text{매출총이익}}{\text{연인원}}$

2. 안전성

8. 노 동 분 배 율 $= \dfrac{\text{총인건비}}{\text{매출총이익}}$

9. 총자본대차입금비 $= \dfrac{\text{단기차입금} + \text{장기차입금}}{\text{총자본}}$

10. 실제지불이자율 $= \dfrac{\text{지불이자} - \text{수령이자}}{\text{순매출액}}$

11. 손익분기점매출액 $= \dfrac{\text{고정비}}{1 - (\text{변동비} \div \text{매출액})}$

12. 손익분기점조업도 $= \dfrac{\text{손익분기전매출액}}{\text{현재매출액}}$

3. 건전성

13. 당 좌 비 율 $= \dfrac{\text{당좌자산}}{\text{유동부채}}$

14. 유 동 비 율 $= \dfrac{\text{유동자산}}{\text{유동부채}}$

15. 고 정 비 율 $= \dfrac{\text{고정자산}}{\text{자기자본}}$

16. 장 기 적 합 률 $= \dfrac{\text{고정자산}}{\text{자기자본} + \text{장기차입금}}$

17. 내 부 유 보 율 $= \dfrac{\text{내부유보액}}{\text{자본금}}$

18. 자 기 자 본 비 율 $= \dfrac{\text{자기자본}}{\text{총자본}}$

4. 효율성

19. 상 품 회 전 수 $= \dfrac{\text{순매출액}}{(\text{기초재고} + \text{기말재고} \div 2)}$

20. 교 차 비 율 $= \text{매출총이익률} \times \text{상품회전수}$

21. 채 권 배 율 $= \dfrac{\text{기말외상매입금} + \text{받을어음}}{\text{순매출액} \div 12}$

22. 채 무 배 율 $= \dfrac{\text{기말외상매입금} + \text{지불어음}}{\text{분기중 구매액} \div 12}$

23. 총 자 본 회 전 수 $= \dfrac{\text{순매출액}}{\text{총자본}}$

24. 평 당 매 출 액 $= \dfrac{\text{순매출액}}{\text{매장면적}}$

25. 1인당 경상이익 $= \dfrac{\text{경상이익}}{\text{평균인원}}$

5. 성장성

26. 매 출 증 가 율 $= \dfrac{\text{금년매출액}}{\text{전년매출액}}$

27. 매출총이익증가율 $= \dfrac{\text{금년매출총이익}}{\text{전년매출총이익}}$

28. 총 자 본 증 가 율 $= \dfrac{\text{금년총자본}}{\text{전년총자본}}$

29. 자기자본증가율 $= \dfrac{\text{금년자기자본}}{\text{전년자기자본}}$

30. 경상이익증가율 $= \dfrac{\text{금년경상이익}}{\text{전년경상이익}}$

CEO
7. 관리능력을 향상시키기 위한 자기 점검과 실행노트

제7장의 실행노트를 활용하기 위한 핵심포인트

우리들의 일생은 짧기 때문에 한 번 지나가면 돌이킬 수가 없다. 그러나 대다수의 사람들은 이미 지나간 시간에 대해 후회하는 경우가 많다. 그것은 스스로가 목표나 계획을 세우지 않고 지내왔기 때문이다.

우리들은 누구나 인생의 패배자가 아닌 성공자가 되고 싶어 한다. 그러나 성공한 사람이 되려면 많은 사고와 노력이 필요하다. 그런데 노력도 하지 않고 요행을 바라는 경우가 있다. 그런 사람은 바라던 대로 어쩌다 행운을 잡을 수도 있지만, 결국에는 패배하게 된다.

성공한 사람은 목표의식이 강하다. 우리들의 미래는 목표의 원대함과 노력 여하에 따라 결정된다고 생각해도 좋을 것이다. 그러므로 미래는 자기 스스로 개척해 나가지 않으면 안 된다.

성공한 사람이 되기 위한 조건은 먼저 성공하기 위한 실력을 쌓아나가는 것이다. 아무리 목표의식이 뚜렷하고 목표를 향해 나아길지라도 실력이 없으면 이룰 수 없다.

항상 자신을 정확하게 인식하고 앞으로에 대해 구체적인 계획을 세워 행동으로 옮겨야 한다.

관리자의 기능력 테스트

관리자가 업무를 원활하게 수행하기 위해서는 기능력이 요구된다.
다음은 관리자에게 필요한 기능력을 15항목 체크리스트로 정리해 보았다. 관리자들은 다음과 같은 기능력 점검표를 통하여 객관적인 입장에서 자신의 역할을 체크해 보기 바란다.

항 목	질 문	판 정		
① 전문지식	자신의 담당업무에 관한 지식은 충분히 가지고 있는가.	3	2	1
② 더블 스페셜티	타부서의 업무 중 담당업무만큼의 지식을 소유한 업무가 한 가지 이상 있는가.	3	2	1
③ 지식의 정리	담당업무에 대해서 당장 원고용지 20매 이상 쓸 수 있는가.	3	2	1
④ 지식의 흡수도	담당업무에 관한 잡지, 단행본을 항상 읽고 있는가.	3	2	1
⑤ 기능력	자신의 담당업무를 소화시키는 기능은 충분히 가지고 있는가.	3	2	1
⑥ 문제의식	모든 일에 관심을 가지고 기능력 향상에 노력하고 있는가.	3	2	1
⑦ 흥미도	담당업무에 시간을 잊고 몰입할 수 있는가.	3	2	1
⑧ 관심도	담당업무에 관한 신문기사 등을 스크랩하고 있는가.	3	2	1
⑨ 자신감	담당업무에 대해서는 사내에서 제일이라고 할 자신이 있는가.	3	2	1
⑩ 실적도	업무의 진행방법에 대해서 개선할 점은 있는가.	3	2	1
⑪ 탁월성	담당업무에 관해서 사내외에서 표창받은 적이 있는가.	3	2	1
⑫ 협력도	동료, 타부서와 협력하면서 일을 행하고 있는가.	3	2	1
⑬ 지도육성	적극적으로 후진 육성을 하고 있는가.	3	2	1
⑭ 정보대책	정보를 서로 교환하는 친구나 아는 사람을 세 사람 이상 가지고 있는가.	3	2	1
⑮ 겸허함	자신의 전문지식이나 기능을 과장되게 생각하고 있지는 않은가.	3	2	1

채점방법

● 예 …… 3
● 그저 그렇다 …… 2
● 아니오 …… 1

1. 점수가 35점 이상 …… 상당히 우수
2. 점수가 25점 이상 …… 보통
3. 점수가 24점 이하 …… 노력이 필요

▶ 관리자의 5대 기능
1. 자기 부서의 업적을 올린다.
2. 사람, 물건, 돈의 관리를 철저하게 한다.
3. 부하의 지도, 통솔을 한다.
4. 판단업무를 한다.
5. 문제해결을 한다.

▶ 간부에게 필요한 3대기능
1. 기술적 기능
2. 대인 기능
3. 판단 기능

당신은 어떤 스타일의 관리자인가

1-1형

a. 일을 달성하는 데 최소의 노력밖에 하지 않는다.

b. 조직 내에서 하루하루를 기분좋게 무사히 지내려고만 한다.

c. 업적에 대해서도 인간에 대해서도 무관심하다.

d. 지위에 상응한 만큼의 책임밖에 달성하지 않는다.

e. 업무에 대해서 관심을 가지려고 하면 오히려 욕구불만에 빠진다.

f. 조직문제에 무관심하며 자기중심적 자아가 강하다.

g. 상사와 부하와의 단순한 중간자 역할밖에 하지 않는다.

1-9형

a. 부하와 인간관계가 좋고, 화기애애한 분위기를 유도한다.

b. 부하가 안락하고 편안하게 일을 할 수 있도록 배려한다.

c. 일을 무조건 강요하는 것이 아니라 자상하게 이끌어 준다.

d. 부하의 헌신적인 충성을 기대한다.

e. 부하에게는 강압이 아닌 설득에 의해서 일을 하게 한다.

f. 부하에게 일을 명령할 때에 상사의 명령이기 때문에 할 수 없다는 것을
강조한다.

g. 부하와의 적극적인 친교(親交)를 원해서 한잔 사기도 한다.

5-5형

a. 업적과 직장의 사기를 유지하는 데 힘쓴다.

b. 인간은 업적향상의 수단이지만, 만족과 보장을 부여해 주지 않으면 안
된다고 생각하고 있다.

> 관리자가 업적 향상을 위해서는 자기 부서의 부하직원들의 인격적인 면을 잘 파악하고 대처해 나가는 것이 현명하다. '매니지리얼 그리드(managerial grid)'의 도표 설명을 보면서 해당되는 항목을 체크해보고 가장 많은 형이 당신의 현재의 모습임을 알아둔다. 물론 앞으로 추구해야 할 이상형(理想型)은 '9-9형'이다.

c. 업무에 대해서 부하에게 상세하게 가르치지 않고, 지시사항만 전달한다.

d. 인간관계에서 공식적이든, 비공식적이든 친교를 갖기 위해 모두에게 관심을 갖는다.

9-1형

a. 업적 중심이며 인간을 무시하고, 부하를 업적 향상의 도구로만 생각한다.

b. 부하에게 절대적인 복종을 요구하며 완전한 상하관계를 형성하려고 한다.

c. 부하의 실패를 본인의 책임이라고 생각하고 엄격하게 대응한다.

d. 부하와의 사적인 관계는 용납하지 않는다.

e. 이상과 같은 방법이 부하를 무기력하게 하고, 사기저하의 원인이 되고 있다는 것을 파악하지 못한다.

9-9형

a. 조직을 통해서 각자의 자주성을 존중하고, 신뢰와 존경에 의한 인간관계를 수립하고 있다.

b. 무엇인가 성취하고 싶다, 뭔가에 공헌하고 싶다는 고도의 욕구가 조직의 업적과 연결된다고 보고 있다.

c. 욕구만족이 조직의 업적 달성으로 연결된다.

d. 조직과 인간의 상호의존성에 근거하여 조직에 대해 무조건적으로 희생한다.

매니지리얼 그리드(managerial grid)

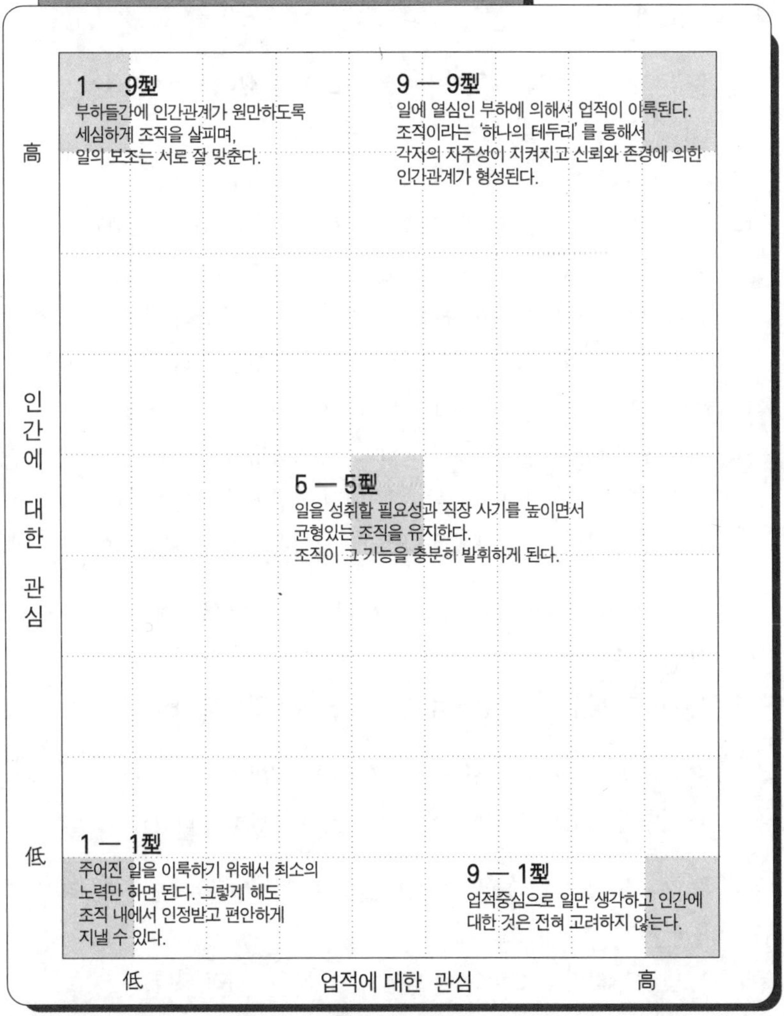

1 ― 9型
부하들간에 인간관계가 원만하도록
세심하게 조직을 살피며,
일의 보조는 서로 잘 맞춘다.

9 ― 9型
일에 열심인 부하에 의해서 업적이 이룩된다.
조직이라는 '하나의 테두리'를 통해서
각자의 자주성이 지켜지고 신뢰와 존경에 의한
인간관계가 형성된다.

6 ― 5型
일을 성취할 필요성과 직장 사기를 높이면서
균형있는 조직을 유지한다.
조직이 그 기능을 충분히 발휘하게 된다.

1 ― 1型
주어진 일을 이룩하기 위해서 최소의
노력만 하면 된다. 그렇게 해도
조직 내에서 인정받고 편안하게
지낼 수 있다.

9 ― 1型
업적중심으로 일만 생각하고 인간에
대한 것은 전혀 고려하지 않는다.

高

인
간
에
대
한
관
심

低

低 　　업적에 대한 관심 　　高

리더십 자격 여부 테스트

당신의 리더십을 다음의 질문으로 테스트해 보자. 각 질문에 대하여 항목을 하나 선택하라.

〈질문 1〉 다음과 같은 경우 당신은 어느 것을 선택할 것인가?

(1) 겁많은 부하를 다룰 때는 어떤 타입이 좋을까?
 (1. 민주적 타입 2. 전제적 타입 3. 자유방임적 타입)

(2) 적대심과 적극성을 가진 부하에 대해서는 어떤 타입이 좋을까?
 (1. 민주적 타입 2. 전제적 타입 3. 자유방임적 타입)

(3) 두뇌 회전이 빠른 부하에 대해서는 어떤 타입이 좋을까?
 (1. 민주적 타입 2. 전제적 타입 3. 자유방임적 타입)

(4) 열성적으로 협력하는 부하에 대해서는 어떤 타입이 좋을까?
 (1. 민주적 타입 2. 전제적 타입 3. 자유방임적 타입)

(5) 지적수준이 낮은 부하를 다룰 때는 어떤 타입이 좋을까?
 (1. 민주적 타입 2. 전제적 타입 3. 자유방임적 타입)

〈질문 2〉 부하에게 영향을 미치는 사항에 대해서 설명을 할 때는 어떤
  타입이 좋을까?
 (1. 민주적 타입 2. 전제적 타입 3. 자유방임적 타입)

〈질문 3〉 어떤 타입이기가장 의사소통이 안 될까?
 (1. 민주적 타입 2. 전제적 타입 3. 자유방임적 타입)

〈질문 4〉 수준 높은 훈련을 받고 있는 팀을 지도하려면 어떤 타입이
  좋을까?
 (1. 민주적 타입 2. 전제적 타입 3. 자유방임적 타입)

앞으로 여러 가지 상황에 직면했을 때, 상황에 맞는 폭넓은 리더십을 발휘하기 위해서 이 테스트가 필요하다.
보통 리더십에 대해서 "덕 없이 행할 수 없고, 힘 없이 행할 수 없고, 지위 없이 행할 수 없다."라고 한다. 단순한 기교로 추진하지 말고 착실하게 역량을 길러나가야 한다.

〈질문 5〉 새롭게 만들어진 팀을 지도할 때

(1) 인사 이동에 관한 정보를 퍼뜨리려면 어떤 타입이 좋을까?

    (1. 민주적 타입   2. 전제적 타입   3. 자유방임적 타입)

(2) 부하가 서로 화합하는 것을 도와주려면 어떤 타입이 좋을까?

    (1. 민주적 타입   2. 전제적 타입   3. 자유방임적 타입)

(3) 팀의 힘을 발휘하기에 가장 좋은 타입은 어느 타입일까?

    (1. 민주적 타입   2. 전제적 타입   3. 자유방임적 타입)

〈질문 6〉 규율을 대신하여 집단책임체제를 취하려면 어떤 타입이 좋을까?

    (1. 민주적 타입   2. 전제적 타입   3. 자유방임적 타입)

〈질문 7〉 다음과 같은 경우는 어떨까?

(1) 팀의 단결을 가장 완벽하게 하려면 어떤 타입이 좋을까?

    (1. 민주적 타입   2. 전제적 타입   3. 자유방임적 타입)

(2) 팀 내의 과열경쟁을 막고, 협력체제로 만들기 위해서는 어떤 타입이 좋을까?

    (1. 민주적 타입   2. 전제적 타입   3. 자유방임적 타입)

(3) 팀의 지적인 기능을 최대한으로 이끌어내기 위해서는 어떤 타입이 좋을까?

    (1. 민주적 타입   2. 전제적 타입   3. 자유방임적 타입)

(4) 무기력한 분위기를 퇴치하고 목표를 향해 최대한의 노력을 하기 위해서는 어떤 타입이 좋을까?

    (1. 민주적 타입   2. 전제적 타입   3. 자유방임적 타입)

해 답

〈질문 1〉 (1) 전제적 타입 (2) 전제적 타입 (3) 민주적 타입
(4) 민주적 타입 (5) 전제적 타입

〈질문 2〉 민주적 타입

〈질문 3〉 전제적 타입

〈질문 4〉 자유방임적 타입

〈질문 5〉 (1) 전제적 타입 (2) 민주적 타입, 자유방임적 타입
(3) 민주적 타입

〈질문 6〉 민주적 타입

〈질문 7〉 (1) 전제적 타입 (2) 민주적 타입 (3) 민주적 타입
(4) 전제적 타입

● 정답은 문제당 5점이다. 당신은 몇 점인가
65 ~ 80점 우수하다
45 ~ 60점 양호하다
25 ~ 40점 보통이다

관리자의 자기개발 체크노트

체 크 항 목	○	△	×
문제해결능력 1. '지금 당신 부서의 문제는 무엇인가' 라고 물으면 바로 대답할 수 있는가.			
2. 언제나 이쪽에서 문제제기를 하는가. 상사에게 지적을 먼저 당하는가.			
3. 과거의 문제에 대해서 고민하고 있는가.			
4. '할 수 없다', '무리다' 라고 간단하게 포기하지는 않는가.			
5. 해결해야 할 문제가 언제나 머릿속에 들어 있는가.			
6. 문제해결에 있어서 의논을 충분히 하고 있는가.			
7. 어려운 문제라도 언제나 세 가지 해결책을 제시할 수 있는가.			
8. 문제해결방법을 알고 있는가.			
9. 대증요법(對症療法)이 아니고 대인요법(對因療法)으로 같은 문제가 두 번 다시 발생하지 않도록 하는가.			
10. 문제로부터 도망가려고 하지 않는가.			
리더십 1. 목표달성에 대한 의욕과 기백을 가지고 있는가.			
2. 목표달성을 위한 방침과 계획은 정확히 세워져 있는가.			
3. 관리 지식과 능력은 충분히 가지고 있는가.			
4. 부하직원이 할 일에 대해서 모범을 보였는가.			
5. 강한 책임감과 추진력이 있는가.			
6. 부하의 질적향상을 원하고 있는가.			
7. 참견이나 간섭은 될 수 있는 한 피하고 있는가.			
8. 항상 상대 입장이 되어 사물을 보는가.			
9. 정견을 가지고 갈팡질팡 헤매고 있지는 않는가.			
10. 부하는 공명정대하게 평가하고 있는가.			
커뮤니케이션능력 1. 업무의 목표, 방침을 정확하게 부하에게 전할 수 있는 표현력이 있는가.			
2. 명령, 보고 등의 커뮤니케이션의 원칙을 지키고 있는가.			
3. 상대에 대해서 말, 대화방법, 과제 등을 폭넓게 구사할 수 있는가.			
4. 만일의 경우 남 앞에서 자신의 생각을 정확하게 이야기할 수 있는가.			
5. 상하, 좌우로 커뮤니케이션을 충분히 하고 있는가.			
6. 전달방법이 서툴러서 실패한 적은 없는가. 같은 일을 되풀이하고 있지는 않는가.			
7. 남의 이야기를 잘 경청하는가.			
8. 자신의 페이스로 끌어들여 상대를 설득할 수 있는가.			
9. 편지, 문서, 보고서를 상세하게 기재하고 있는가.			
10. 커뮤니케이션의 중요성을 충분히 인식하고 있는가.			
스페셜티도 1. 자신의 담당업무에 관한 지식은 충분한가.			
2. 자신의 분야만이 아니라 타분야에 대해서도 잘 알고 있는가.			
3. 전문분야에 대해서는 언제라도 원고용지 20장 이상 정리할 수가 있는가.			
4. 전문분야에 관한 잡지, 실무서를 계속적으로 읽고 있는가.			
5. 담당업무에는 시간에 구애됨이 없이 몰두할 수가 있는가.			

관리자로서 편견을 두지 않고 자신의 책임 업무를 완수하기 위해서는 체크리스트를 활용하는 것이 편리하다. 항상 간부로서 무엇을 해야 하는지를 생각하고 있으면 여러 가지 아이디어가 떠오르지만, 아이디어가 무엇을 해야 좋을지 모르는 경우는 속수무책일 뿐이다. 6개월에 1회라든가, 1년에 1회 정확히 체크해서 관리자로서 해야 할 것을 실행에 옮기면 좋을 것이다.

	체 크 항 목	○	△	×
스	6. 담당업무에 대해서는 사내에서 제일이라는 자신이 있는가.			
페	7. 담당업무에 관한 개선, 제안의 실적은 있는가.			
셜	8. 전문분야에 대해서 타사로부터 강의를 의뢰 받으면 자신 있게 강의할 수 있는가.			
티	9. 전문분야가 같은 사람들과 정보교환 등의 교류를 하고 있는가.			
도	10. 전문분야에 대해서는 일류라는 자부심이 있는가.			
목	1. 항상 장기, 단기의 목표를 세우고 도전하고 있는가.			
	2. 목표를 달성하면 곧바로 다음의 목표를 세우고 있는가.			
표	3. 장래를 예측하는 선견력을 기르고 있는가.			
	4. 목표나 방침을 달성하기 위해서 구체적인 계획을 세우고 있는가.			
지	5. 회사의 방침이 불투명하기 때문에 부서의 방침이 세워지지 않는다고 말하고 있지는 않는가.			
	6. 공사에 걸쳐서 계획적인 생활을 하고 있는가.			
향	7. 말만의 목표의식이 아니라 행동까지 수반하고 있는가.			
능	8. 노력하지 않으면 달성할 수 없는 높은 목표인가.			
	9. 부하에게도 목표를 갖게 하도록 노력을 하고 있는가.			
력	10. 목표관리제도를 도입하고 있는가.			
	1. 부하의 능력에 따라 일을 할당하고 있는가.			
조	2. 부하 한 사람 한 사람의 장점과 단점을 정확히 파악하고 있는가.			
	3. 힘든 일, 싫은 일은 적극적으로 떠맡고 있는가.			
직	4. 부서의 팀워크는 좋은가. 아니면 좋아지도록 노력을 하고 있는가.			
	5. 적절한 권한 위양을 하고 있는가. 방치해 두고 있지 않는가.			
능	6. 부하로부터의 보고나 연락은 충분한가. 체크는 정확히 하고 있는가.			
	7. 편리하다고 해서 숙련자를 동일한 자리에 오래 두고 있지는 않는가.			
	8. 자신이 일을 너무 많이 해서 부하가 소외감을 느끼게 되지는 않았는가.			
력	9. 결과에 대해서 모두 책임을 지도록 하고 있는가.			
	10. 다른 부서와의 연락을 적극적으로 하며, 조정하면서 업무를 수행하고 있는가.			
	1. 담당업무 전반에 관한 지식은 풍부한가.			
관	2. 현상을 올바르게 파악하고 있는가.			
	3. 정보를 적절하게 취사선택할 능력을 가지고 있는가.			
리	4. 적절한 의사결정을 유효하게 행하고 있는가.			
	5. 사람, 물건, 돈의 관리는 잘하고 있는가. 낭비, 무리, 결손이 발생하고 있지는 않는가.			
	6. 업무전반이 빠르게, 바르게, 쉽게, 편안하게 수행되도록 체크하고 있는가.			
능	7. 상사, 경영자에 대해 건설적인 의견이나 기획을 제시하고 있는가.			
	8. 거래처나 관계자와의 관계는 적절하게 유지하고 있는가.			
력	9. 다른 사람과의 의견 교환시 감정보다는 이성으로 대하고 있는가.			
	10. 결단한 것을 시행에 옮기고 끈기 있게 계속하고 있는가.			

체 크 항 목	○	△	×
1. 부하의 문제의식을 끌어내어 의욕을 갖도록 하고 있는가.			
2. 부하의 능력, 적성 등을 바르게 평가하고 좋은 방향으로 이끌고 있는가.			
3. 부하 한 사람 한 사람의 장점 및 단점을 올바르게 파악하고 본인에게 알려주고 있는가.			
4. 매너리즘에 빠지지 않도록 수시로 자극하고, 배치전환을 적절히 하고 있는가.			
5. 달성해야 할 목표를 명확히 하고, 가능한 한 본인이 달성할 수 있도록 배려하고 있는가.			
6. OJT(일을 통한 부하육성)를 적극적으로 행하고 있는가.			
7. 권한위양에 의해 부하가 능력을 발휘할 수 있도록 힘쓰는가.			
8. 우수한 부하를 감싸는 것이 아니라 기회를 보고 다른 곳으로 보내고 있는가.			
9. 부하와의 접촉을 계획적으로 실시하고 있는가.			
10. 부하를 꾸짖을 장소, 시간 등을 충분히 고려하고 있는가.			
1. 일에 대해서 혹은 인생에 대해서 신중하게 도전하고 있는가.			
2. 다방면의 사물에 대해서 조예가 깊은가.			
3. 언제나 변하지 않는 명랑함과 유머가 있는가.			
4. 언제나 정서적으로 안정감이 있는가.			
5. 남의 이야기를 열심히 듣는 겸허함이 있는가.			
6. 사람을 배반하지 않고 안심하고 교제할 수 있는 사람인가.			
7. 신경은 치밀해도 너무 세세한 부분에 연연하고 있지는 않는가.			
8. 불타는 연구심으로 노력하는 자세를 가지고 있는가.			
9. 자신을 매력적으로 보이기 위해서 노력하는가.			
10. 알면 알수록 깊이 있는 인간인가.			
1. 명확한 목표를 가지고 열심히 노력하고 있는가.			
2. 매너리즘에 빠지지 않도록 구체적인 계획을 가지고 있는가.			
3. 호기심이 강하고, 미지의 사물을 향하여 돌진하는가.			
4. 기분전환을 잘하고, 더 나은 사고방식으로 바꿀 수가 있는가.			
5. 체력이나 능력의 한계에 도전하고 있는가.			
6. 매일매일 자신을 혁신하면서 동기부여를 할 수 있는가.			
7. 스스로 곤란한 일에 도전해서 성취의 만족감을 추구하고 있는가.			
8. 매일 반성할 시간을 가지는 자기충실에 최선을 다하는가.			
9. 자신의 장래에 대해서 적극적으로 투자를 하고 있는가.			
10. 계획적, 계속적으로 자기개발에 힘을 기울이고 있는가.			
소 감			

좌측 세로 항목 그룹:
- 부하육성능력 (1~10)
- 인간적매력 (1~10)
- 자기혁신능력 (1~10)

능력향상의 과정

관리자가 기업 내에서 성공하기 위해서는 임원 이상의 인재가 되어야 하며, 여유 있는 생활을 할 수 있어야 한다. 아무튼 관리자는 현실에 만족할 것이 아니라 원대한 목표를 향해서 돌진해 가는 자신감이 필요하다. 결론적으로 성공의 나라는 노력 없이는 도달할 수 없는 것이다.

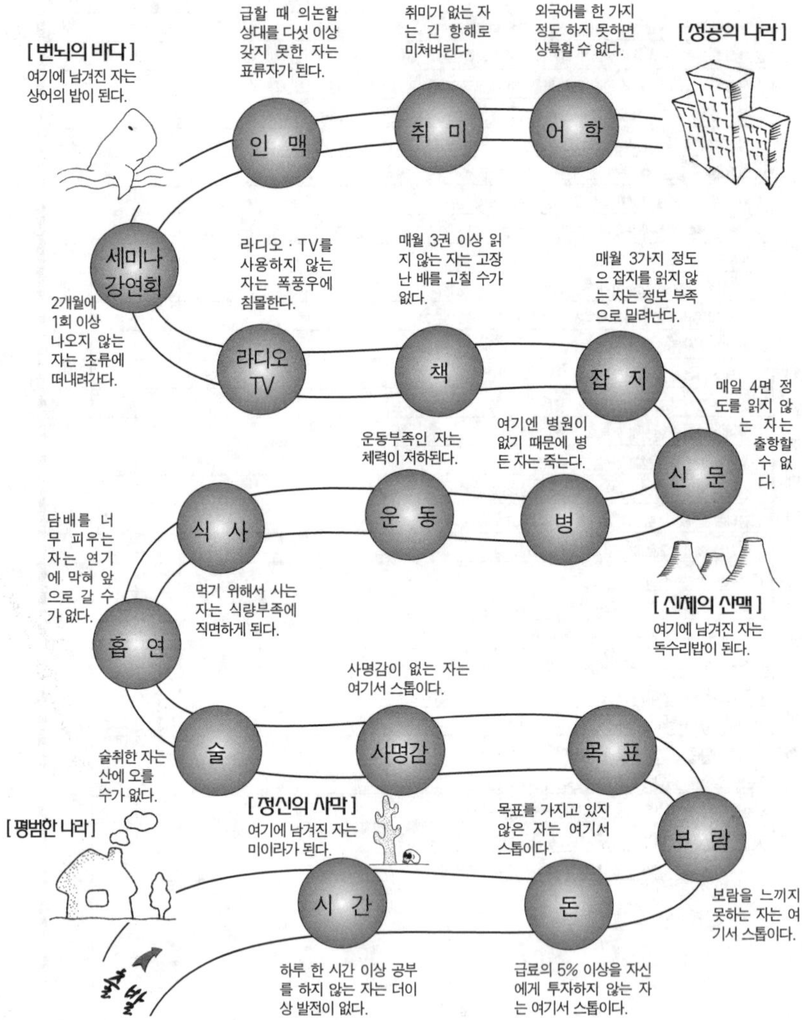

[번뇌의 바다]
여기에 남겨진 자는 상어의 밥이 된다.

급할 때 의논할 상대를 다섯 이상 갖지 못한 자는 표류자가 된다.

취미가 없는 자는 긴 항해로 미쳐버린다.

외국어를 한 가지 정도 하지 못하면 상륙할 수 없다.

[성공의 나라]

인맥 취미 어학

세미나 강연회

2개월에 1회 이상 나오지 않는 자는 조류에 떠내려간다.

라디오·TV를 사용하지 않는 자는 폭풍우에 침몰한다.

매월 3권 이상 읽지 않는 자는 고장 난 배를 고칠 수가 없다.

매월 3가지 정도 의 잡지를 읽지 않는 자는 정보 부족으로 밀려난다.

라디오 TV 책 잡지

매일 4면 정도를 읽지 않는 자는 출항할 수 없다.

운동부족인 자는 체력이 저하된다.

여기엔 병원이 없기 때문에 병든 자는 죽는다.

신문

담배를 너무 피우는 자는 연기에 막혀 앞으로 갈 수가 없다.

식사 운동 병

먹기 위해서 사는 자는 식량부족에 직면하게 된다.

[신체의 산맥]
여기에 남겨진 자는 독수리밥이 된다.

흡연

사명감이 없는 자는 여기서 스톱이다.

술취한 자는 산에 오를 수가 없다.

술 사명감 목표

[평범한 나라]

[정신의 사막]
여기에 남겨진 자는 미이라가 된다.

목표를 가지고 있지 않은 자는 여기서 스톱이다.

보람

시간 돈

하루 한 시간 이상 공부를 하지 않는 자는 더 이상 발전이 없다.

급료의 5% 이상을 자신에게 투자하지 않는 자는 여기서 스톱이다.

보람을 느끼지 못하는 자는 여기서 스톱이다.

출발

 **강연회, 세미나를 효과적으로 이용하는 실전노트**

관리자가 되면 강연회나 세미나에 참가할 기회도 많아지는데, 듣는 것만으로는 효과가 없다. 그러므로 깔끔하게 정리해서 기록하는 습관을 들이는 것이 좋다. 그리고 관리자가 되면 회사에서 지시한 강연회에만 참석할 것이 아니라, 스스로 회사에 신청하여 참석하는 적극적인 자세를 지녀야 한다.

강연회 · 세미나 정리메모

1. 때 _____
2. 장소 _____
3. 주제 _____
4. 강사 _____

도움이 된 내용
1. _____
2. _____
3. _____
4. _____
5. _____
6. _____
7. _____
8. _____
9. _____
10. _____

개인 입장에서 받아들일 것
1. _____
2. _____
3. _____
4. _____
5. _____

회사 입장에서 받아들일 것
1. _____
2. _____
3. _____
4. _____
5. _____

각종 견학회를 유용하게 활용하는 실전노트

관리자가 보다 능률적으로 일을 하기 위해서는 견문(見聞)을 넓혀야 한다. 그러기 위해서는 자기 스스로 기회를 만들거나 많은 일을 접해 보는 것이 바람직하다. 모든 현상에 대해 항상 문제를 제기하고 해결책을 모색하는 노력을 기울이다 보면, 더 나은 자기 발전을 가져올 수 있을 것이다.

견학리포트

사장			

견학서		소속		직위		성명	

Ⅰ 각자에게 도움이 된 부분이 있었다면 적어 보시오.

1. _____
2. _____
3. _____
4. _____
5. _____
6. _____
7. _____
8. _____
9. _____
10. _____

Ⅱ 회사에서 수용하길 원하는 부분이 있다면 적어 보시오.

1. _____
2. _____
3. _____
4. _____
5. _____

Ⅲ 견학을 마친 소감을 적어 보시오.

독서를 효율적으로 활용하는 실전노트

우리들은 학교를 졸업한 후나 결혼한 후, 그리고 관리자가 되고나서부터는 독서를 하지 않는 경향이 있다. 관리자가 되면 적어도 한 달에 세 권 이상의 참고 문헌이나 관련 도서를 탐독해야 한다. 물론 책을 읽는 것만으로는 성과를 기대할 수 없다. 한 권씩 읽을 때마다 필요한 부분을 메모해 활용하면 많은 도움이 될 것이다.

독서리포트

책 명		소 속		성 명	

1. 참고가 된 항목과 그 내용을 간단하게 정리해 주십시오.

2. 특별히 본인에게 도움이 된 부분은 어디입니까?

3. 어렵다고 생각한 부분은 어디입니까?

4. 빠른 시간 안에 방문해 보고 싶은 곳은 어디입니까?

자신을 보다 높게 표현하기 위한 분석노트

지금 CI(기업문화)가 유행이지만 이것은 비단 기업에 있어서만의 문제는 아니다. 더군다나 관리자가 되면 지금까지와 같은 방법의 자기 표현은 통용되지 않는다. 적어도 일 년에 한 번은 냉정하게 자기를 돌아보고, 개성에 맞는 자기 연출방법을 모색해야 한다.

1 학력	2 경력	3 특기	4 장점	5 단점	6 상사가 본 자신	7 부하가 본 자신

현재 자기의 정확한 위치	
원하는 급여 인상액은…	

1 실적이 떨어진 것을 어떻게 극복할 것인가	2 장점을 어떻게 살릴 것인가	3 자기 개발의 구체적 방안	4 일은 앞으로 어떻게 할 것인가

92 행동력을 키우기 위한 체크노트

관리자가 되면 겸손한 자세로 업무를 수행하기가 어려워진다. 회사에서 가장 행동력이 요구되는 자는 관리자이다. 몸으로 비교하면 심장의 기능과 같다. 심장이 멎으면 생명이 끝나는 것과 같이 관리자는 항상 힘있게 움직여야 한다.

행동력을 기르는 10가지

1. 목표를 향해 나아가는 것이야말로 행동의 원천이 된다. 목표를 구체화 하라.

2. 꼭 해야만 하는 계획을 세워 밀고 나가도록 하라.

3. 지금 할 수 있는 일을 내일로 미루지 말라.

4. 이론보다 행동을 우선으로 하는 간부가 되어라.

5. 해보지 않으면 알 수 없는 것은 직접 부딪혀 보아라.

6. 실패하지 않으면 성장하지 않는다. 그러므로 실패를 두려워하지 말라.

7. 솔선수범을 말로만 하지 마라. 행동으로 실천하라.

8. 지금이 시기. 그 시기가 지금 'do — action — now' 이다.

9. 백 가지 이론보다 한 가지 행동이 중요하다.

10. 먼저 시자하라. 그리고 앞선 생각을 기져리.

창조력을 기르기 위한 체크리스트

관리자가 되면 항상 보다 나은 새로운 방법을 모색해야 되는데 다음의 '오즈번의 체크리스트'를 참고하기 바란다. 관리자가 되고 나서 창조성을 기르는 것은 어려울지도 모르나 체크리스트를 작성하다보면 가능성은 모색해 볼 수 있다. 그리고 조금이라도 많은 정보를 가지고 있음으로써 만일의 사태에 대비하기 바란다.

오즈번의 체크리스트

1. **그 외의 방법은 없는가** — 현재대로 해본다.

2. **다른 곳에서 아이디어를 빌릴 수 없는가** — 비슷한 것은 없는가, 다른 아이디어를 차용할 수는 없는가, 과거의 것을 사용한 적은 없는가, 어디선가 모방할 수 없는가.

3. **형태 · 색깔 · 운동을 바꾼다** — 새로운 형태로 모색해볼까, 의미 · 색 · 운동 · 소리 · 냄새 · 형태 등을 바꿔 볼까.

4. **크게 한다** — 뭔가 첨가할까, 시간을 늘릴까, 횟수를 늘릴까, 길게 할까, 엷게 할까, 다른 가치를 덧붙일까, 중복시킬까, 곱할까, 크게 해볼까.

5. **작게 한다면** — 뭔가를 삭제할까, 압축할까, 소형으로 할까, 낮게 할까, 짧게 할까, 뺄까, 유선형으로 할까.

6. **대용한다** — 타인을 대신할까, 다른 요소로 할까, 다른 재료로 할까, 다른 과정으로 할까, 다른 동력으로 할까, 다른 음색으로 할까, 다른 방법으로 할까.

7. **교체한다** — 요소를 교체할까, 다른 형으로 할까, 다른 레이아웃으로 할까, 다른 순서로 할까, 원인과 결과를 교체할까, 페이스를 바꿀까.

8. **역으로 한다면** — 적극과 소극을 거꾸로 할까, 뒤집을까, 상하 거꾸로 할까, 역할을 거꾸로 할까.

9. **연결시킨다** — 합금으로 할까, 조립할까, 단위를 합할까, 목적을 조립할까, 아이디어를 조립할까.

94 심신의 건강증진을 위한 핵심 포인트

우리는 대부분 건강을 잃고 나서야 건강의 중요성을 깨닫게 된다.
더군다나 관리자가 되면 건강이 뒷받침되어야 한다. 관리자가 되어 과식이나 과음을 자
주 함으로써 컨디션을 조절하지 못한다면 실격이다.
성공은 병든 자를 기다려 주지 않는다.

건강의 정의

건강한 사람은 다음의 8항목이 꼭 들어맞는다. 체크하여 건강을 유지하는 데 적극 활용해 보자.

1. 잘 자고 약간의 수면부족이 있더라도 피곤해 하지 않는다.

2. 자신의 몸에 필요한 적당량의 음식을 맛있게 먹는다.

3. 일이 주체할 수 없을 정도로 많아도 지치지 않고 추진하며, 피곤이 찾아
   와도 빠른 시간에 회복된다.

4. 무엇이든 흥미를 느끼며, 마음은 언제나 침착하며 명랑하다.

5. 나쁜 행동은 하지 않으며, 하고 싶은 마음도 없다.

6. 화를 내거나, 남의 험담을 하거나, 자신을 학대하지 않는다.

7. 합리적이며 현실적인 생활목표를 가지고 있다.

8. 무슨 일에든 감사하며, 항상 배우는 자세로 임한다.

10소(少) 10다(多)의 건강법

1. 먹는 것은 적게 하고 씹는 것은 많이 하라.

2. 타는 것은 적게 하고 걷는 것은 많이 하라.

3. 입는 것은 적게 하고 씻는 것은 많이 하라.

4. 고민은 적게 하고 행동은 많이 하라.

5. 게으름은 적게 하고 배우는 것은 많이 하라.

6. 말은 적게 하고 듣는 것은 많이 하라.

7. 화내는 것은 적게 하고 웃는 것은 많이 하라.

8. 말하는 것은 적게 하고 행하는 것은 많이 하라.

9. 갖는 것은 적게 하고 주는 것은 많이 하라.

10. 꾸짖는 것은 적게 하고 위로하는 것은 많이 하라.

 인생을 알차게 살기 위한 설계

인생계획표

구분		본 인	21	22	23	24	25	26	27	28	29	30	31	32	33	34	35	36
가 족	연령	처																
		장 남																
		차 남																
	미래의 계획(결혼, 자녀 탄생, 입학, 졸업, 취직, 주택 건축 등)																	
큰 지 출 (만원)		결 혼																
		출 산																
		교 육																
		주 택																
		스 포 츠																
수 입 (만원)		정 기 수 입																
		임 시 수 입																
		계																
지 출 (만원)		경 상 지 출																
		임 시 지 출																
		계																
저 축 (만원)		저 축																
		결 산 이 자																
		계																
		인 출																
		잔 액																
앞 으 로 의	인 생 계 획	승 진 계 획																
		자 격 취 득																
		취미, 사회생활 등																
		건강, 인격향상 등																

미래를 성공적으로 살기 위해서는 '인생 계획표'를 잘 활용해야 한다.
자신의 미래는 자신의 노력 여하에 따라 좌우된다.
미래는 저절로 다가오는 것이 아니라, 스스로의 힘으로 창조해 가는 것이다. 당신이 성공
자가 되고 싶다면 인생의 계획표를 짜나가는 것이 필요하다.

37	38	39	40	41	42	43	44	45	46	47	48	49	50	51	52	53	54	55	56	57	58	59	60	메모(계)

CEO
8. 알아두어야 할 관리자의 상식노트

제8장의 실행노트를 활용하기 위한 핵심 포인트

말단 사원과는 달리 관리자가 되면 관혼상제(冠婚喪祭) 등에 참석하는 기회가 많아지게 된다. 따라서 관혼상제에 관한 충분한 지식이나 상식을 알아둘 필요가 있다.

말단 사원이라면 관혼상제에 관한 충분한 지식이나 상식을 갖추지 않아도 그리 수치스런 일이 되지 않는다. 그러나 관리자의 입장이 되면 사정이 달라지게 되는 것이다. 간혹 볼 수 있는 광경으로 "뭐! 저래, 관리자가 그런 것도 모르고 있어?"라는 비웃음을 사게 된다.

또한 관리자가 되면 사(社)내외를 막론하고 수많은 업무관계로 많은 접촉을 갖게 되는데 이때 여러 가지 형태의 매너가 필요하게 된다. 또 각종 행사나 파티, 회식장소에서의 좌석배치에 대한 상식도 알아두어야 한다.

아무튼 관리자가 되면 주위 사람들이 자신을 보는 시각도 변하게 된다. 즉 관리자는 연륜과 경륜으로 보더라도 사회의 엘리트가 되지 않으면 안 된다.

따라서 관리자는 현재까지 살아오면서 얼마 만큼의 자기가치를 축적시켜 놓았느냐에 따라 자신의 위치가 평가되는 것이다. 관리자는 남보다 앞서가는 새로운 정보의 수집과 함께 사회에서 인정받을 수 있는 자기 이미지를 창조해야 한다. 재산이나 돈이 많다는 것으로는 결코 인간적으로 좋은 평가를 받을 수 없다. 그리고 관리자는 건강한 체력도 요구되지만, 나이가 들면서는 두뇌력으로도 승부할 수 있는 능력을 키워 나가는 것도 필요하다. 옛말에 '잡학(雜學)일지라도 장기간에 걸쳐 축적하면 핵폭발과도 같은 역할을 하게 된다'는 말이 있다.

성공하고 싶다면 자신의 좋은 이미지 창조를 위해 노력하자!

97 가정의례준칙과 관혼상제에서 꼭 알아둘 일

1. 관례(冠禮) : 성년식

옛부터 일가친척과 마을 어른들을 모시고 사당에 성년(成年)을 고하는 형태로 행해져 왔던 관례가 최근에는 '성년식' 이라는 이름으로 행해지고 있다.

또한 매년 5월 셋째주 월요일을 '성년의 날' 로 정해 만 20세가 되는 청소년을 대상으로 가정, 직장, 학교에서 성년식을 치르고 있다. 이는 어른으로 접어든 한 인간에 대해 권리와 책임의식을 심어주기 위한 행사의 일환이라 할 수 있다.

2. 혼례(婚禮)

일정한 의식을 통해 남녀간의 정신적, 육체적 결합을 사회적으로 인정하는 제도이다. 이는 인생의 반려자를 맞이하는 의식으로 서로 공경하며 백년해로를 하는 가정 공동체의 출발이라 할 수 있다.

1) 맞 선

결혼상대자 서로간에 처음으로 상대방을 보면서 평가하고 또한 서로를 인생의 동반자로 맞이한다는 진지한 순간이기도 하다. 그러므로 일시적인 감정에 치우치지 말고 먼 장래를 내다보는 이성적인 판단이 절실히 요구된다.

맞선을 볼 때 지켜야 할 예절은 다음과 같다.

첫째, 지나치게 수줍은 나머지 고개만 숙이고 있어서는 곤란하다. 또한 불필요한 말을 많이 하여 횡설수설해서도 안 된다. 둘째, 일방적인 질문이나 상대방이 곤란한 답변을 해야 하는 질문은 삼가도록 한다. 셋째, 필요 이상으로 자신 또는 가족의 자랑을 늘어놓지 않도록 한다. 넷째, 서로가 주고 받는 대화는 명확하고 요령 있게 하도록 한다. 특히 여성의 경우는 우아한 품위를 지키

> 가정의례란 관례(冠禮) · 혼례(婚禮) · 상례(喪禮) · 제례(祭禮) · 수연(壽宴) 등의 의례를 말한다. 의미를 살펴보면 성인(成人)이 되는 관례와 성인이 배우자를 맞이하는 혼례, 그리고 초상을 당해 치루는 상례와 자손들이 선조들에게 제사드리는 제례를 통틀어 관혼상제라고 일컫는다.

도록 한다.

2) 약 혼

약혼은 결혼을 맞이하기 위한 준비단계이며, 또 가족관계, 인척관계가 맺어지는 날이기도 하다. 약혼은 대체로 신부집이나 특정장소에서 행해지고 있다.

약혼시의 주의점으로는 지나친 농담이나 자유방임적인 태도는 피하고 어른들의 말씀을 귀담아 듣도록 한다. 그리고 약혼반지는 왼쪽 약지에 끼우도록 한다.

3) 결 혼

결혼은 백년해로를 같이할 동반자를 맞이하는 순간이다. 그러므로 결혼식은 허영과 낭비를 줄이고 검소하게 치러야 한다.

결혼연령에 있어 남자 18세, 여자 16세 미만일 경우는 양가부모의 동의를 얻어야 한다.

4) 폐 백

폐백이란 신부가 최초로 시부모와 신랑의 친척들에게 인사를 드리는 의식이다. 폐백시 주의할 점은 다음과 같다.

첫째, 폐백상을 차려놓고 신부집 주모가 신부를 도와 시아버지에게 큰절을 한 번 시킨다. 둘째, 주모가 폐백을 시부모 앞의 폐백상에 가져다 놓는다. 셋째, 신부가 시부모에게 사배를 드린 후 앉는다. 넷째, 시아버지는 대추 몇 개를 집어 신부의 치마 앞에 던져 주면서 덕담을 한마디 하게 된다. 다섯째, 주모는 그 대추를 집어 신부의 원삼 큰 소매 속에 넣어 준다. 시부모에 대한 폐백이 끝나면 주모는 폐백을 물리고 빈 상만 놔둔 채 신부가 다른 친척들에게도 폐백할 수 있도록 한다. 일반적으로 항렬이 높은 친척에게는 평절로 하고 같거나 낮은 사람에게는 평절로서 맞절을 하게 된다.

3. 상례(喪禮)

1) 조문객의 예의
가. 조문객의 옷차림은 검정색 계통의 정장에 검정넥타이, 검정구두를 착용하는 것이 예의이다.

나. 검정색 정장이 아닐 경우는 검소하고 깨끗한 느낌을 주는 평상복을 착용하도록 한다. 특히 여성은 짙은 화장이나 액세서리는 삼간다.

다. 상가에 도착하면 코트 등은 대문 밖에서 벗고 들어간다.

2) 빈소 도착시
가. 빈소에 도착하자마자 상제에게 목례를 하도록 한다.

나. 영정 앞에 무릎을 꿇고 앉아 분향을 한다.
- 나무향 ― 오른손을 왼손으로 받치고 오른손의 엄지와 검지로 향을 집어 향로 속에 넣는다.
- 만수향 ― 한두 개 집어서 불을 붙인 다음 왼손을 흔들어 불을 끄고 그후 향로에 정중한 자세로 꽂고 일어선다.

다. 영정을 향해 두 번 절을 한다.

라. 절을 한 다음 한걸음 뒤로 물러나 상제와 맞절을 하고 조문인사를 한다. 이때는 다음과 같은 짧은 위로 인사말을 건네도록 한다. 예를

들면, "상을 당하시게 되어 얼마나 애통하십니까?"라든가 "병환이
회복되실 줄 알았는데 이렇게 돌아가시다니 무슨 말씀을 드려야 좋
을지……."라는 등의 간단한 인사말을 건네도록 한다.

　마. 다음에는 장일과 장지를 묻는다.

　　　예를 들면, "장례 모실 곳은 정하셨습니까?"라든가 "장례는 언제 모
시기로 하셨습니까?" 그리고 조객이 몰려왔을 경우에는 긴말을 하
지 않도록 하고 조상인사 등은 가급적 뜻만을 전하는 기분으로 말을
간단하게 하도록 한다.

4. 제례(祭禮)

1) 제례의 의미

　제례란 조상의 음덕에 대한 보은과 감사를 나타내는 예절이다. 그러므로 제
사의 진정한 의미는 선조들의 은혜를 돌이켜 생각하고 그 뜻을 기억하여 조상
의 추모와 조상이 이루지 못했던 일을 이어받아 발전시킨다는 다짐의 계기라
고 할 수 있다. 그러므로 정성스런 마음가짐으로 제례를 치러야 한다.

2) 제사의 종류

　가. 기제(忌祭)

　　　기제란 부모와 조부모에게 제사지내는 것을 말하며, 매년마다 조상
이 사망한 날 해진 뒤에 제주의 가정에서 지내게 된다. 기제에의 참
가 범위는 사망자의 직계비속으로 한다.

나. 절사(節祀), 연시제(年始祭)

절사란 팔월 추석날 아침에 지내는 제사를 말하며, 연시제는 정월 초하룻날 아침에 지내는 차례〔茶禮〕를 말한다. 절사(節祀)와 연시제는 추수감사와 새해연하의 뜻을 조상에게 보고하는 제사로써 4대 고조까지 지내게 되며 참례자는 8촌 이내의 유복친끼리 모여 지내는 제사를 말한다.

5대조 이상의 조상들에 대해서는 방안 제사는 지내지 않으며 시제(時祭)란 이름으로 1년에 한 번씩 날짜를 정하여 산소를 둘러보는 정도로 하고 있다.

3) 제사의 절차

가. 제사상 차리기

제사상의 위치는 방의 북쪽 벽에 병풍을 치고 제사 참례자들은 남쪽 편에 서서 북쪽을 바라보면서 지내도록 하고 있다.

나. 신위(神位)모시기

종이에 쓴 신주(神主)를 지방이라고 한다. 지방은 제사받을 조상의 직함과 성씨 등을 기재하는 임시 신주라고 할 수 있다. 최근에는 고인의 사진을 놓고 제사를 지내기도 한다.

다. 제사 지내기

● 혼령 모시기

제주는 향을 피우고 술을 따라 그 술을 모사(퇴주그릇)에 붓고 참례자 전원이 일제히 재배한다.

- 잔 올리기

  술잔은 초헌, 아헌, 종헌이라 하여 세 번 올리게 된다.
- 축문 읽기

  축문을 읽고 묵념을 한다. 축문이란 고인을 추모하면서 앞으로 집
  안을 잘 다스려 가겠다고 하는 다짐으로 내용은 한글로 간결하게
  작성한다.
- 몰림절

  제사가 끝나면 제사 참례자는 일제히 재배하고 상을 물린다.

4) 성묘(省墓)

성묘란 조상의 묘를 찾아 인사를 드리는 것으로 여름철의 단오, 가을철의
추석에 성묘를 하게 된다.

성묘는 조상의 산소를 보살피고 조상을 추모하러 간다는 점에서 통상 제수
를 차리지 않고 적절한 시기에 묘를 찾아 성묘인사(재배묵념)를 하는 것이 일
반적이다.

관리자의 방문 에티켓과 매너

1. 방문 준비는 철저히 할 것

1) 방문 준비 및 통보

가. 방문의 목적

나. 방문 일시(식사시간은 피할 것)

다. 면접 소요 시간

라. 방문 인원수와 성명

위의 사항들을 전화로 일단 전달하고 방문허락을 받도록 한다.

2) 준비해야 할 도구와 용건의 정리

가. 방문처의 주소, 전화번호, 상대방의 직함, 성명 등을 체크할 것

나. 용건에 필요한 서류 준비

다. 명함의 준비

라. 화젯거리의 준비

마. 필요시 선물준비

3) 방문 당일의 준비

상대방의 형편을 전화로 재확인한다.

2. 약속시간을 엄수할 것

약속시간의 5~10분 전에는 도착하도록 할 것. 부득이한 사정으로 약속시간에 지연될 경우에는 신속하게 전화연락을 취한다.

관리자가 방문시 지켜야 할 에티켓은 중요한 업무 중의 하나이다.
관리자의 일거수일투족은 회사의 신용과도 직결되기 때문이다. 본 항에서는 관리자·
간부가 거래처를 방문하는 경우에 어떠한 매너가 필요한가에 대해 기술하고 있다.

3. 방문회사의 정문

수위실 또는 접수실이 있는 거래처에서는 반드시 회사명과 자신의 직함과
성명을 밝히도록 한다. 면회약속이 있을 경우에는 명함은 필요없다. 만약 코
트를 입고 방문했을 경우에는 현관에서 코트를 벗고 응접실로 향하도록 한다.

4. 방문회사의 응접실

1) 응접실에서는 우선 하단의 좌측 의자나 입구 가까운 쪽의 하석에 앉도록
   한다.
2) 면회상대가 오기까지는 실내를 배회하지 않도록 한다.
3) 용건에 필요한 서류는 곧바로 상담이 가능하도록 준비해 놓고 기다린다.

5. 면회상대가 도착하면

1) 면회상대가 오게 되면 곧바로 일어나 정중하게 인사를 한다. 양복단추는
   반드시 잠그도록 하고 선물을 준비했을 때는 인사가 끝난 뒤 곧바로 전
   달하도록 한다.
2) 상대방이 앉으라고 권할 때 앉도록 한다. 그리고 상석을 권할 경우에는
   사양하도록 한다.
3) 명함은 인사를 교환할 때 먼저 건네도록 하고 곧바로 회사명과 성명을
   알리도록 한다. 명함의 전달은 오른손에 명함을 쥐고 왼손으로 받쳐 정
   중하게 전달하도록 하며, 또한 명함을 받을 때는 양손으로 정중히 받아
   직함 및 성명 등을 확인하고 난 후 명함을 넣도록 한다.
4) 소개장을 가지고 갔을 때는 곧바로 상대방에게 건네도록 한다.

6. 용건에 들어간다

1) 용건을 이야기할 때는 상체를 일으켜 겸손한 자세로 상대방의 눈을 바라
   보면서 대화하도록 한다.
2) 용건은 간결하고 침착하게 이야기하도록 한다.
3) 세상이야기, 사담(私談)은 농담이 되지 않도록 한다.
4) 소요시간을 초과하지 않도록 대화 줄거리를 요약하여 적절하게 끝맺도
   록 한다.
5) 자신이 회사를 대표한다는 것을 잊지 않도록 한다.

7. 방문을 마치고 물러날 때

1) 용건이 끝나면 정중하게 인사하고 신속하게 물러나도록 한다.
2) 상대방이 배웅하려고 할 경우에는 "나오지 마십시오. 괜찮습니다."라는
   인사말을 남기는 것이 에티켓이다.

관리자의 명함 상식과 매너

명함은 자기소개의 도구라고 한다. 즉 명함은 그 사람의 '분신'이며 '얼굴'이라 할 수 있다. 비즈니스 사회에서의 명함은 회사의 '얼굴'이란 점에서 캐치프레이즈, 업무내용, 취급상품, 지점, 영업소재지 등을 기재하는 경우가 많다. 그리고 거래상대에게 어떻게 해서든지 회사명과 이름을 기억시키려는 연구 노력이 필요하다.

1. 명함을 주고 받을 때의 매너

1) 명함 보관집은 언제나 보충해 둘 것
2) 명함 보관집은 상의 내 포켓 속에 넣어둘 것
3) 명함을 교환할 때의 매너

가. 응접실 등에서는 반드시 서서 건네도록 한다.

나. 우측 손바닥 위에 올려놓아 상대방이 회사명, 성명을 곧바로 확인할 수 있도록 전달한다.

다. 명함의 교환은 손아랫사람, 방문한 쪽, 소개받은 쪽에서 먼저 건네 도록 한다.

라. 상사와 동행하여 방문했을 경우에는 상사가 소개했을 때 명함을 건네도록 한다.

마. 상대방으로부터 명함을 받을 때는 양손으로 정중히 받아 상대방의 직함과 이름을 확인한 후 상의 포켓에 넣도록 한다.

바. 받은 명함은 소중하게 취급해야 한다. 받은 명함을 구긴다거나 만지 작거리며 둥글게 말아버린다거나 상대방의 명함에다 낙서나 메모를 하는 것은 대단한 실례가 아닐 수 없다.

사. 1 대 1의 명함교환의 경우는 반드시 상대방의 이름을 기억한 후 명함집(포켓)에 넣도록 한다. 명함을 책상 위에 놓아두는 것도 실례이다. 단, 한 번에 여러 명의 상대와 명함을 교환했을 경우에는 상담 동안만은 상대방의 직위순으로 놓고 상담을 진행해도 실례가 되지 않는다.

2. 명함의 정리법과 활용법

1) 우선 메모를 할 것

명함을 받았을 때는 명함교환 날짜, 교환 장소, 용건 내용, 상대방의 인상, 처리 사항 등 제각기 필요에 따라 명함의 이면이나 여백 또는 별지 카드에 정확하게 메모해 놓도록 한다.

교환한 명함을 케이스 또는 파일에 담아둔 채로 방치하게 되면 필요할 때 기억이 잘 안나 활용에 곤란을 느끼게 된다.

2) 정리 · 분류할 것

가. 가나다순 또는 ABC순으로 분류.

회사명, 인명 등을 가나다순 또는 ABC순으로 정리하는 방법이 가장 기본적인 정리법이다.

나. 업종별로 분류

명함을 업종별, 업무내용별로 분류하는 방법이다. 예를 들면, '금융관련'이라든가 '인쇄관련' 또는 '광고관련' 등 업종별로 정리한다.

다. 주소별, 지역별로 분류

명함을 상대회사의 소재지별로 정리하는 방법으로 예를 들면, '행정구역'이라든가 '영업지역' 등으로 분류할 수 있다.

라. 프로젝트별 분류

하나의 프로젝트마다 그 기획에서 과정(추진절차)에 이르기까지의 관련회사나 관계자를 통합하여 정리하는 방법이다.

마. 기타 분류방법

날짜순으로 분류할 수 있는 전시회 또는 회사내외의 행사 등이 있다. 또 한 가지 방법으로는 메모카드의 병용 분류방법으로 이것은 명함과 메모카드를 병행하여 정리하는 방법이다.

이 외에도 자신이 업무에서 적절히 활용할 수 있는 명함분류법이 있다면 이를 효율적으로 활용할 필요가 있다.

3) 자신만의 전화번호부를 만들 것

자신만이 활용할 수 있는 명함전화번호부를 작성하여 항상 휴대하면서 적절히 활용하도록 한다.

3. 명함의 효율적인 사용방법

1) 소개장의 대용으로 활용

'소개'는 비즈니스 사회에서는 큰 의미를 지니고 있다. 명함으로 소개장을 대용할 경우에는 반드시 확인인을 찍도록 하며 추가적인 내용으로 'ㅇㅇ 씨를 잘 부탁합니다'라고 적어 소개하도록 한다.

2) 영수증의 대용으로 활용

영수증은 정식의 회사명으로 인쇄한 것을 사용하는 것이 원칙이나 경우에 따라서는 명함도 '영수증의 대용'으로 활용할 수가 있다. 즉 ① 영수금액 ② 영수했다고 하는 문언 ③ 영수 연월일 ④ 영수자의 기명, 날인 ⑤ 단서 등을 정확하게 기록할 때는 '가영수증(假領收證)'으로 활용할 수 있다. 이와 같은

'가영수증'은 어디까지나 차후에 정식의 영수증으로 교환되는 것을 전제로 해야 한다.

3) 관혼상제나 선물교환시에 활용

신년하례인사, 결혼, 회갑, 문병, 상례 등의 경우에 명함에 압인(押印)한다 거나 끼워 사용할 수가 있다. 즉 이러한 경우의 활용도 명함 그 자체가 사람의 얼굴이라고 할 수 있다.

〈방문인사〉

〈명함전달〉

○○ 씨를
잘 부탁합니다.

〈부탁명함의 전달시〉

 # 소개하는 방법과 소개받는 방법

1. 소개방법

1) 소개를 의뢰받았을 때

가. 소개할 가치가 있는가를 확인할 것

소개를 의뢰받았을 때는 우선 소개적인 측면에서 가치가 있는가의 여부를 판단해야 하며, 또 내용면에 있어서도 가치의 여부를 확인해야 한다. 또한 그 사람의 현재의 상황과 인품을 확인해야 한다. 가능하다면 본인과 만나 대화해 보는 것이 가장 중요하다.

나. 신속하게 처리할 것

비즈니스 사회는 급속도로 회전하고 있다. 소개를 받았을 경우에는 가능한 한 신속하게 소개하도록 한다. 예를 들어 '가까운 시일 내에'라고 하는 애매한 행동은 피하도록 한다.

2) 소개의 절차

가. 소개의 수단

● 전화로 하는 방법

간단한 용건으로 친숙한 상대에게 소개할 때는 전화로 부탁해도 무리가 없다고 본다.

● 전화나 문서로 하는 방법

용건이 비교적 중요하고 친숙한 상대인 경우는 전화로 양해를 구한 다음 이후에 문서(명함에 서명, 날인도 가능)로써 소개한다. 소개장은 직함이 높은 사람에게 부탁할 경우는 봉투를 봉하는 것이 바람직하다.

> 제3자에게 사람을 소개할 때는 소개하는 사람의 신뢰도와 신용이 큰 영향을 미치게 된다. 따라서 관리자는 소개라고 하는 단어의 중요성을 인식하고 사람을 부탁할 때는 정중한 예의를 표시하도록 하며, 또한 사람을 부탁받았을 때는 상대방을 정확하게 판단한 후 소개하도록 한다.

- 전화와 직접 소개로 하는 방법

  중요한 용건이나 중요한 상대 혹은 직함이 연배인 경우는 사전에 전화로 양해를 구한 다음 직접 동행하여 소개하는 것이 바람직하다.

나. 소개시 필요한 사항
  - 의뢰자의 회사명, 업무내용, 직함, 성명
  - 의뢰자와 자신의 관계
  - 의뢰자의 소개목적
  - 소개자로서의 희망사항

다. 직접소개시의 소개순서
  - 직함이 낮은 사람을 높은 사람에게 소개한다.
  - 남성을 여성에게 소개한다.
  - 연하의 사람을 연상의 사람에게 소개한다.
  - 자사의 사람을 타사의 사람에게 소개한다.

3) 소개 후의 주의

가. 의뢰자로부터 보고가 오는 것이 상식이나 그렇지 않은 경우는 전화 등을 통해 결과를 확인토록 한다.

나. 의뢰자의 결과 여하에 관계 없이 소개처에게 감사의 표시를 전하도록 한다.

2. 소개할 때와 소개받을 때의 주의사항

1) 소개를 의뢰할 때의 마음가짐

가. 소개의 목적을 명확히 한다.

나. 소개방법은 소개자에게 맡긴다.

다. 시간의 여유를 두고 의뢰한다.

라. 상대의 입장을 고려하여 의뢰한다.

2) 소개를 받았을 때의 마음가짐

가. 소개를 받았을 때는 가능한 한 신속히 용건을 마치도록 한다.

나. 소개의뢰의 목적 이외에는 이용하지 않도록 한다.

다. 소개자에게 폐를 끼치지 않도록 주의한다.

라. 소개자에게 결과보고와 감사의 뜻을 전한다.

3. 자기소개의 핵심 포인트

자기소개라고 하는 것은 자신을 상대에게 이해시키며 인상을 기억시키는 일이다. 소개가 이루어질 때의 대화내용이나 양은 때와 장소에 따라 다양하겠으나 주의해야 할 핵심을 열거하자면 다음과 같다.

1) 자신의 이름과 얼굴을 기억시키도록 한다.

2) 자신의 입장이나 인품을 이해시키도록 한다.

3) 소개장소의 상황에 적합한 화제를 선택한다.

4) 자신을 소개하는 표현에 있어서 대화내용과 줄거리를 미리 준비한다.

5) 있는 그대로 솔직하게 표현한다.

6) 대화에 신경을 집중한다.

7) 이야기하기 전에 2~3회의 심호흡을 한 후 침착하게 말한다.

101 상사와의 인간관계 상식

1. 상사의 지시를 받았을 때의 대응방법

1) 상사의 지시·명령에 따를 것

상사로부터의 지시는 정확하고 솔직하게 접수해야 하며 또한 신속하게 처리해야 한다. 상사는 그 부서의 관리유지나 업무추진에 대해 책임을 가져야 한다. 따라서 상사의 지시·명령은 반드시 책임이 뒤따르게 되는 것이다. 지시·명령을 내릴 때는 내용이 명확하고 저절해야 한다.

2) 부하는 스스로의 책임을 다할 것

관리자는 자신 스스로의 업무도 중요하다고 본다. 그러나 업무의 대부분이 부하직원을 통하여 이루어진다고 해도 과언이 아니다. 따라서 부하직원 한 사람 한 사람이 자신들의 책임을 완수하느냐의 여부에 따라 부서의 목표달성이 결정되는 것이다.

3) 부여받은 일은 신속하게 실행할 것

부여받은 일은 곧바로 실행에 옮기도록 한다. 또한 부여받은 업무는 예정기간 내에 달성하도록 심혈을 기울여야 하며, 만일 지연될 경우는 이를 상사에게 신속하게 보고하여 추가 조치를 받도록 한다.

4) 상사의 입장을 존중할 것

상사는 그 부서의 최고책임자이다. 따라서 상부로의 의견상신이나 타부서로의 의뢰 등은 반드시 상사를 통하거나 상사의 양해를 얻은 후 행하도록 한다.

5) 업무보고는 확실하고 간결하게 할 것

업무보고는 업무일지, 사내문서를 통하여 정확하게 보고하는 것이 원칙이다. 구두로 하는 경우에 있어서는 결론 → 이유 → 경과의 순으로 간결하게 보고하며 또한 중요한 일은 중간 보고, 진행상황 보고를 정확하게 해야 한다.

거래처와의 트러블, 클레임, 실수 등은 사무처리에 신속도가 요구된다는 점에서 결코 은폐한다거나 보고를 생략해서는 곤란하다.

6) 상사에 대해 항상 경의를 표할 것

상사는 회사의 선배이자 일에 정통(精通)하고 있는 부서의 리더이다. 부하직원들은 항상 상사에 대한 신뢰와 경의를 표하도록 한다. 따라서 지시를 받을 때나 보고를 할 때의 태도, 언어, 일상적인 인사 등에도 각별한 주의를 기울여야 한다.

특히, 상사로부터 주의를 받을 때는 진지하게 듣는 태도가 필요하다.

2. 상사에게 제안할 때의 마음가짐

1) 제안내용을 신중하게 생각하며, 충동적 · 순간적인 제안은 하지 않도록 한다.
2) 제안의 타이밍을 충분히 고려해야 한다.
3) 제안 이유에 대한 설명을 간결하게 한다. 이를 위해서는 사전에 제안내용, 문제점, 제안이유, 현실과의 비교, 실행방법 등을 정리해 둔다.
4) 용기를 갖고 제안한다.

CEO
부록 1

화술(speech)을 향상하기 위한 실행노트
관리자의 자기혁신, 자기개발을 위한 실행노트
성공하는 관리자의 인맥 창조를 위한 실행노트
관리자가 창조력을 높이는 실행노트
관리자가 집중력을 강화하는 실행노트

화술(speech)을 향상하기 위한 실행노트

1. 일상생활에서 스피치 학습법에 연결되는 것을 습관화한다.

스피치 학습법을 실전에 응용할 때 특히 유의해야 할 점은 일상 생활 속에 융화시켜 습관이 되도록 재인식해야 한다는 점이다. 일상 생활에 융화시켜 자연스러운 생활태도가 되도록 하기 위해서는 다음 사항에 유의해야 한다.

◆ 장소를 가리지 않고 어디서나 큰소리로 이야기하는 습관을 갖는다. 상대 방이나 주변 사람들로부터 '목소리가 크다' 는 이야기를 들을 정도로 의식적으로 큰소리로 이야기한다.

◆ 신문이나 잡지, 책 등은 다른 사람들에게 피해를 주지 않는 장소에서 큰소리로 읽는다. 특히 중요한 부분(붉은 선을 그은 부분)은 유념하면서 읽는다.

◆ 장황한 이야기가 되지 않도록 한다. 발언을 할 때에는 단문형식으로, 조금 부족하게 이야기한 것 같아 한마디 더 하고 싶다고 느꼈을 때 그만두도록 한다.

◆ 이야기에는 반드시 줄거리가 있으므로 이야기를 할 때에는 원칙적으로 5W 1H의 원칙에 맞추어 이야기를 한다.

◆ 입으로만 말하는 것이 아니라 가능한 한 보조도구를 사용하면서 보여주고 들려주도록 한다.

◆ 스피치를 유리하게 전개하는 사람의 공간간격이나 앉는 방법 등에 항상 주의를 기울이고 관찰하여 자신에게 유리한 자리를 차지하도록 한다.

◆ 누구에게나 항상 예의바르게 행동한다. 절도 있는 동작으로 상대방에게 호감을 줄 수 있는 첫인상을 주도록 한다.

◆ 항상 몸가짐이나 청결감, 전체적인 조화에 주의하고 좋은 느낌을 주려고 노력한다.

◆ 듣기 어려운 발성음에 주의하고 일반적인 중간톤의 어조로 이야기하도록 주의한다.

◆ 이야기를 하는 중간에 반드시 한숨을 돌릴 수 있는 여유시간을 갖는 습관을 기른다.

◆ 항상 의식적으로 시선을 두는 위치에 신경을 써서 자연스러운 상태가 되도록 한다.

◆ 학습법에 가장 큰 영향을 미치는 것은 TV이다. 항상 목적의식을 가지고 즐겁게 배우도록 한다.

◆ 많은 양의 화제나 스피치 표현법이 실려 있는 참고자료 등은 아주 세심하게, 중요한 부분은 반드시 3번 정도 소리를 내어 읽도록 한다.

위의 내용들은 언뜻 보면 아주 많은 것을 해야 하는 것 같지만 실제로 하나하나 익숙해지면 무리없이 자연스럽게 행동할 수 있는 것들이다. 따라서 반드시 생활의 일부로 자각하여 그 중에서 어느 하나라도 하지 않으면 꼭 무엇인가를 빼먹은 듯한 느낌이 들 정도로 습관화시켜야 한다.

2. 스피치의 내용은 가능한 한 단문형식의 문장으로 써본다.

스피치 실전학습법에서 제1단계는 자신이 표현하고 싶은 것에 대한 이야기를 선택하여 문장으로 써보는 것이다. 구어체이든 문어체이든 상관이 없으므로 이야기하고 싶은 것을 활자로 바꾸어본다.

① 첫단계는 자신의 스피치속도를 측정하는 의미에서 반드시 원고지를 사용한다. 글자 수와 시간을 비교하여 1분 동안 몇 자 정도를 이야기할 수 있는지 자신의 스피치속도를 알아두는 것이다.

② 일반적인 글자 수와 시간의 비율은 다음과 같다.

㉠ 천천히 말하는 사람은 1분에 120~150자 정도이다.

㉡ 표준적인 속도로 말을 하는 사람은 1분에 200자 전후이다.

ⓒ 빠른 속도로 말을 하는 사람은 1분에 250자 이상이다. 그러나 250자 이상이 되면 이야기의 내용 중 일부가 잘 들리지 않을 수도 있다.

ⓔ 어린이(초등학생 정도까지)는 평균적으로 1분에 100자 이내로 말을 한다.

③ 자신의 말하는 속도를 파악했다면 1분, 2분, 3분간의 단위로 나누어 이야기해 보고 이에 맞는 범위 내에서 문장을 정리해 본다.

④ 처음에는 간단한 주제로 정하여 1분 동안 이야기할 수 있는 분량의 내용을 써보고 시간을 측정해보면서 그 문장을 이야기해 보고 시간 내에 끝나는지 체크해본다. 시간 내에 끝났다면 다음에는 시간을 2분, 3분으로 늘려 시험해 본다.

⑤ 특히 3분 화법이라면 2분 30초 정도에서 끝낼 수 있도록 마음속으로 다짐을 하고 3분 이상이 되지 않도록 한다. 이것은 모든 스피치에 공통되는 것으로서 다음 이야기의 도입도 쉬워진다.

⑥ 또한 스피치의 주제로는 생활 주변에서 아주 쉽게 눈에 띄는 것부터 결정하여 시작하는 것이 글을 쓰는 것도 쉽고, 쓴다는 것 자체에 대한 저항감도 줄일 수 있다. 특히 이야기의 내용은 쓰는 훈련을 계속 반복해 나간다면 자연스럽게 정리가 되며 스피치도 자연스럽게 능숙해질 것이다.

이것은 스피치 내용을 정리하는 훈련도 되기 때문에 일석이조의 자습법이라고 할 수 있다.

3. 스피치의 내용 구성법

세상 돌아가는 이야기든 잡담 또는 토론회든 이야기(발언)를 할 경우에는 이야기의 내용이 있다.

① 우선 무엇을 이야기할 것인가에 대한 주제를 결정한다. 무엇에 대해서 이야기를 할 것인가, 혹은 어떠한 강연회에 참가할 것인가, 무엇에 대한 의견을 말할 것인가, 반대로 어떠한 의견을 들을 것인가? 등 그 속에 이야기의 주제가 있다.

반드시 주제에 관련된 이야기를 하는 것이 우선 필요하며 적어도 주제와 관련 없는 이야기를 해서는 안 된다.

　일반적인 주제를 몇 가지 들어보자.

　　㉠ 재미있고 즐거운 것.

　　㉡ 슬픈 내용, 분개할 만한 내용.

　　㉢ 사건 , 갈등, 스캔들 등.

　　㉣ 사실, 기록, 문제시되는 내용.

　　㉤ 생활과 관련된 내용, 어린이 교육, 스포츠.

　　㉥ 자연현상으로서의 일기, 기후, 가뭄, 한파, 지진 등.

　　㉦ 업무상 관련된 내용.

　　㉧ 취미나 기호적인 내용.

　　㉨ 세간에 화제가 되고 있는 내용.

　　㉩ 장래에 대한 희망.

　② 다음으로 주제에 대해서 언제, 어디서 이야기할 것인지를 결정한다. 이
야기의 주제에 대해서는 특별한 의견교환이나 평론을 제외하고는 반드시 월
일이나 시간이 필요하다.

　　㉠ 과거, 현재, 미래

　　㉡ 날짜나 시간대(오전, 오후, 밤, 낮, 심야)

　　㉢ 지방(○○시, ○○군, ○○읍) 또는 도시(도시명)

　　㉣ 집, 밖, 길, 공원

　　㉤ 바다, 산, 강, 호수, 계곡

　　㉥ 건물이름(상점가)

　③ '무엇이', '왜', '어떻게' 가 주제의 주된 내용이 된다. 주제의 목적이 되
며 이야기 내용의 주류를 이루는 것이 '무엇을', '왜', '어떻게' 의 3요소이다.

　　㉠ '무엇' 은 이야기의 주제가 된다. 삶이나 사물, 현상 등과 같이 '○○
　　　씨가', '자동차가', '화재가' 혹은 '사고가' 어떻게 되었다는 식으로
　　　연결해나간다.

ⓛ '어떻게 해서'는 이유를 확실하게 설명하는 것으로 예를 들어 '병이 나서', '아직 나이가 어려서', '오해해서' 등과 같이 주제가 되는 원인에 대한 이유를 설명하는 것이다. '어떻게'는 주제에 대한 상황설명과 연결되는 것으로 예를 들면, '싸움이 일어났는데 중재가 들어와 서로 화해를 했습니다.' '폭탄이 폭발하여 ○○가 화상을 입고 병원으로 옮겨졌다', '○○주식을 ○○만 주 샀는데 ○○원을 벌어서 집을 개조했다.' 등과 같이 주제에 대해 어떠한 상황 아래서 어떻게 되었는가를 확실히 하는 것이다.

④ '누구에게' 이야기하는가 하는 이야기의 상대에 따라 이야기의 내용이 바뀔 필요가 있다.

ⓐ 가족이나 가까운 친척, 친구 등에게는 어떠한 주제라도 좋으며 있는 그대로의 상황과 스토리에 약간의 수식어를 붙여 이야기하면 된다.

ⓛ 업무상 관계가 있는 고객이나 상사에게는 지장이 있다고 생각되는 주제는 가능한 한 피하고 사실관계를 명확하고 간략하게 이야기하며, 이야기의 정보원이 어디부터 나왔는지에 대해서도 결말이나 서두에 확실히 해둔다. 주제에 관계 없는 이야기는 하지 않도록 한다.

ⓒ 그저 얼굴만 알고 지내는 정도의 사람일 경우에는 주제를 잘 선정하여 이야기의 내용 가운데에 상대방을 불쾌하게 하거나 다른 사람에 대한 험담이나 스캔들 등의 내용이 포함되지 않게 유의하며 즐겁고 밝은 내용만을 편성하도록 한다.

이상이 일반적인 이야기 내용의 조립법(순서이기도 하다)인데, 최근에는 장황하게 줄줄 이야기하는 법은 피하는 것이 비즈니스맨 세계의 현상이다.

다시 한 번 정리하면 다음과 같다.
◆ 첫 번째, '주제'를 명확히 한다.
◆ 두 번째, 결론을 먼저 이야기한다. 때에 따라서는 시간과 장소를 말한다.

◆ 세 번째, 이유와 상황을 설명하고 상대방의 질문을 받는다.

특히 이 방식은 각종 회의석상이나 상사에게 보고하는 방식에 많이 사용되고 있는데, '어떻게의 이유'와 '어떻게 해서의 상황 추이' 등은 서류로(도구로서) 대신 제시하고 이야기하는 것을 생략하든가 도표로 작성하여 한눈에 보기 쉽게 자료에 붙여주는 일이 많다.

4. 발성법과 훈련법

발성은 스피치의 좋고 나쁨에 많은 영향을 주므로 스피치를 기본으로 하여 확실하게 연습해두지 않으면 안 된다.

발성은 앞에서 설명한 발성음과는 다소 차이가 있다.

발성의 중요한 포인트를 몇 가지 알아보자.

① 하나하나의 단어를 명확히 발음하도록 한다.

② 듣는 사람에게 확실하게 들리도록 한다.

③ 이야기 전체가 명료한 발음이 되도록 한다.

④ 이야기 전체를 명료하게 발언할 수 있도록 한다.

이를 위해서 우선 발성은 입을 통해 어떻게 해서 나오는가를 알아야만 한다.

　i) 우선 입과 코를 통해 공기를 들이마시면 그 공기는 기관지를 통해 폐로 들어간다.

　ii) 이야기할 때 폐는 공기를 내뿜어 성대를 진동시키고 음(音)이 되어 입으로 나온다.

　iii) 음성은 목, 치아, 혀, 입술, 턱의 위치나 움직이는 방법에 의해서 각각 달라진다. 따라서 이러한 발성의 순서를 기초로 하여 연습을 하며 첫 번째로 공기를 들이마시고 내뱉는 법(심호흡)부터 시작한다.

5. 스피치할 때의 얼굴 표정과 좋은 각도의 얼굴은?

일반적으로 한국 사람들은 외국인과는 달리 기쁨이나 슬픔을 얼굴에 나타내지 않는다고 한다. 그러나 최근 젊은 사람들 가운데에는 국제적으로도 통용될 것 같은 얼굴 표정으로 자신의 의사나 감정을 능숙하게 표현하고 있는 사람들이 증가하고 있다.

스피치를 할 때 스피치의 내용이나 말에 따라 적당한 얼굴 표정을 짓는다면 한층 더 상대방을 설득시키는 데 도움이 될 것이다. 그렇다고 배우나 탤런트와 같이 전문적인 얼굴 표정을 지으라는 것은 아니다.

다만, 스피치를 하는 데 있어서 하나의 테크닉으로서 자신의 의지와 감정을 얼굴 표정에 나타내도록 훈련하는 것이 중요하다. 이 훈련법은 거울을 앞에 놓고 자신의 얼굴을 여러 가지로 변화시켜 보면 되는 것이다. 아침에 세수를 하거나 화장실을 이용할 때 훈련하거나 작은 손거울을 이용하여 훈련하는 등 조금만 마음을 쓰면 된다.

◆ 즐거울 때
ㄱ 웃음이 머금어지도록 눈을 가늘게 뜬다.
ㄴ 눈밑이나 눈옆에 가늘고 부드러운 주름이 잡히도록 눈꼬리를 내린다.
ㄷ 입가가 벌어지도록 입을 조금 가늘게 벌린다.
ㄹ 사람에 따라서는 이마에 1~2개의 주름이 나타난다.
ㅁ 얼굴의 윗부분이 조금 위로 향하는 느낌이 나도록 한다.

◆ 화가 났을 때
ㄱ 입을 다문다. 조금씩 떨릴 때도 있다.
ㄴ 콧구멍이 넓어진다.
ㄷ 양 눈썹 사이에 근육과 주름이 생긴다.
ㄹ 이마의 관자놀이 부근에 힘줄이 생긴다.
ㅁ 눈썹과 눈꼬리가 올라간다.

◆ 슬플 때
ㄱ 입꼬리가 아래로 처지며 조금씩 떨리는 경우도 있다.

ⓛ 눈썹이 8자(八字)가 된다.

ⓒ 눈도 8자(八字) 형태가 되며 때에 따라서는 눈물이 나오기도 한다.

ⓔ 얼굴 전체가 조금 아래로 처진 느낌이 든다.

◆ 상대방에게 경의를 표할 때

ⓐ 얼굴은 조금 아래로 향하는 느낌이 들도록 한다.

ⓛ 입은 자연스럽게 일자로 다문다.

◆ 부끄러울 때

ⓐ 얼굴을 조금 기울여 아래로 향한다.

ⓛ 입가에는 부끄러운 미소를 띤다.

ⓒ 때때로 눈은 위를 쳐다보도록 한다.

◆ 아주 열심일 때

ⓐ 얼굴은 상대방에게 정면으로 향한다.

ⓛ 눈은 상대방의 얼굴 전체를 응시하도록 한다(상대방의 눈만을 보는 경우도 있다).

ⓒ 입은 일자로 굳게 다문다.

ⓔ 때로는 얼굴 전체에 전율이 느껴지도록 한다.

이상과 같은 감정에 따르는 일반적인 얼굴 표정 만들기 법은 이미 잘 알고 있는 것들이겠지만, 무엇보다도 중요한 것은 스스로 직접 거울을 들여다보면서 화난 얼굴, 즐거운 얼굴, 슬픈 얼굴 등 여러 가지 감정상황을 설정하여 훈련하는 일이다.

다만, 자신의 얼굴을 오른쪽으로 반쯤 기울이든지 아니면 왼쪽으로 반쯤 기울임으로써 표정이 달라진다는 점을 얼굴 표정을 지을 때 반드시 유의해야 한다. 특히 이 점은 영화배우나 탤런트와 같이 자신의 얼굴을 상품화하는 사람들에게는 더욱 중요하다.

사회인으로서 사람들과 만나서 이야기를 할 때에는 가능한 한 상대방에게 호감을 줄 수 있도록 자신의 얼굴 중에서 호감이 가는 부분을 의식적으로 상대방 쪽으로 향하게 하는 자세로 이야기한다는 것을 잊어서는 안 된다.

일반적으로 자신의 얼굴 왼쪽 부분에 호감을 갖는 사람이 80%이고, 오른쪽 부분에 호감을 갖는 사람이 약 20%라고 한다면 이것은 자신이 직접 거울을 들여다보면 금방 알 수 있다. 왼쪽 얼굴이 보기 좋은 사람은 자신의 왼쪽 면을 상대방에게 향하도록 하고 이야기한다.

노력 여하에 따라 다르지만 일반적으로 남성의 경우 오른쪽은 장래에 이렇게 하고 싶다는 희망을 나타낸다고 한다. 또한 왼쪽은 그 사람의 운명과 인품을 나타낸다고 한다. 다만, 이러한 점은 연령과 환경에 의해 바뀌어간다는 점을 잊지 말아야 한다. 얼굴 표정을 만드는 일이 중요하기는 하다. 그렇지만 본래 얼굴 생김새나 표정이란 일상 생활을 정직하고 즐겁게, 그리고 행복하게 보낸다면 자연스럽게 풍부해지는 것이며 자신의 감정을 솔직하고 아름답게 나타낼 수 있게 되는 것이다.

6. 몸짓(body action) 사용방법

얼굴 생김새나 표정과 마찬가지로 몸짓(손이니 몸을 움직여서 표현하는 것)에 의한 의사전달 수단은 국제적인 언어라고 할 수 있다. 그 나라말을 모르는 사람이 외국에 나가 업무를 볼 때는 반드시 얼굴 표정과 손이나 몸짓을 사용하여 말을 대신한다. 이것은 세계 공통적으로 도움이 되며 상대가 누구든간에 의사를 전달할 수 있게 되는 것이다. 이러한 이유에서 보디랭귀지(body language : 신체로 언어를 표현한다)라는 단어가 생겼다.

특히, 최근에는 단순하게 말로만 표현하는 것이 아니라 그 표현법을 보다 능숙하게 보이기 위해서 과장된 몸짓도 함께 하는 것이 유행하고 있다.

예를 들어 젊은 연예인 가운데에는 가창력은 없으면서 단지 귀엽게 생긴 용모만을 내세워 노래를 하는 사람이 많다. 이들은 자신의 서툰 노래솜씨를 커버하기 위해서 일종의 몸짓으로 손을 흔들고, 전신을 꼬고 구부리거나 발을 쳐들고 뛰면서 노래를 하고 있다. 그러나 이러한 것들도 스피치 숙달을 위한 과정으로 바꾸어 생각해보면 스피치에 자신이 없는 사람은 오히려 이러한 몸짓을 사용함으로써 서툰 말솜씨를 커버할 수 있다는 의미와 통한다.

따라서 몸짓 역시 몸짓에 능숙한 사람들로부터(TV 등을 통해서 배운다) 보고 배워서 자신의 것으로 만드는 것이 중요하다.

스피치를 위한 주된 몸짓의 사용법으로는 다음과 같은 것들이 있다.

◆ 손을 사용하는 경우

이야기를 할 때 사용하는 주된 몸짓은 손동작이다. 그 이유는 앉아서 이야기를 하든 서서 이야기를 하든 손은 언제라도 사용하기 쉽기 때문이다. 우선 손동작부터 완전하게 익힌다면 어떠한 이야기라도 자신 있게 할 수 있을 것이다.

ㄱ 숫자를 나타낼 때 - 손가락을 사용한다. 예를 들면, '두 사람'이라고 할 때에는 손가락 2개를 펴서 상대방에게 내밀도록 한다.

ㄴ 정경(情景)을 나타낼 때 - 이야기 도중에 산이나 강이 나올 때에는 오른손을 (또는 양손으로) 이용하여 몇 개의 산 모양을 그리고, 강이 나왔다면 강처럼 오른손을 구부리거나 뱀이 지나가는 것과 같은 모양을 나타낸다.

ㄷ 아주 절대적이고 완고하며 강한 열의를 표현할 때 - 오른손(또는 양손)에 힘을 주고 주먹을 불끈 쥐어 위아래로 흔든다.

ㄹ 부탁하거나 애원할 때 - 양손을 모아 가볍게 쥐고 원망의 모양을 나타낸다.

ㅁ 긍정 또는 부정을 나타낼 때 - 긍정을 나타낼 때에는 오른손의 엄지와 검지로 ○를 그린다. 부정을 나타낼 때에는 손바닥을 상대방에게 내밀거나 오른손을 좌우로 몇 차례 흔든다.

ㅂ 크기를 나타낼 때 - 양손을 사용하여 양손의 간격을 좁히거나 넓혀 표현한다.

ㅅ 기타 강조하고 싶은 내용이나 중요함을 호소할 때 - 어떤 형태로든지 오른손(또는 양손)을 위로 올려 가볍게 쥐고 앞으로 내밀거나 좌

우로 흔든다.

◆ 머리와 얼굴을 사용하는 방법

손의 사용법과 중복되는 부분도 있지만, 일반적으로 머리와 얼굴을 사용하는 경우는 자신의 강한 의지를 나타낼 때가 많다. 또한 손동작과 연결하여 움직이는 경우가 많으며 초보자의 경우에는 양쪽을 다 사용하려고 노력하는 것이 중요하다. 익숙해진다면 자연스럽게 따로 사용할 수 있을 것이다.

ㄱ 승낙이나 즐거움 등을 나타낼 때 – 얼굴을 위아래로 가볍게 2~3회 정도 끄덕인다. 아주 만족하였을 때는 미소짓는 표정으로 힘있게 위아래로 끄덕인다.

ㄴ 부정이나 거부를 나타낼 때 – 굳어진 표정으로 얼굴을 좌우로 강하게 흔든다.

ㄷ 이야기 가운데에 등장하는 사람의 얼굴을 나타낼 때 – 이야기 도중에 특정인이 나온다면 그 사람의 특징을 유머러스하게 자신의 얼굴로 표현한다.

ㄹ 이야기의 내용에 따라 희로애락은 앞에서 설명한 얼굴 표정대로 이야기를 하면서 표정을 짓거나 일시에 이야기를 중단하고 표정을 짓는다.

◆ 발을 사용할 경우

발은 서 있거나 앉아 있거나 양쪽 모두 사용된다.

ㄱ 분한 감정을 나타낼 때 – 서 있는 경우에는 발로 바닥을 2~3회 강하게 구른다. 물론 얼굴과 손동작도 이와 연관시키며 의자 등에 앉아 있을 때는 가볍게 지면이나 마루를 구른다.

ㄴ 불쾌한 감정을 나타낼 때 – 서 있을 때는 발끝을 상대방 쪽에서 좌우 어느 쪽으로 돌려 옆을 향하도록 한다. 앉아 있을 때에는 다리를 꼬거나 다시 큰 동작으로 다리를 꼰다.

이상과 같이 몸짓은 인간생활의 일부분이므로 그 종류는 무한하다. 따라서 위에서 예로 든 것은 극히 일부에 지나지 않는다. 실제로 이야기를 해보면 계속해서 여러 가지 몸짓이 생겨나게 마련이다.

이렇게 몸짓은 변화 없이 일률적으로 이야기하는 것을 수정해주며 이야기에 변화를 주고 이야기 사이에 '쉼(짬)'을 주며, 나아가 상대방에게 자신의 의사를 충분히 이해시키는 데 도움을 준다. 처음에는 물론 상대방이 있으면 쑥스럽고 부끄러워 좀처럼 몸짓을 사용하기 어려울 것이다. 그러나 스피치를 숙달시킨다는 목적의식과 강한 학습의지를 가지고 자신 나름대로의 몸짓을 창조해보도록 하자. 보통 처음에는 실패도 하고 웃음거리가 되기도 하며 엉망진창이 되기도 한다. 그러나 이야기 도중에 몸짓을 사용하려고 의식적으로 노력한다면 이야기는 상당히 숙달될 것이다.

7. 중요한 내용은 반드시 세 번 반복한다.

스피치법의 중요한 목적은 상대방에게 자신의 의지나 이야기하고 싶은 것을 얼마나 바람직하고 알기 쉽게 전달하느냐에 있다. 당연히 이야기의 내용에는 시간과 장소에 따라 중요한 사항(중요한 용건, 판매 상담 중에서 세일즈 포인트, 시간을 다투는 전달사항, 갈등 예방사항 등)이 있기 마련이다.

세상 돌아가는 이야기나 잡다한 내용의 이야기를 제외한 중요한 내용은 반드시 이야기 도중에 세 번 정도 반복하여 이야기하는 것을 습관화해야만 한다.

인간의 기억력 실험 결과에 의하면 그 날 아침 9시에서 10시까지 1시간 동안 이야기한 내용을 24시간이 지난 다음날 똑같은 시간에 기억력을 실험해보았더니 약 48%만을 기억하고 있었다고 한다. 더욱이 48시간이 지난 이틀 후에 이틀 전의 내용에 대한 기억력 실험을 다시 해보았더니 전날의 절반인 24~25% 정도는 계속 기억을 하고 있었다.

이 실험을 통해서 알 수 있듯이 한 번이나 두 번 정도 들은 것은 시간이 지나면 절반 이상은 잊어버린다는 점이다. 특히 이 점은 비즈니스 관련상담(商談)을 할 때에는 아주 중요한 사항이므로 잊어버려서는 안 된다. 잊어버리는 것을 방지하기 위해서는 앞에서 설명한 것과 같이 눈으로 익히게 하는 것이 가장 효과가 있으며, 이 때문에 보조도구를 활용해야 하는 필요성이 생기게 되는 것이다.

따라서 이야기 도중에 중요한 내용이 있을 때의 스피치법으로 다음과 같은 방법을 사용해 본다.

◆ 이야기의 주제와 함께 이야기가 시작되는 처음에 중요한 내용에 대해서 한 번 언급하고 2~3분 정도가 지나서 다시 한 번 반복하며 이야기가 끝나는 마지막에 다시 한 번 반복해 언급한다.

◆ 또는 세 번 이야기할 때마다 중요한 내용이라고 매번 강조한다.

◆ 또는 처음에 한 번만 이야기하고 나중에 두 번 반복하여 이야기한다.

8. 스피치를 숙달시키기 위한 능숙한 듣기법

이미 다른 항목에서도 언급하였지만 스피치를 숙달시키기 위해서는 듣는 것에도 능숙하지 않으면 안 된다. 말하고 싶은 것, 생각하고 있는 것을 잘 끌어내고 다른 사람의 이야기를 잘 듣는 자세도 스피치를 능숙하게 하는 방법이다.

특히 스피치에 자신이 없고 화제도 빈곤한 때에는 상대방에게 이야기를 시켜 그 가운데에서 자신이 이야기할 소재를 생각해 내는 방법이 필요하다.

남의 이야기를 능숙하게 듣기 위해서는 우선 듣는 것에 철저해질 수 있는 상대를 선택해야 한다. 그리고 처음부터 자신이 이야기하는 것이 아니라 상대방이 이야기에 열중하도록 만든다. 연륜이 있는 이야기의 명인(名人), 상사, 선생님, 정보에 능통한 사람, 언제나 이야기를 좋아하는 사람 등 자신보다 항상 이야깃거리가 풍부하고 이야기에 능한 사람들과 자주 접하다보면 어느새 듣는 것에 철저해지는 자신을 발견할 수 있을 것이다.

이러한 경우 이야기를 할 때에는 의례적인 인사를 나눈 뒤에 다음의 방법을 사용하여 대화를 풀어나간다.

◆ 질문화법

"최근 날씨는 어떻습니까?", "건강해 보이시던데 그 후 상태는 어떠십니까?", "모두 안녕하십니까?", "금년 프로야구는 어떻게 될까요?", "물가상승이 언제까지 계속될까요?", "며칠 전 골프는 어떠셨습니까?" 등의 질문을 상대방에 따라서 10개 정도의 항목을 반드시 준비해둔다.

◆ 응대화법(맞장구)

"네…", "그렇습니까?", "과연, 그렇네요", "그런 것이었습니까?", "그 결과는?", "전혀 몰랐습니다.", "역시…" 등과 같이 상대방이 말하는 단락 단락마다 또는 이야기 도중 잠시 쉬는 사이를 이용하여 상대방의 이야기에 흥미를 가지고 있고 아주 열심히 듣고 있다는 태도를 보인다.

◆ 열심히 듣는 태도를 보인다

이야기하는 사람도 상대방이 자신의 이야기에 흥미를 가지고 열심히 들어주는 만큼 열정적으로 이야기할 것이다. 당연히 듣는 입장에 있는 사람은 이야기하는 사람 이상으로 한마디도 놓치지 않는다는 태도로 듣는 것에 몰입하지 않으면 안 된다. 발을 꼰다거나 의자 깊숙이 몸을 기댄다거나 얼굴을 옆으로 돌리고 꼼지락 꼼지락 움직이는 등의 행동을 해서는 안 된다.

ㄱ 열심히 상대방의 얼굴 전체(또는 눈)를 응시한다.

ㄴ 가능한 한 몸을 움직이지 않는다.

ㄷ 맞장구나 수긍의 태도를 몇 번이라도 반복해 보인다.

ㄹ 발은 가볍게 모으고 움직이지 않는다.

ㅁ 손은 가볍게 모아 일정한 위치에 놓는다.

ㅂ 조금 몸을 움직이고 싶을 때에는 맞장구를 칠 때에 움직이도록 한다.

ㅅ 담배를 피고 싶을 때에는 이야기하는 사람의 승낙을 얻어서 핀다.

◆ 이야기 도중에 말을 가로막지 않는다.

상대방이 열변을 토하고 있을 때나 이야기의 한 단락이 끝나지 않았을 때

미리 다음과 같은 반응을 보여서는 안 된다.

ㄱ 지레짐작으로 맞장구를 치는 행동

ㄴ '그것은 벌써 알고 있다' 는 식의 표정을 짓는 행위

ㄷ 반론을 제기하는 일

ㄹ 상대방의 말을 이어받아 이야기를 가로채거나 성급하게 결론을 내리는 일

◆ **이야기하는 사람을 존중한다.**

어떠한 경우라도 상대방이 이야기를 할 때에는 청중들끼리 이야기를 하거나 웃고 수군거리지 말아야 하며, 자리를 떠나서도 안 된다. 또한 무표정하거나 시종일관 아무 말도 하지 않는 태도를 보여서도 안 된다. 이야기하는 사람을 충분히 존중하고 이견이나 의견이 있다면 이야기가 끝난 시점에서 의견 또는 이견을 말하거나 질문을 하도록 한다.

이상과 같이 듣는 것에 숙달됨으로써 스피치를 능숙하게 할 수 있는 좋은 기술을 확실히 받아들여 그대로 적용하도록 노력한다.

9. 하나의 주제에 대해 3분 이내에 끝내도록 한다.

이야기에는 반드시 주제가 있는데, 그 가운데 한 개의 주제에 대해서 1~3분 동안에 끝내야 한다는 것을 기억해 두어야만 한다.

일상 생활에 대한 일반적인 화제, 비즈니스맨의 생활이나 업무, 상담에 대한 화제라도 가능한 한 하나의 주제에 대하여 3분 이내에 이야기를 끝내도록 한다.

◆ **일상 생활의 주제**

ㄱ 기후나 날씨 등에 관한 것 - 한파, 장마, 이상기온, 지진 등

ㄴ 가정에 관한 것 - 가족의 근황, 아이들의 진학, 등록금 인상, 생활비 인상, 물건값이 싼 슈퍼, 바겐세일, 남들이 알지 못하는 좋은 레스토랑 등

ㄷ 사회 · 풍속에 관한 것 - 최근의 유행, 학생들의 폭력, 조깅, 해외여행

등

㉣ 3면 기사적인 것 - 금융계의 비리, 중소기업 도산, 폭력사고, 정치관계의 비리, 각종 사고 등

㉤ 취미에 관한 것 - 스포츠, 낚시, 등산, 원예, 드라이브, 관광 등

◆ **비즈니스용 주제**

㉠ **시장의 경기 동향 등** - 매상의 증감, 소비자의 구매자세, 광고선전, 자사의 거점률, 앞서가는 예견 등

㉡ **정보** - 월별 물가 상승률, 한 가구당 평균 저축액, 고액 소득자층, 상품의 보급률 등

㉢ **상담(商談)** - 개개 상품별 세일즈 포인트, 경합시의 화법, 지불 조건 , 애프터서비스 법, 판매점 캠페인, 판매점 경영지도 등

◆ **사내(社內)에서의 주제**

상사에 대한 보고사항 , 회의상의 발언, 업무상 회합, 레크리에이션 참가, 사외교제, 각종 세미나, 서클 활동 등과 같이 이야기 상대나 장소, 시기 등을 고려한 주제는 반드시 단시간(1~3분 이내)에 이야기를 끝낼 수 있도록 미리 이야기의 내용을 정리해 두고 이야기를 진행시켜 나가야만 한다.

특히 하나의 주제를 정리하여 단시간 내에 이야기할 수 있다면 다음은 10분, 15분, 30분, 1시간이 되어도 3분 스피치와 마찬가지로 정보량이나 지식을 주어진 시간에 맞추어 수집하고 정리하면 되므로 짧은 시간 내에 이야기할 수 있고 간단히 이야기할 수 있게 된다.

서양 속담에 "2분간 이야기하기 위해서는 2시간의 준비가 필요하지만 2시간 이야기하기 위해서는 2시간만 준비하면 된다."라는 말이 있다.

10. 이야깃거리가 되는 주제는 항상 10개 이상 준비한다.

이야기를 부드럽게, 항상 신선한 느낌으로, 일정 시간 내에 상대방과 우호적으로 진행시켜 나가기 위해서는 항상 풍부한 화제를 가지고 있어야 한다.

풍부한 화제를 가지고 있는 것만으로도 저절로 자신감이 생기게 된다. 자신이 가지고 있는 화제 속에서 상대방의 화제와 공통점을 찾아낸다면 그 주제만을 가지고도 5~10분 정도는 대화를 진행시켜 나갈 수 있다.

따라서 매일 가정과 관계된 주제를 5개 정도, 비즈니스와 관계된 주제를 10개 정도를 가지고 있어야 한다. 그러면 어떠한 주제를 항상 준비하고 있어야 하는지 설명한다.

◆ 계절적인 것 한 개

최근이나 오늘의 날씨, 월별 계절의 주제(꽃, 축제, 휴가, 납세, 취직, 비, 태풍, 가뭄) 등에 대해 신문이나 잡지로부터 얻은 화제를 포함하여 하나만을 결정한다.

◆ 가족이나 동료들의 근황 1~2개

상대방과 안면이 있고 흥미가 있는 사람에 대해서 부모나 아내, 자녀들의 근황이나 회사의 사장, 동료, 회사의 근황 등 상대방의 흥미에 따라 1~2개 정도를 화제로 준비한다.

◆ 정보제공적인 내용 4~5개

신문이나 잡지, TV로부터 얻은 정보 가운데에서 상대방에게 정보로서 제공할 수 있는 내용, 다시 말해서 신제품 발표나 예상, 경기 동향, 잘 팔리는 상품, 현재 인기가 있는 유행상품, 외국의 진귀한 화제, 인사이동, 경쟁사의 움직임, 국민소득 등의 통계 가운데에서 근거가 되는 자료(도구로서)를 상대방의 필요성에 따라 4~5개 정도 준비한다.

◆ 생활과 관련된 것 2~3개

가정생활에 관계된 것으로서 최근 새로 개점한 점포, 바겐세일을 하는 가게, 싸고 맛있는 음식점, 좋은 상점과 나쁜 상점, 절약에 관한 아이디어, 생활의 구체적인 삶의 모습 중에서 자신이 직접 경험해서 확인한 것만을 2~3개 준비한다.

◆ 비즈니스 상담용은 항상 4~5개 정도

비즈니스맨으로서 영업활동을 하고 있는 사람은 상담용으로 항상 5개 이상의 화제를 준비할 필요가 있다. 현재 전개중인 캠페인 내용, 지금 가장 팔고 싶은 상품의 설명, 각종 세일즈 사은품, 고객과의 응대화법, 지불방법이나 조건, 견본설명, 클레임 대책, 정기적인 애프터서비스, 자료나 데이터 설명 등 그 종류는 헤아릴 수 없이 많다.

이때 가능한 한 보조도구로서 스크랩북(또는 어프로치북)을 병용하면 상담의 효과를 더욱 높일 수 있다.

11. 웃음소리도 중요하다.

화술의 하나로서 웃음소리도 이야기법과 듣는 법에 연관시켜야 한다. 특히 웃음소리는 그 사람의 품성이나 속마음 또는 감정 등을 솔직하게 표현하는 것이기 때문에 웃는 방법이나 음성 등에 충분히 주의해야 한다.

웃음소리를 분류해 보면 일반적으로 '아, 이, 우, 에, 오'로 표현된다.

◆ "하하하…"의 웃음소리는 가장 많이 발성되는 웃음소리로 웃음소리의 표준형이라고 할 수 있다. 마음속의 감정을 감추지 않고 호탕하게 웃는 웃음이다. 만약 여기에 우를 더하여 "우하하하…"가 되면 호걸의 웃음소리로서 남성적인 웃음이 된다.

ㄱ 가장 많이 표현되는 웃음소리로서 듣기에도 자연스러우며 가장 좋은 웃음소리이다.

ㄴ 남성적인 웃음소리라고 하지만 최근에는 여성 중에도 이러한 스타일로 웃는 여성이 증가하고 있으며 특히 일하는 여성에게서 많이 나타난다.

ㄷ 다만, 신이 나서 지나치게 입을 크게 벌리고 웃으면 품위가 없어 보이므로 주의한다.

◆ "히히히…"의 웃음소리는 듣고 있으면 어쩐지 품위가 없고 경박한 느낌이 든다. 비교적 품위가 없는 웃음소리이어서 그다지 일반적인 웃음소리는 아니므로 주의한다.

◆ "후후후…"의 웃음소리는 가볍게 웃는 웃음소리 또는 웃음을 억지로 참는 소리이다. 자연스러운 웃음소리는 아니지만 그렇다고 품위가 없는 웃음소리도 아니기 때문에 많이 표현되는 웃음소리이다.
　㉠ 여성일 경우 가능한 한 손으로 입을 가리고 크게 웃지 않도록 한다.
　㉡ 남성의 경우 좀더 크게 웃는다면 점점 "하하하…"로 변하게 된다.
　㉢ 때에 따라서는 혼자서 재미있는 추억을 떠올리며 웃는 웃음소리이기 때문에 때와 장소를 고려해야만 한다.

◆ "헤헤헤…"의 웃음소리는 상인(商人) 근성적인 아첨이 섞여 있는 웃음소리로 일반적인 웃음이라고는 할 수 없다. 사람을 바보로 취급한다든가, 사람의 마음을 꿰뚫어보는 것 같은 웃음으로 오해할 수도 있으므로 상대에 따라서는 주의한다. 다만, 노인이 이렇게 웃을 때에는 치아가 없는 경우가 많기 때문에 오히려 귀여워보이는 경우도 있다. 또한 사람을 웃기려고 할 때에도 사용된다.

◆ "호호호…"의 웃음소리는 품위 있는 여성의 웃음소리로 대부분 여성들의 웃음에서 표현되는 웃음소리이다. 입을 크게 벌리지 않고 오므리고 웃는 것이 이 웃음의 특색이다. 또한 대부분의 여성이 이렇게 웃을 때에는 손으로 입을 가리고 가능한 한 품위 있게 보이려고 하는 본능적인 동작이 수반된다.
　이상의 웃는 방법과 웃음소리는 거울을 보면서 연습하여 이야기법의 학습 방법에 첨가하도록 한다.
　따라서 품위 없는 웃음소리를 내지 않도록 충분히 연습한다. 또한 이야기할 때는 미소를 짓는 것이 중요하지만 이 미소는 소리를 동반하는 것이 아니라는 점을 잊어서는 안 된다.
　마지막으로 웃음소리에서 중요한 것은 혼자서 웃지 않도록 한다는 점이다.

즉 상대방이나 주변 사람들과의 조화까지도 고려해야만 한다.

위에서 설명한 11가지 항목은 화술의 기본형이며 학습의 최저 필요조건이기 때문에 일상 생활에서 혼자 충분히 훈련을 해야 하는 것은 물론 가정과 회사에서 하나하나 계획적이고 의식적으로 훈련해 나가야 한다. 이러한 기본적인 사항을 몸에 확실히 익혀둔다면 그 다음에는 반복적인 훈련밖에는 없다. 특히 서툰 부분은 중점적으로 철저하게 몸에 익히도록 노력해야 한다.

관리자의 자기혁신, 자기개발을 위한 실행노트

1. 자기개발, 자기혁신 없이는 성공하지 못한다.

우리가 살고 있는 이 시대는 변화의 속도가 매우 빨라지고 있다. 그리고 비즈니스 사회의 경쟁도 점점 치열해지고 있다. 앞으로는 고도성장 시대와는 달리 저성장의 복합불황이 지속될 것으로 전망되고 있다.

따라서 안일한 생각으로 비즈니스를 한다는 것은 위험천만한 일이 아닐 수 없다. 시대의 변화 속도가 빨라지게 되면 어제의 지식과 경험이 통하지 않게 된다.

이런 점에서 모든 샐러리맨은 매일 연구하고 학습하는 자세가 중요하다고 여겨진다. 자기개발은 나름대로의 계획된 목적에 따라 추진하는 것이 일반적이다.

그러나 공통적으로 적용되는 자기개발을 필요로 하는 목적을 기술하면 다음의 여섯 가지로 구분할 수 있다.

1) 시대변화에 대비하는 자기개발

앞으로의 시대는 엄격한 변화의 시대이다. 그리고 변화의 속도도 빠르다.

이런 시대는 인간들의 가치관과 견해도 빠른 속도로 변화하게 되며 일을 처리하는 방법도 빠른 템포로 변해간다.

그리고 기업 내의 시스템, 근무형태, 제품·상품 등도 하루가 다르게 변하게 된다. 이런 변화에 능동적이고 효과적으로 적응해 가기 위해서는 필요한 정보를 타인보다 신속하게 수집하여 변화를 이해하기 위한 연구를 해야 한다.

이런 점에서 미국의 IBM에서는 다음과 같은 다섯 가지 훈련 방법을 지속적으로 실시하고 있다고 한다.

즉 ① 본다.
　② 듣는다.
　③ 토론한다.
　④ 생각한다.
　⑤ 실행한다.

IBM에서는 이와 같은 훈련방법을 통하여 사원들이 시대변화를 보다 신속하게 감지할 수 있는 능력을 연마시키고 있다.

2) 재능개발을 위한 자기개발

과연 인간이 어떠한 재능을 얼마 만큼 지니고 있으며 어떠한 가능성을 어느 정도 지니고 있는가 하는 문제를 정확하게 파악하기란 상당히 어려운 일이다.

여하튼, 많은 사람들은 우리가 상상하고 있는 이상의 훌륭한 가능성을 많이 지니고 있으면서도 유감스럽게도 그러한 가능성을 개발하지 못한 채 일생을 끝마치는 경우가 많다.

따라서 자신의 가능성을 개발하기 위해서는 다음과 같은 착안이 필요하다.

첫째, 여러 가지 일에 부딪쳐 본다.

둘째, 큰 목표를 갖는다.

셋째, 자신을 한계상황에 둔다.

넷째, 애로를 느낄 수 있는 입장에서 본다.

다섯째, 혹한 역경 속에서 돌파하는 훈련을 쌓아간다.

즉 자신의 능력을 최대로 발휘할 수 있는 환경이 아닐지라도 혼신의 노력으로 이를 극복할 수 있는 끈기와 노력이 중요하다.

이러한 노력을 통하여 자신의 장점과 단점을 발견할 수 있다. 또한, 자신에게 잠재되어 있는 재능을 발견할 수 있으며 그 재능을 개발하여 가능성을 실현할 수 있게 된다.

3) 인간수양을 위한 자기개발

인간에게 가장 중요한 것은 넉넉한 인격과 인간성이다.

아무리 재능이 뛰어나다 할지라도 인간성에 결함이 있으면 '인간실격'이 된다. 넉넉한 인간성을 쌓아가기 위해서는 고통과 고뇌를 감내할 수 있는 끈기가 무엇보다도 중요하다.

왜냐하면 고뇌와 고민, 그리고 고통을 느껴 봐야만이 타인의 기분과 역경을 알 수 있으며 동정심도 싹트게 되기 때문이다.

따라서 인간은 역경과 고뇌를 통하여 새롭게 변화할 수 있으며 성숙해지는 것이다. 즉 역경과 고난을 통하여 새롭게 변화해가는 자세야말로 적극적이고 긍정적인 인생관을 지닐 수 있는 처방이 된다.

4) 승진을 위한 자기개발

최근 기업에서는 관리직 겨울의 시대를 맞이하고 있다. 어느 회사를 막론하고 관리직을 대상으로 감량경영(감원)이 이루어지고 있다.

관리사무직은 생산, 판매와 같이 회사 이익에 직접적인 효과를 주지 못하고 있다는 데서 감원대상의 1호가 되는 것이다.

사무자동화가 본격화되고 있는 와중에서 관리직은 그야말로 간접비용을 축내는 보직이 아닐 수 없다.

따라서 관리직 간부, 관리자들이 스페셜리스트로서 승진하기 위해서는 승진보직에 필요한 자질과 능력을 미리 예측하여 연마해 두어야 한다.

이와 같은 자기연마는 결코 남이 해주는 것이 아니다. 이 때는 보다 치밀한 자기 육성 계획 아래 보다 질적인 자기개발을 추진해야 한다.

5) 풍요로운 삶을 위한 자기개발

일부 졸부근성을 가진 사람들은 과연 어떻게 해야만이 좀더 크고 화려한 집에서 생활할 수 있으며 또한 어떻게 해야만이 보다 맛있고 비싼 음식을 먹을 수 있을까만을 갈망하고 추구한다.

그리고 외제의 화려한 의복, 외제승용차, 외제보약, 외제정력제를 탐낸다.

이런 사람들은 돈과 외제상품이 곧 인격이고 덕망이며 인품이라고 으스댄다. 또한 이런 사람들은 오직 인생을 그 곳에만 집중하면서 심혈을 기울이고 있는 사람들이다.

하지만 땀흘려 벌지 않은 돈은 '수전노의 돈'이 아닐 수 없다.

분명히 인간에게 가장 중요한 것은 '일을 통하여, 그리고 진정한 의미의 노력을 통하여 자신의 가능성을 실현하는 일'이라고 말할 수 있다.

따라서 비즈니스에서 성공하고 자기개발을 촉진하기 위해서는 긴장 — 발산 — 쾌감의 원리를 보다 빨리 이해하는 것이 중요하다.

삶의 보람은 아무 일도 하지 않고서는 부여되지 않는 것이다. 자신의 역량(힘)으로 무엇인가를 성취해 보겠다고 하는 각오 아래 확고한 목표를 향해 질주하다 보면 그 속에서 어느 때는 역경과 고뇌를 맛보기도 하고 또한 어느 때는 집중하고 긴장하면서 희로애락을 경험하기도 한다.

즉 이런 과정을 거치면서 인간은 자신의 가능성을 실현할 수 있으며 진정한 의미의 보람을 느낄 수 있게 되는 것이다.

예를 들면, 비즈니스에서 자신의 능력과 재능을 크게 신장시켜 가능성을 실현시킨 사람들이 다름아닌 성공한 경영자들이다.

그들은 남보다 몇 배의 고난과 역경을 경험하면서 현재의 사업을 일으킨 것이다.

따라서 성공한 경영자들이 자기개발에서 공통적으로 적용시켰던 자기육성 방법은 다음과 같다.

① 항상 긍정적인 인생관을 유지하고 있다. 즉 낙관적인 인생관을 가지고 결코 사물의 나쁜 점을 보지 않으며 항상 좋은 점만을 보려고 노력한다.

② 자신에 대한 동기부여 능력이 우수하다.

③ 자기 나름대로의 재능을 잘 개발하고 있다.

④ 어려운 난관에 부딪쳤을 경우라도 결코 이에 굴복하지 않고 슬기롭게 극복하는 역량을 지니고 있다.

⑤ 충격을 받을 만한 일이라도 이에 연연치 않고 노력을 계속하고 있다.

⑥ 즐거운 마음으로 항상 어려움에 도전한다.

⑦ 상황적응력이 뛰어나며 또한 유연성이 있다.

⑧ 행동력이 왕성하며 박력, 활력이 있다.

⑨ 일을 통하여 항상 자기자신을 단련하고 있다.

⑩ 선견력과 통찰력을 연마하고 있다.

⑪ 집중력이 강하다.

⑫ 자기유지, 자기통제, 자기관리가 능숙하다.

⑬ 결단력이 있다.

⑭ 발상력이 우수하다.

⑮ 정보수집에 열심이다.

⑯ 문제의식이 강하다.

⑰ 창조력이 우수하다.

⑱ 끊임없이 연구하면서 생각하는 습관을 갖고 있다.

⑲ 대인관계가 좋다.

⑳ 폭넓은 인맥을 갖고 있다.

㉑ 경영철학과 신념을 갖고 있다.

㉒ 식견과 교양을 높이고자 항상 노력하고 있다.

2. 독자적인 독특한 재능을 개발한다.

자기개발을 하기 위해서는 먼저 자신의 능력을 개발하겠다고 하는 목표를 가져야 한다. 성공한 사람들은 이러한 목표 아래에서 실패나 역경에도 실망하지 않고 계획대로 끈기있게 자신의 능력을 개발해 온 사람들이다.

이런 점에서 볼 때 재능이란 노력에 의해서 만들어진다고 해도 과언이 아니다. 그러나 여기에서 문제가 되는 것은 모든 사람들이 과연 자신에게 어떠한 재능이 있으며 무엇이 우수한가 하는 점을 명확하게 자각하지 못하고 있는 경우가 많다는 점이다.

따라서 실패한다거나 곤경에 빠지게 되면 큰 충격을 받아 한없이 무기력해지며 곧바로 열등감에 빠져 버리는 경우가 많다.

그러나 분명한 것은 재능과 소질은 태어날 때부터 가지고 태어나는 것은 아니다. 어디까지나 자신의 노력에 의해 후천적으로 창조, 개발될 수 있는 능력인 것이다.

자신에게 선천적인 재능(소질)이 없다고 미리 판단하여 결코 실망할 필요는 없다. 자기에게 우수한 장점이나 선천적인 재능이 없다고 생각된다면 노력에 의해 후천적인 재능을 개발하면 되는 것이다.

자신의 재능을 개발하기 위해서는 자신의 장점과 단점을 정확하게 파악한 후 자신에게 맞는 훈련을 계속해야 한다. 즉 자기를 잘 알 수 있도록 노력하는 데서 자기개발이 시작되는 것이다.

자기를 잘 알기 위해서는 다음과 같은 자기점검이 필요하다.

첫째, 자신의 장점을 열거해 본 후 여러 가지 장점 가운데에서 가장 뛰어난 것이 무엇인지를 알아내고, 자신을 잘 나타낼 수 있는 특기와 장점을 살리도록 한다.

둘째, 자신의 결점(단점)을 열거해 본 후 그 결점을 수정하여 장점(특기)으로 바꿔놓을 수 없는가를 연구한다.

셋째, 자신의 성격상 특징을 잘 파악하도록 한다. 자신의 성격이 외향성인가 내향성인가, 그리고 성격에 맞는 일과 맞지 않는 일을 구별하도록 한다. 또한 성격상의 장점과 단점도 잘 이해하도록 노력한다.

넷째, 자신의 가치관, 견해 등을 정확하게 파악하여 그에 상응한 일을 발견하도록 한다.

여기에서 자기개발은 진보(향상)함에 따라 여러 가지 능력이 필요해진다. 즉 능력향상과 함께 추가 테크닉이 필요해진다.

이에 대한 착안으로는 다음과 같은 내용을 들 수 있다.

① 능력 요소의 활용상 효율화가 요구된다.
② 보다 많은 능력 요소가 요구된다.
③ 실전에 적용할 수 있는 능력의 조합과 함께 민첩하게 사용할 수 있는 능력이 요구된다.
④ 추가적인 감각능력이 요구된다.

⑤ 어떠한 충격에도 동요되지 않고 시합(경쟁)을 지속할 수 있는 충격에 대한 내성이 필요하다.

⑥ 자신의 능력이 향상되지 않을 경우 문제점을 발견하여 대책을 강구할 수 있는 문제해결력이 요구된다.

⑦ 상대(적)의 장점과 결점을 간파할 수 있는 통찰력이 요구된다.

⑧ 과연 어떻게 해야만 유리하게 경기를 이끌어 갈 수 있으며, 승리할 수 있을 것인가에 대한 창조력이 요구된다.

⑨ 여러 가지 형태의 난관을 극복할 수 있는 인내와 끈기, 그리고 자기 자신과의 싸움에서 이길 수 있는 자기통제력이 요구된다.

다시 말해서 이와 같이 능력이 향상됨에 따라 앞에서 설명한 바와 같은 여러 가지 추가 능력이 요구되는 것이다.

이들 능력 가운데 어느 하나라도 필요하다고 판단되는 과정에서 이를 충분히 발휘할 수 없게 된다면 그 곳에서 더 이상은 성장하기 어렵다.

이것이 곧 자신의 한계이자 벽이라고 하는 것이다.

3. 역경과 고뇌가 자기개발을 촉진한다.

무슨 일이든 자기 스타일만을 고집해서는 실패하기 쉽다.

스포츠의 경우에도 벽이라고 하는 것이 있다. 이는 다름아닌 스포츠의 기본을 충분히 연습하지 않고 자기 스타일만을 고집했기 때문에 빨리 벽에 부딪히게 되는 경우이다.

이것은 대체로 다른 사람보다 빨리 앞서겠다고 성급히 행동하는 사람에게서 흔히 볼 수 있는 사례로서 이러한 방법으로 노력하는 사람은 최초에는 다소 앞설지 몰라도 결국은 뒤처지게 된다. 다시 말해서 기본 지식과 원리를 충분히 숙달하지 않으면 보다 고도의 기술을 연마하지 못한 채 난관에 봉착하게 된다.

그러나 기본동작을 충분히 숙달한 다음 차근차근 실력을 다져 온 사람은 벽에 부딪혀도 이를 슬기롭게 극복하면서 결국은 승리하게 된다.

따라서 끊임없는 기초지식의 올바른 이해와 숙달이 요구되는 것이다. 학습(공부)에서도 남보다 좋은 성적을 올리기 위해서는 공부방법의 효율화가 필요하다.

즉 효율화를 기할 수 있는 학습에서 요구되는 능력을 열거하면 다음과 같다.

① 기억력

② 이해력

③ 판단력

④ 추리력

⑤ 문제해결력

⑥ 창조력

위에서 나열한 여섯 가지의 능력 요소가 높아지면 높아질수록 성적이 오르지만, 이들 요소가 필요할 경우 능력이 발휘되지 못하면 벽에 부딪혀 능력향상이 멈추어 버린다.

이것은 사업이나 일의 경우에도 마찬가지이다. 특히 지향하는 목표가 지나치게 높으면 벽에 부딪히게 되는 것이다.

예를 들면, 세일즈의 경우가 이와 유사하다고 볼 수 있다.

영업사원의 경우 자신의 달성목표가 점차적으로 높아지면 어느 단계까지는 목표달성이 가능하지만 그 이상의 목표달성은 곤란해지는 경우가 많다.

세일즈, 즉 영업활동에서 흔히 우리들이 경험하게 되는 벽이라고 하는 문제에 대해 설명해 본다.

1) 인간관계의 벽

영업(판매)에는 인간관계의 향상이 매우 중요한 비중을 차지한다.

따라서 인간관계가 서툴면 영업실적을 올리는 데 상당한 어려움이 뒤따르게 된다. 이런 점에서 개인사업자나 회사의 영업사원은 인간관계 능력을 배양하여 영업의 벽을 깰 수 있도록 하는 노력이 중요하다.

2) 기술, 기능의 벽

지금까지와 같은 영업기술로는 목표달성이 곤란하다고 판단될 경우의 벽을 말한다. 이 때는 추가적인 목표달성을 위한 다음과 같은 착안이 필요하다.

첫째, 현재까지의 영업기술에 대한 결함을 발견하여 이를 개선시켜 가도록 노력한다.

둘째, 새로운 영업(판매) 기능을 숙달하여 영업실적을 높이도록 노력한다.

3) 예상고객에 대한 벽

영업목표가 높아감에 따라 예상고객을 보다 많이 확보하지 못하면 벽에 부딪히게 된다.

따라서 어떻게 해야만 보다 많은 예상고객을 확보할 수 있을까 하는 고객확보 노력이 필요하다.

4) 시간의 벽

목표가 높아짐에 따라 시간을 보다 유효하게 사용하지 못하면 목표달성이 어려워진다.

따라서 목표를 달성하기 위해서는 고객방문을 계획화하고 방문시간, 면접시간을 효과적으로 사용해야 한다.

그리고 세일즈 연기를 어떻게 효율화시킬 것인가에 대한 보다 질적인 노력이 필요하다.

5) 문제해결력의 벽

영업활동에는 고객발견 문제, 고객확보 문제, 상품인도 문제, 대금회수 문제 등등의 어려운 문제가 계속 발생하게 된다.

따라서 어째서 영업실적이 오르지 않는가, 영업에서 실패하게 된 원인은 어디에 있었던 것일까, 과연 양호한 고객을 확보하기 위해서는 앞으로 어떻게 해야만 하는가 등 여러 가지 문제에 부딪히게 된다.

이 때 이러한 모든 문제를 능숙하게 해결해갈 수 있는 문제해결능력이 약하면 이것이 곧 벽이 되어 영업이 되지 않는다. 이것은 히트상품의 경우에도 마찬가지다. 따라서 영업사원은 항상 자신과의 싸움에서 이겨내야만 영업에 성공할 수 있다.

영업사원은 자신과의 싸움에서 이겨야 한다. 특히, 상대방 고객으로부터 거절을 받는다거나, 클레임이 발생하게 되면 슬럼프에 빠지는 경우가 많다.

영업(판매)은 고객거절에서부터 시작된다고 하는 유명한 말이 있다. 따라서 영업사원에게는 적극성과 자신감이 가장 중요하다.

이 세상에서 "어서 오십시오. 얼마에 사드리면 좋겠습니까?"라고 하는 상품은 존재하지 않는다. 능력 향상에 장애가 발생하게 된다.

6) 창조력의 벽

영업실적을 올리기 위해서는 여러 가지 아이디어를 창조해야 한다.

이러한 아이디어 창조가 빈약해지면 영업사원으로의 성장이 어렵다.

따라서 참신한 아이디어의 창조를 통하여 영업의 장벽을 돌파하지 않으면 안 된다.

7) 자기 자신과의 싸움에서 지는 벽

영업사원은 고객으로부터 거절당한다든가 비웃음을 받게 되면 의욕을 잃는 경우가 많다.

이 때부터 영업사원은 고민에 빠지게 된다. 그리고 이런 상황이 계속되면 결국 슬럼프에 빠지게 되며 영업실적이 떨어진다. 이 때가 곧 영업활동의 한계를 느끼는 시점이다. 따라서 영업사원이 슬럼프를 극복하기 위해서는 무엇보다도 자신을 극복해야 한다.

끊임없이 자신과의 싸움에서 승리하면서 장벽을 돌파해야 한다.

영업사원은 여러 가지 장벽에 봉착하기 때문에 능력이 향상되지 않으면 보다 큰 목표로 진입하기 어렵다.

따라서 영업사원은 현재 자신은 어떠한 장벽에 부딪혀 있어 능력이 향상되지 않는가의 원인을 발견하여 이를 해결해 가는 테크닉을 익혀야 한다.

4. 자기개발 전략

1) 자기개발의 중요성

세상에는 두 부류의 인간밖에는 존재하지 않는다. 즉 자발적·적극적으로 일하며 결과에 책임을 지는 인간과 타인의 지시만을 묵묵히 수행하면서 자신의 존재를 유지해 가는 인간이다. 이 가운데 간부로서 기대되는 인간상은 전자(前者)이다.

- 결정된 모든 일은 지속적으로 실행하는 데서 힘과 의지가 생긴다(지속은 힘이다).
- 교육의 최대목적은 이와 같은 자발 의지를 환기시키는 데 있다.

2) 목표를 정한다.

- 목표 없는 곳에 노력은 존재하지 않는다. 목표는 꿈이어서는 안 된다. 실현 가능한 목표를 정하도록 한다.
- 현실적인 목표는 흔들리기 쉬운 인간 성격의 약점을 극복하여 자신이 지니고 있는 능력과 시간을 집중적으로 사용해야 달성이 가능하다.
- 업무(일)는 본래의 일이 아니더라도 좋다. 외국어를 공부한다든지, 전문 기능을 숙달한다든지, 자격증을 취득하는 일도 좋을 것이다.
- 목표는 일과 생활에 밀착시킬 수 있는 것을 선택한다. 작심 삼일이 되어서는 안 된다. 보다 구체적인 계획을 짜서 실행을 체크할 수 있도록 한다.
  무엇보다도 중요한 것은 생활 태도까지도 변화시킬 수 있는 목표가 바람직하다.

3) 문자로 표현할 수 없는 목표는 실현할 수 없다.

사람의 마음(心)은 원래 약(弱)하다.

따라서 문자(文字)로 써서 주의를 환기시키고 정신력을 집중시킨다.

당선을 목표로 하는 정치인, 합격을 목표로 하는 재수생, 실적 달성을 목표로 하는 영업사원 등 목표를 돌파하고자 하는 사람들은 항상 마음속에 두고 있는 목표를 문자로 표현하며, 목표의 실현을 위해 노력하고 있다. 생각만 하고 있어서는 아무것도 되지 않는다. 그 목표와 목표를 달성하기 위한 계획을 시선이 닿는 곳에 걸어 둔다.

책상 위, 벽, 수첩, 침실의 천장 등에 자신의 목표를 부착해놓고 목표를 완수하는 일이 생활 그 자체라는 분위기를 만든다.

4) 좋은 책을 읽는다.

● 인간의 판단은 자신이 알고 있는 일의 범위를 넘지 않는다. 따라서 독서를 습관화하여 양서(良書)를 읽고 폭넓은 지식을 쌓도록 한다. 잡학의 지식, 독서력, 이것이 일과 인생을 풍요롭게 한다.

5) 신문을 철저하게 이용한다.

● 책을 읽는 일은 상당히 어려운 일이다.
● 시간을 내어 읽을 것을 선택하고 빨리 읽을 수 있는 방법을 연구한다.
● 흔히 신문은 매일 보는 일이 습관화되어 있다.
● 간단한 기사나 기획특집 기사를 읽는 가운데 얻은 힌트는 곧바로 메모해 둔다. 필요한 경우에는 복사하거나 스크랩을 해서 보존한다.
● 새로운 정보원으로서 신문활용이 요구되는 시대이다.

6) 메모를 습관화한다.

● 기억보다는 기록해 두도록 한다. 기억은 영원하지 않다.
● 지하철 내에서 독서할 때, 잠자리에 들었을 때 등 때와 장소를 가리지 말고 아이디어, 힌트, 문제점, 약속사항 등이 생각나면 즉시 무엇이든지 기록해둔다. 항상 메모지, 수첩, 필기구를 휴대하여 메모를 습관화한다.

7) 신문을 철저히 이용한다.

● 굳게 마음먹고 세운 목표에 도전하는 경우 그 승패는 자신만이 판정할 수 있다. 자신이 세운 목표를 주변 사람에게 발표하고 그 실행에 대해 객관적인 평가를 받도록 한다.

● 모든 일은 뚜렷한 목적의식을 갖고 추진한다. 이를 위해 항상 5W 2H로 생각한다.

What	무엇을
When	언제
Where	어디서
Why	왜
Who	누가
How	어떻게
How-much	비용은

● 매일, 매월의 행동을 체크리스트로 점검하여 과연 자신의 약점은 무엇인가, 그리고 그것을 어떻게 개선해 나갈 것인가를 조사하면서 반성, 교정해 나간다.

● 직장인은 회사의 발전을 위하여 자신도 성장할 수 있도록 노력해야 한다.

● 회사에서 바라는 '기대되는 사원', '이상적인 간부'가 되도록 노력한다.

8) 항상 긍정적으로 사물을 본다.

● 어떠한 실패나 실의에 빠졌을지라도 이런 시련이 앞으로 나에게 큰 교훈이 될 것이라고 믿는 자세가 중요하다.
즉 실패 경험이 장래의 성장에 밑거름이 되는 것이다.

9) 전향적인 자세로 표현한다.

● "저 친구는 일은 잘 하지만 술을 많이 마셔!"라고 말하는 것과 "저 친구는 술도 잘 하지만 일도 잘 해!"라고 말하는 것과는 의미가 다르다.

- '어떠한 생각으로 판단하느냐' 하는 문제는 당시의 상황에 따라 달라진다. "벌써 4시가 됐네!"와 "아직 4시밖에 안 됐네!"는 일에 임하는 자세가 달라진다. 모든 일은 전향적이고 미래지향적인 자세로 임해야 한다.

10) 좋은 선배와 친구를 갖는다.

- 좋은 스승, 좋은 친구, 그리고 좋은 선배를 가진 사람은 행복한 사람이다. 즉 자신의 능력개발에 그들이 미치는 영향력은 매우 크다.
- 무엇보다도 자신의 자세를 바르게 하여 상사, 선배, 친구, 동료들과 교제하도록 한다.
- 타인으로부터 호감과 사랑을 받을 수 있고 기대되는 인간이 되도록 노력해야 한다.

11) 무엇인가 한두 가지는 자신의 특기(장점)를 갖는다.

- 자신감이라고 하는 것은 타인보다 더 뛰어나다고 생각될 때 나오는 자세이다. 무엇이든 한두 가지는 남보다 앞서가는 실력을 닦아야 한다.
- 화술, 스피치, 문장력, 컴퓨터 조작, 스포츠 등 한두 가지는 특별한 실력을 갖추어야 한다. 그리고 이러한 기능을 더욱 보강하여 타의 추종을 불허할 정도의 실력을 쌓는다.

12) 업무(일)에 미쳐 본다.

- 일을 하려고 하는 의욕이 없으면 자기개발도 불가능하다. 우선 일에 미쳐 봐야 한다.
- 어떠한 일이든 의의와 가치가 있는 것이다. 단순한 일이기 때문에 귀찮고, 곤란한 일이기 때문에 중요하다는 생각을 버려야 한다.
- 어떠한 일에서든 그 분야만큼은 대한민국의 제일이 되겠다는 마음가짐이 필요하다.

13) 자기 위주로 생각하지 않는다.
● 타인은 자신이 생각하고 있는 것처럼 자신을 생각해 주지 않는다.
● 업무(일)를 진행하는 데에는 여러 가지 주의와 꾸중 및 비난도 받게 된
  다. 그러나 그것은 비즈니스에 지나지 않는다. 결코 사적인 감정이 개입
  되는 것은 아니다.

14) 시간을 육성한다.
● 시간의 축적은 불가능하다. 같은 시간을 어떻게 활용하느냐가 인생의 승
  패를 좌우한다.
● 결손, 낭비, 무리가 없는 효율적인 시간 활용을 위해서는 목적의식을 갖
  고 계획적으로 시간을 사용하는 습관을 가져야 한다.
● 특히 부하를 활용하는 리더(간부)에게는 효과적인 시간 사용 테크닉이
  중요하다.

15) 항상 조사한다.
● 보는 것, 듣는 것, 접촉하는 것 등 오감으로 느끼는 것 모두를 일상적으
  로 처리하고 있는 일에 연결한다. 목적의식을 갖고 있으면 무엇이든 공
  부가 된다.
● 인간의 능력은 결국 사물을 보고 그것을 어떻게 받아들여 자신의 일에
  접목시키느냐에 달려 있다.
● 기발한 아이디어라고 하는 것은 평범한 것에서 나온다. 이것은 소수의
  진리나 실제의 응용에 지나지 않는다.

16) 자기 능력 이상의 목표를 가진다.
● 자기 능력의 한계 내에서만 일을 하고 있어서는 성장할 수 없다. 목표는
  항상 자기 능력의 1.5배 정도가 적당하다.

17) 항상 심사숙고한다.

● 심사숙고한다는 것은 몸과 마음 모두를 한 가지 일에 집중한다는 뜻이다. '이렇게 하고 싶다!', '저렇게 되고 싶다'고 항상 염원해야 한다.

● 그리고 이러한 의식이 잠재화함으로써 모든 문제가 그 일에 관련되어 성취되고 있는 것이다.

● 반드시 가능하다고 믿는 신념이 있어야 엄격한 인내도 가능해진다. 또한, 철저한 신념으로부터 적극적인 행동으로의 활력이 생겨난다.

18) 아내의 협력을 구한다.

● 자기개발을 위해서는 이들 목표를 습관화하기까지 계속하지 않으면 안 된다.

● '세면한다, 식사한다, 인사한다'고 하는 일상적인 습관과 같이 목표를 지속시킬 수 있도록 하기 위해 아내의 이해와 독려가 필요하다.

● 남편의 일에 이해심이 없는 아내, 또는 이해하려고 노력하지 않는 아내를 가졌다면 이는 일뿐만 아니라 다방면에서 나쁜 결과를 가져오게 된다.

● 인생의 좋은 동반자로서 아내의 진정한 협력을 구할 필요가 있다.

19) 업무수행의 10가지 원칙

① 일은 경중, 대소, 완급, 전후를 생각하면서 체계적으로 처리한다.

② 무슨 일이든 신중하고 신속하게 많은 분량을 처리한다.

③ 일의 좋고 나쁨을 따지지 않으며 어떠한 일에도 불평을 하지 않는다.

④ 자진하여 일에 임한다. 한시도 손이나 두뇌를 쉬게 하지 않는다.

⑤ 지시받은 일부터 처리한다.

⑥ 산적한 일은 우선순위를 정하여 침착하게 처리한다.

⑦ 모든 일에는 전력을 다해 노력한다.

⑧ 포상과 보수를 목표로 일하지 말아야 한다.

⑨ 무슨 일이든 숙달해야 하고, 정신수양에도 비중을 둔다.

⑩ 일 그 자체가 즐거움과 취미가 될 때까지 노력해야 한다.

20) 출세의 지름길

① 자신의 목표를 향해 한눈 팔지 않고 돌진한다.

② 작은 성취에 도취되지 않고 어디까지나 정도를 걷는다.

③ 곤경은 하늘이 내 자신에게 부여한 시련이라고 생각한다.

④ 실력과 노력을 자본으로 모든 일에 임한다(하찮은 것에 의지하려고 하지 않는다).

⑤ 강인한 체력이 최후의 승리를 가져다준다는 점을 깨닫는다.

⑥ 세상에 천재는 없다. 노력하는 사람만이 천재가 될 수 있다는 각오로 일에 임한다.

⑦ 아무리 작은 일에도 자신의 전력을 경주한다.

⑧ 타인이 싫어하는 일을 자진하여 맡는다.

⑨ 항상 자신의 일에 대한 연구와 인간으로서의 수양을 쌓는다.

⑩ 하나의 계단을 올랐을 때는 다음 단계에 분투 노력한다.

그 때 조금이라도 마음이 느슨해져서는 안 된다.

성공하는 관리자의 인맥 창조를 위한 실행노트

1. 지지받는 인간이 된다.

흔히 자기개발이라고 하면 무조건 능력을 향상시키는 것만이 능사인 것처럼 생각한다.

그러나 능력만 성장하고 인간성이 함께 육성되지 못하면 반쪽 인간으로밖에 성장하지 못하게 된다.

또한, 주위로부터 매력 없는 사람으로 인식되기 쉽다. 그리고 자기 중심적인 사리사욕에 치닫는 사람은 타인이 따라오지 않는다. 왜냐하면 지나치게 이기주의적인 사람이기 때문이다.

인간은 혼자서는 큰일을 하지 못한다. 많은 사람들과 어울려 지혜를 짜내야만 큰일을 할 수 있는 것이다.

따라서 사회 및 조직 속에서 구성원 모두로부터 인정받고 지지받는 사람인가 아닌가가 그 사람이 성장하는 데 결정적인 요소로 작용하게 된다.

또한 이것은 자신의 역량을 발휘해가기 위한 요소로서 중대한 의미를 갖는다.

사회심리학자인 프라우드는 집단에서 지지받기 위해서는 '견인역할'과 '근화'가 필요하다고 강조하고 있다.

새로운 사람이 조직에서 받아들여지기 위해서는 자신의 우수한 점을 부각시키면서 그들을 끌어들일 수 있는 견인노력이 중요하다.

즉 이것이 능숙해지면 조직원들은 그에게 매력을 느껴 자신들의 영역으로 받아들이게 되는 것이다.

그러나 새로운 인물(전입자)의 인상이 너무 지나치게 강하게 되면 조직원들은 그를 동료로 받아들이기를 꺼려한다. 다시 말해서 배척하게 된다.

왜냐하면 이제까지 유지해 온 기존 질서나 유대관계에 위협을 주지 않을까 하는 두려움과 염려가 뒤따르기 때문이다.

이런 점에서 새로운 조직에 몸담을 경우에는 냉랭하게 주목받지 않을 처신이 필요하다. 따라서 때로는 바보처럼 보이는 것도 인맥창조의 지름길이 될 수 있다.

일반적으로 사람들은 바보처럼 보이면 의심이나 경쟁심을 불러일으키지 않으며 친근감을 갖고 집단의 일원으로 받아들이게 된다.

그러나 지나치게 이기주의적이거나 거만스런 인물은 배척하게 되는 것이다.

흔히 교만한 인물은 자기가 좋아하는 것만을 보고 말하며 무리하게 자기 중심적으로만 일하려고 한다. 그렇게 되면 결국은 반발을 사게 되면서 인간관계가 원활해지지 않게 되는 것이다.

2. 항상 상대의 입장에서 생각한다.

학창시절의 클래스메이트에게서 흔히 볼 수 있는 일이다.

톱 클래스의 성적을 올리고 있던 A군이 있었다.

그러나 A군은 에고이스트로서 모든 것을 자기 중심적으로 생각하는 경우가 많았고 타인에 대한 배려가 없었다.

그는 일류대학을 나와 일류회사에 입사했고 회사 내의 모임에도 적극적으로 참여하고 있었다.

하지만 그는 인간적으로 상당히 성장했음에도 불구하고 각종 모임에서는 변함없이 에고이즘에 빠져 자기 중심적으로만 일을 하고자 했다.

결국 A군은 대학성적은 우수했으나 상사나 동료로부터 외면당해 승진에 탈락하고 말았다.

한편, 같이 입사한 B군은 학창시절의 성적이 그리 좋은 편은 아니었다.

그러나 그는 인간적인 매력이 풍부하고 언제나 상대방의 입장에서 생각하는 타입이었다.

B군은 회사에서는 물론 사회에서 주위사람들로부터 인정과 지지를 받으면

서 두각을 나타냈고, 결국은 자신이 예상치 않았던 결과를 얻게 되었다.

따라서 이와 같은 사례는 곧 좋은 인간관계를 원만하게 유지하는 것이 그 사람의 성공을 결정짓는 중대한 요소가 된다는 점을 입증시킨 좋은 예라 할 수 있다.

3. 타인은 자신의 거울과 같다.

인간에게는 '욕심'과 '진심'이 있다.

'욕심'에 사로잡혀 '진심'을 깨닫지 못하면 인간관계와 인맥이 형성되지 않는다.

인간관계는 상대방의 '진심'을 이해하는 데서부터 출발하며 또한 인맥도 창조하는 것이다.

흔히 정치인들은 자기 자신을 일컬어 "저는 국가와 국민을 위해 그리고 지역사회의 발전을 위해 정치를 합니다!"라고 말한다. 그러나 그것은 '욕심(욕구)'인 경우가 많다.

따라서 그 본심은 대체로 자신의 권력욕·명예욕·금전욕을 충족시키기 위해 정치인이 되고자 하는 경우도 많다. 물론 그 가운데에는 진심과 욕심이 일치하는 경우도 있다.

여하튼 인간관계는 상대의 진심과 본심을 이해하면서 그에 대등하는 데서부터 출발된다는 점을 인식할 필요가 있다.

이런 점에서 인맥창조의 기본은 과연 상대방이 무엇을 생각하고 있으며, 무엇을 목표로 하고 있는가에 대한 '본심과 진심'을 이해하는 데서부터 시작된다고 하는 점을 주목할 필요가 있다.

이와 같이 원만한 인간관계, 인맥창조는 무척 어려운 일이며 보다 폭넓은 연구가 필요한 영역이다.

"타인의 표정을 보고 나의 표정을 고친다."고 하는 말이 있다.

즉 상대방이 자신에게 나쁜 감정을 가졌다거나 자신에게 반발한다면 상대방이 나빠서라기보다는 자신이 상대방에게 뭔가 나쁜 인상을 주었던 것이 아닌가 하는 자신의 태도나 행동을 반성해보는 것이 중요하다.

다시 말해서 타인은 자신의 거울과 같은 것이다.

상대방에 대한 나쁜 감정이 상대방이라고 하는 거울에 비쳐 그것이 자신에게 되돌아오는 것이다.

따라서 상대방이 나쁜 것이 아니라 자신의 마음이 상대방에게 나쁘게 비치고 있다고 인식하고 반성하지 않으면 안 된다.

이러한 까닭에 인간은 자신의 결점을 깨닫기 위해 자신과 마주보고 있는 사람이 자신에게 어떠한 태도를 취하는가를 깨달을 필요가 있다.

그러나 대부분의 사람들은 상대방이 자신에게 나쁜 감정을 가졌다거나 불쾌한 반응을 보이면 곧바로 상대방에 대하여 불쾌한 감정을 갖게 되는 경우가 많다. 그렇게 되면 상대방에게 점점 적대감정을 갖게 된다.

이와 같은 분위기가 조성되는 까닭은, 타인은 자신의 거울과 같다는 점을 알지 못하기 때문이다.

따라서 이런 실패를 반복하지 않기 위해서는 타인이라고 하는 거울에 자신의 마음이 과연 어떻게 비치고 있는가에 관심을 촉구할 필요가 있다.

결국 이와 같은 자각과 반성을 통하여 상호간의 인간관계는 돈독해지는 것이다.

4. 인맥창조의 중요한 무기는 명함이다.

우리들이 성공적인 비즈니스를 영위하기 위해서는 과연 어떠한 인맥이 필요한가, 그리고 어떻게 인맥을 창조해야 하는가.

인맥창조의 기본이라고 할 수 있는 명함에 대해 설명한다.

당신은 지금까지 처음 만나는 사람과 무의식적으로 명함을 주고 받지는 않았는가. 명함은 비즈니스맨에게는 '무기'와도 같은 것이다.

어느 평론가는 샐러리맨에게 있어 "명함은 무사의 칼과도 같은 것이다."라고 표현하고 있다.

그런데도 이와 같은 명함의 참뜻을 정확히 알고 사용하고 있는 비즈니스맨은 의외로 적은 것이 사실이다.

명함은 타인과의 만남에 있어 없어서는 안 되며 또한 앞으로의 교제와 인맥

창조에 있어서도 결코 소홀히 할 수 없는 물건이다.

무엇보다도 명함의 중요성은 최근에 명예퇴직 · 정년퇴직한 사람들이 보다 실감 있게 느낄 수 있는 대목일 것이다.

필자가 명함의 중요성을 실감하게 된 것은 수년 전 직장생활을 그만두고 난 후 명함이 없는 생활을 했던 때의 일이다.

이 때의 체험에서 얻은 명함의 필요성과 역할에 대해, 그리고 그 기능(역할)을 충분히 발휘하기 위해서는 어떠한 방법이 필요한가.

즉 필자는 명함을 '인간교제, 인맥창조의 강력한 무기' 로 만들기 위한 방법은 무엇인가에 대해 고찰해 보고 싶었다. 예로서 우선 필자가 명함을 만들지 않은 것에 대해 이렇다할 특별할 이유가 있었던 것은 아니었다.

단지 수년 전 프리랜서가 되고 나서 무엇을 생업으로 하여 생활할 것인가에 대한 확실한 결정이 없었기 때문이었다.

좀더 구체적으로 표현하자면 기업이나 관공서의 사원교육을 하면서 생계를 유지할 것인지, 아니면 신문 · 잡지 · 단행본의 집필을 기반으로 살아갈 것인지에 대한 판단이 서지 않았기 때문이었다.

또 하나의 이유는, 수년 전까지는 좋든 싫든 '명함인간' 으로 살아왔으나 모처럼 프리랜서가 되었으므로 이를 계기로 잠시 동안이나마 명함 없는 생활을 해보는 것도 큰 불편은 없지 않겠느냐는 위안도 있었다.

따라서 현실적인 비즈니스 사회에서 명함 없는 생활을 하면 어떻게 될까라는 생각 아래 실험을 시도해 보고 싶었던 것도 사실이다.

한마디로 명함은 과연 어떠한 역할을 하고 있는지를 명확히 알고 싶었던 것이다.

5. 명함이 갖는 활용가치는 무엇인가.

필자는 약 5년간 명함 없는 생활을 하며 여러 가지 느낀 점이 많다.

이를 한마디로 요약하자면 비즈니스의 세계에서는 명함이 없으면 상대방에게 신용을 받을 수 없다는 점이다.

즉 명함을 받기만 하고 주지 않으면 상대방은 잠시나마 당혹스러워 한다.

또 대부분의 사람들은 명함을 꺼내 들고는 상대방에게 줘야 할지 말아야 할지 망설이는 경우도 있다.

그런 상황에서 "죄송합니다. 마침 명함을 두고 나왔습니다."라고 말을 하면 "아닙니다. 성함은 전부터 알고 있었습니다."라고 말하며 체면을 세워준다.

그러나 개중에는 "유명인사는 명함을 갖고 다니지 않는다고 합니다."라고 빈정거리는 사람도 있다.

그러나 양쪽 모두 상대방의 표정에서 '명함도 없는 사람은 도대체 어떤 인간인지 알 수가 있어야지'라는 생각을 읽을 수가 있다.

다만, 미리 전화로 약속을 하고 본인을 만나는 경우는 별 문제가 되지 않는다.

당혹스러운 것은 안내 창구나 경비실을 통과할 때이다. 명함을 보이지 않으면 안으로 들여보내지 않는다.

예를 들면, "○○입니다."라고 이름을 말해도 통용되지 않는다. 신문이나 잡지, TV를 통해 얼굴이 알려진 사람의 경우는 상관없지만, 반드시 "어디에서 오신 누구십니까?"라고 묻는다.

물론 여기에서 말하는 '어디에서'는 '어느 회사'를 뜻한다.

그러므로 이럴 경우 '회사명' 대신에 자신의 인맥을 대도 좋을 것이다.

그렇지만 '이 사람 좀 이상한 사람 아니야'라고 수상쩍게 보여지는 경우도 있다.

어느 날 대기업의 A씨를 방문했을 때의 일이다. 미리 A씨와 전화로 약속을 하고 지정된 시간에 그 회사를 방문했다. 그러나 예상했던 대로 안내 창구에서 제지당하고 말았다.

처음에 "어디에서 오신 누구십니까?"라는 질문을 받았다. 운이 나쁘게도 중요한 '어디에서'를 말하지 않고 이름만 대었더니 안내의 심술궂은 '심문'에 걸리고 말았다.

우선 "저희 회사의 A씨에게 무슨 볼일로 오셨습니까?"로 시작되어 "실례입니다만 A씨와는 어떤 관계이십니까?" 등등 시시콜콜 물어보기 시작했다.

이쯤 되면 명함은 비즈니스 사회에서 일종의 '통행증'과도 같은 것이다.

※ 비즈니스맨의 명함을 보면 다음 사항 등이 적혀 있다.
① 근무하고 있는 회사명
② 소속 부서명
③ 직함

6. 신뢰받는 명함과 불신받는 명함

명함 없는 생활을 하며 또 하나 알게 된 것은 비즈니스 세계에서는 '손으로 쓴 명함'은 인정받지 못한다는 것이다.

필자는 명함을 만들지는 않았지만, 만약의 경우에 대비해서 시중에서 팔고 있는 명함 크기만한 카드를 갖고 다녔다. 만약 상대방이 명함을 요구하면 명함 대신에 이름과 주소, 전화번호를 적어 줄 요량이었다.

뿐만 아니라 만약 상대방에게서 명함을 받지 못했을 경우에도 상대방이 자필로 쓰든가 아니면 들은 대로 내가 쓰면 좋겠다는 생각에서였다.

그러나 그것은 표면상의 이유이고 실제로는 '인쇄된 명함' 보다는 '자필 명함'이 왠지 '인간미'가 있다고 판단했기 때문이다.

그런데 개인적인 만남에서는 몰라도 비즈니스 세계에서 '자필 명함'은 통용되기 어려운 것이었다.

시험삼아 업무상 만난 사람에게 '자필 명함'을 건네보면, 대부분의 경우 상대방은 한순간 '깜짝 놀란 얼굴'을 할 것이다. 그리고 받아서는 안 되는 명함이라도 받은 것처럼 그다지 정중하게 보아주지 않을 것이다.

뿐만 아니라 '이렇게 괴상한 명함을 받으면 대책이 없다'는 얼굴로 할 수 없이 명함을 집어넣는 사람이 태반이다. 깨끗하게 인쇄된 명함이라면 아마도 이러한 태도는 취하지 않을 것이다.

아무튼 필자의 자필 명함은 별로 환영받지 못했다. 그리고 '자필 명함에는 따뜻한 인간미가 배어 있어 좋다'고 하는 것은 필자의 독선에 지나지 않는다는 것을 알게 되었다.

생각해 보면, 명함은 '신분증명서'의 일종인 셈이다. 그것도 소속하고 있는 회사가 확실하게 인정해주는 '신원보증서'라고 해도 좋다.

'소개장'이라면 자필이라도 상관없으나, 회사가 발행하는 '공문서'라면 정해진 서식에 따라 깨끗하게 활자로 인쇄되지 않으면 적어도 비즈니스 세계에서는 상대방이 신용해 주지 않는다.

명함은 회사가 발행하는 '신용장'과도 같은 것이다.

그러고보면 명함 한 장으로 고급식당이나 술집에서 외상이 가능한 곳도 있다. 일류기업일수록 명함이 갖는 힘은 크다고 볼 수 있다.

일본의 경우 지금은 폐지되었지만, 예전에 삿포로에서는 명함 한 장만으로 택시를 탈 수 있었던 시절이 있었다. 이것을 악용하는 사람들 때문에 지금은 폐지되었다고 하지만, 이쯤 되면 명함의 위력은 대단하다고 볼 수 있다.

7. 왜 직함이 인맥창조에 유리한가.

'명함 없는 실험'을 하면서 새롭게 판명된 것은 '직함 없는 명함'은 자칫하면 상대방을 당혹스럽게 만든다는 사실이었다.

사실은 지금 필자가 쓰고 있는 명함에는 '이름'과 '주소', '전화번호'만 적혀 있고, 가장 중요한 '직함'은 표시되어 있지 않다. 필자 자신은 필요 없는 것이 적혀 있지 않으므로 꽤 마음에 든다.

그러나 내 명함을 받아든 상대는 역시 당혹스러운 표정을 짓는다. 물론 명함을 보면 '어디의 누구인가'는 한눈에 알 수가 있다.

그러나 '직함'이 표시되어 있지 않으므로 어떠한 태도로 대응해야 할지 망설이는 눈치이다. 더구나 '직함 없는 명함'의 당혹감은 받는 쪽에만 있는 것은 아닌 듯하다.

필자와 같은 프리랜서 중에 일류기업을 그만두고 자립한 친구들은 반드시라고 해도 좋을 만큼 '○○연구소'라든가 '○○연구회'를 만든다. 그리고 명함에는 '○○연구소 소장', '○○연구회 대표'라는 직함을 찍어 가지고 다니는 사람이 많다.

한편 저널리스트 출신 프리랜서의 명함에는 자신이 소속하는 조직이나 단체의 이름이 없다. 직함도 없는 것이 보통이다. '명함으로 비즈니스를 하지 않는다'는 생각에서 그렇게 했는지 모르겠다.

그러나 그것은 문제삼지 않더라도 직함 없는 명함이 상대방에게 당혹감을 주는 것은 사실인 것 같다.

한국 사람들은 초면인 사람에게서,

① 어느 회사의 누구인가

② 어떠한 일을 하고 있는가

를 알고 싶어한다.

그런 점에서 '유럽인들은 상대의 이름을 알고 싶어하고, 한국인들은 상대의 직업과 소속을 알고 싶어한다'고 말할 수 있다. 즉 상대가 자신보다 윗사람인지 아랫사람인지를 우선 알고 싶어 하는 것이다.

왜냐하면 한국 사회에서는 상대가 자신보다

① 나이가 위인가, 아래인가

② 지위가 높은가, 낮은가

③ 회사가 좋은가, 나쁜가

등에 의해 언어 사용이나 태도, 동작을 차별하는 습관이 있기 때문이다.

8. 회사 정보카드로 사용할 수 있는 명함

나의 '명함 없는 실험'에서 명함이 갖는 현대적인 의미에 대하여 다시 한 번 생각하게 하는 사항이 몇 가지 있다.

첫째, 명함은 '정보카드'라는 것이다.

명함은 정보카드라는 것은 비즈니스맨들이 사용하고 있는 명함을 조사해보면 알 수 있다.

가로 5.5cm, 세로 9.1cm의 한정된 공간에 상대방에게 자신을 신용하게 만드는 여러 가지 노력이 깃들여 있다.

지금 내가 갖고 있는 명함을 크게 구별해보면 두 가지 형식이 있다.

1) 회사소개형

이것은 '어디의 누구인가'를 알리는데 '본인'보다는 그 사람이 소속하고 있는 '기업'에 중점을 둔 명함이다. 이 명함의 겉면에는 '회사방침'이나 '로고' 등을 인쇄한 것이 많다.

또 명함 안쪽과 밖으로 접게 된 명함은 '회사(공장)의 전경 사진' 및 '업무 내용·주요상품', 그리고 '사업소·영업소 열람' 등을 인쇄한 것도 볼 수 있다.

일본의 경우 돗토리 현의 사막 언덕이나 다키사키의 관음상, 또는 하코다테의 야경 등 그 지방을 상징하는 사진을 넣은 명함, '국내청 지정업체', '창업', 'ㅇㅇ주년' 등을 알리는 명함도 있는 세태이다. 특이한 것으로는 명함 안쪽에 '한창 인기있는 탤런트의 일람표'를 인쇄한 것, 반으로 접는 명함 한쪽 면에 '지금까지 신문 또는 잡지에 실린 기사 일람표', '사원모집 광고'를 인쇄한 명함을 본 적도 있다.

또 명함의 겉면에 '사시·사훈' 및 '근본', '슬로건' 등을 인쇄한 것이 있는가 하면 자사의 CM을 인쇄한 것도 최근 자주 눈에 띈다. 특히 지명도가 별로 없는 기업은 'ㅇㅇ기업그룹'이라든가 'ㅇㅇ사의 관련기업' 혹은 'ㅇㅇ사 협력기업'이라는 문구를 적어 놓는다. 속칭 '보증용' 명함도 있다.

이러한 종류의 명함에는 회사를 신용함으로써 본인도 신용을 얻는다는 목적이 있다. 그와 동시에 회사의 이미지 제고에도 이용할 목적인 것이다.

특히 최근에는 '코포레이드 이미지(CJ)'가 중요한 위치를 차지해 회사명을 변경하는 기업이 늘고 있다. 그 때문인지 'ㅇㅇ회사의 변경명 △△회사' 등의 문구를 인쇄한 명함도 가끔씩 눈에 띈다.

또 명함의 재질을 자사의 제품, 예를 들면, 철강회사는 '철로 된 명함', 알루미늄회사는 '알루미늄 명함', 목재회사는 '목재명함', 사진회사는 '인화지로 된 명함' 등을 사용하는 경우가 많다.

2) 자기소개형

이 형은 '회사소개형'과 정반대의 형이다. '회사'보다는 '본인' 소개에 역점을 둔 명함이다.

자기소개형 명함의 대표적인 것으로 '얼굴사진'이나 '초상화'를 그려 넣은 명함이 있다. 초상화도 일류만화가가 그린 것이 있는가 하면 자기가 직접 그려 넣은 것도 있다.

또 같은 얼굴사진이라도 자신의 얼굴을 그대로 그려 넣은 것이 있는가 하면 명함 오른쪽 위에 작은 구멍을 뚫고 여기에 '마이크로필름으로 된 얼굴 사진'을 끼워 넣은 명함도 있을 정도이다. 최근에는 컬러사진을 넣은 명함도 많이 있다.

예를 들면, 초상화를 그려 넣은 명함 중에는 일본의 도부동물원장인 나시야마 씨가 우에노 동물원에 근무할 때의 명함에 하마그림을 그려 넣고 배부분에 자신의 이름을 써넣은 것도 있다.

사진을 넣은 명함이든 초상화를 넣은 명함이든 상대방에게 자신의 인상을 심어주어 친밀감을 갖게 하는 목적도 있다.

그러나 얼굴사진을 명함에 인쇄하는 것은 반대로 말하면 '이 사람은 당사의 사원임에 틀림없다'는 의미이다. 다시 말하면 '신분증명서'나 '신원보증서'의 역할을 하고 있는 것이다.

그 이유 때문인지 최근에 세일즈맨으로부터 받는 명함 가운데에는 명함 안쪽에 '신분증명서'를 인쇄한 것이 많다. 더러는 관공서 등의 '통행증' 및 '입관증'을 인쇄한 명함도 있다.

필자가 본 것 가운데에 특이한 것은 명함 안쪽에 '연수입 증명서'가 기입된 것도 있다.

그리고 이 '자기소개형' 명함에는 명함의 겉면 또한 내면에 자신의 '모토', '생활신조' 혹은 '슬로건'을 인쇄한 것이 있다.

유명한 것은 일본의 '빨리 처리하는 과'로 널리 알려진 마쓰모토 시의 시장이었던 마쓰모토키 요시 씨의 명함이다.

'빨리 처리하는 과'라고 하는 직함 밑에 이름과 함께 마쓰모토 시의 시민을 위해 일하는 곳이라고 적혀 있었다고 한다.

또 도요타의 어떤 세일즈맨은 직함을 써넣는 곳에 '저는 당신을 도와드리고 자 합니다. 무엇이든지 연락해 주십시오'라는 문구를 써넣은 명함을 갖고 다녔다고 한다.

또 다른 예의 하세가와 씨는 학생시절에 '술과 음식의 교제는 거절'이라는 문구가 들어간 명함을 갖고 다녔다고 하는 것을 보면 이런 특이한 명함은 최근에만 있는 것은 아닌 듯하다.

그렇게 공들이지 않아도 예를 들면, '전 세계의 염원인 교통 안전'이란 글이라도 괜찮다. 필자도 한때는 '의리와 인정에 사는 남자, 털보 아저씨'라고 써넣을까 생각해 봤으나, 왠지 쑥스러워서 아직까지 실천하지 못하고 있다.

관리자가 창조력을 높이는 실행노트

1. 절망에 빠지지 않도록 노력한다.

인간은 누구나 살아가면서 역경에 부딪치게 된다. 또한 작은 시련은 셀 수도 없이 많다. 역경에 부딪치면 타개책이 전혀 보이지 않아 절망적으로 되지만, 여기서 포기하지 않고 역경을 견뎌내 대책을 생각한다면 의외로 좋은 해결책이 나오고, 결국 극복할 수 있게 된다. 이는 자기 방어를 하지 않고 끝없이 도전함으로써 가능한 일이다.

일본 '가고우 악기사'의 사장 가고우마쓰 씨가 이 회사에서 공장장으로 일하고 있던 1958년경, 회사는 부채에 시달리고 퇴직자가 속출하는 등 최악의 경영 상태에 처해 있었다. 당시 가고우마쓰 씨의 의부였던 사장은 병으로 입원하였고, 의형이었던 부사장은 회사에 거의 나오지 않아 그가 유일한 책임자였다.

누가 보아도 회사가 무너질 것이라고 생각할 수밖에 없는 어려운 상황이었으나, 그는 전 종업원을 모아 놓고 이렇게 말했다. "나는 다시 한 번 이 회사를 재건할 것이다. 재건의 구체적 대책은 아직 확실치 않으나 나는 어떻게든 한다. 나를 믿고 따라오길 바란다." 라고 외치며 진심으로 자신의 마음을 피력하였다. 그 후 가고우마쓰 씨는 재건책을 마련하고 자금 회전이 빠른 하모니카의 생산을 재개발하여 그 이익금을 종업원의 임금으로 지불했으며, 회사가 갖고 있는 자재로 공장(가건물)을 세우고 피아노와 오르간을 생산하기로 결정했다. 당시의 노동조합은 강하였고 공산 분자도 상당수였으나 전혀 아랑곳하지 않고 전 사원이 일체가 되어 마침내는 회사를 재건하게 되었으며 위기를 넘길 수 있었다.

그러나 이듬해에 또 문제가 생겼다. 고리의 차용금이 자본금의 10배나 되는 3,500만 엔으로 늘어나 회사의 전도가 위험할 지경에 이르렀던 것이다. 이 때에도 그는 차입금 처리에 밤마다 고심하였고 결국 3일 만에 대출을 성사시켜 고리의 차용금을 반으로 줄이는 데 성공하였다. 이와 같이 증자와 차입금에 대한 어려움에도 불구하고 그는 눈 하나 깜빡하지 않고 철저한 상황 연구를 통해 난국을 타개할 수 있었던 것이다. 만약 그가 절망에 빠져 손을 놓고 있었다면 그 회사는 벌써 부도가 났을 것이다.

2. 충격은 날려 버리고 자력으로 극복한다.

역경에 부딪쳤을 때 인간은 극히 소극적으로 되고 그러한 어려움으로 인해 심리적 혼란이 일어난다. 이 때문에 두뇌의 움직임도 저하된다.

이와 같이 심리 상태는 시련을 극복하기 위해 두뇌를 창조적으로 움직이는 데 가장 불리한 조건이라 할 수 있다. 그래서 시련을 극복하기 어렵게 되고, 자신은 재능이 없어서 안 된다고 하는 자기 합리화가 생겨나 자포자기하게 된다.

창조적으로 생각하는 사람은 시련에 부딪쳐도 절망에 빠졌다고 해서 소극적으로 되지는 않는다. 왜냐하면 자신에게 닥친 시련을 어떻게든 자신의 힘으로 극복하지 않으면 안 된다는 열정을 품게 되기 때문이다. 이 때문에 두뇌도 활발하게 움직일 수 있고 결국 해결책을 찾아내어 난국을 타개할 수 있는 것이다.

진주의 왕이라 불리는 오기모토 씨는 숭어를 잡아 동경으로 전송하는 일을 하였으나 시일이 지남에 따라 숭어가 썩게 되어 그 일에 실패하고 말았다. 오기모토 씨가 요코하마의 해안에서 깊은 시름에 빠져 있을 때 때마침 옆에서 한 중국인이 막대한 금액의 진주 거래건을 이야기하고 있었다. 이야기를 듣는 그 순간 오기모토 씨는 '바로 이거다' 하는 생각을 했다. 자신이 바다에서 건진 진주로 장사를 하면 크게 성공하리라는 생각이 번쩍 들었던 것이다. 그는 실패로 인해 큰 충격을 받았음에도 불구하고 그 충격에서 벗어나 어떻게든 다시 일어서려고 부단히 노력하였다. 그 때 우연히 들은 이야기에서 힌트를 얻어 훌륭한 아이디어를 생각해내었고, 이 힌트는 진주 왕이 되는 결정적인 계기가 되었다. 보통의 경우라면 큰 충격을 받아 난국을 타개해 나갈 수 있도록 두뇌가 활동하지 않았을 것이다.

그러나 오기모토 씨는 옆 사람의 대화 중에서 힌트를 얻을 수 있을 만큼 왕성한 기력을 유지하고 있었다. 다시 말해서 역경 속에서도 두뇌가 창조적으로 활동했던 것이다.

대부분의 경우, 난국에 부딪치게 되면 갈등으로 인해 두뇌의 활동이 현저하게 저하된다. 또한 자신을 합리화시키고 재능이 없다거나, 자신의 힘으로는 극복할 수 없다고 체념해버리는 것이 보통이다.

창조는 언제나 가능하다. 인간은 누구나 창의력을 갖고 있지만 갈등과 자기 합리화로 인해 창의력을 발휘할 수 없게 되는 것이다. 따라서 난국에 부딪쳤을 때 창의력을 발휘하려면 갈등을 없애버리고 자기 합리화를 자제하지 않으면 안 된다. 그러므로 충격에 부딪쳤을 때도 자신을 속이지 말고 빨리 발산해버리고 국면을 전환하려는 노력이 필요하다.

3. 창조적 조건을 테스트한다.

이제부터 곤란에 부딪쳤을 때 어떻게 창의력을 발휘하여 타개해 나갈 수 있는지 그 방법을 탐구해보자. 그 전에 당신이 어느 정도의 창의력을 갖고 있는지를 테스트해보자. 테스트 결과, 창의력이 부족하다면 타개책을 훈련할 필요가 있다.

◎ 창조적 안건 테스트

당신이 창조력을 발휘하기 위한 조건을 어느 정도 갖추고 있는가를 테스트 한다.
다음의 질문에서 해당하는 곳에 ○표 하시오.

① 당신은 업무 또는 생활에서 항상 문제 의식을 가지고 생각하고 있습니까?
　　㉠ 그렇다　　　　　　㉡ ?　　　　　　㉢ 아니다

② 당신은 자신의 착상을 곧 비판하려고 하지 않습니까?
　　㉠ 그렇다　　　　　　㉡ ?　　　　　　㉢ 아니다

③ 당신은 하나의 문제를 결론이 날 때까지 철저히 생각할 수 있습니까?
　　㉠ 그렇다　　　　　　㉡ ?　　　　　　㉢ 아니다

④ 당신은 업무를 마친 후 항상 그 결과를 검토하고 개선하도록 노력합니까?
　　㉠ 그렇다　　　　　　㉡ ?　　　　　　㉢ 아니다

⑤ 당신은 아이디어를 찾을 때까지 몇 번이고 생각할 수 있습니까?
　　㉠ 그렇다　　　　　　㉡ ?　　　　　　㉢ 아니다

⑥ 당신은 자신의 업무를 개선할 힌트를 찾기 위해 끊임없이 정보를 수집하려고 노력하고 있습니까?
　　㉠ 그렇다　　　　　　㉡ ?　　　　　　㉢ 아니다

⑦ 당신은 자신의 업무에서 가끔 아이디어를 낼 수 있습니까?

  ㉠ 그렇다　　　　　　㉡ ?　　　　　　㉢ 아니다

⑧ 당신은 아이디어를 낼 때, 선입관에 얽매이지 않고 자유롭게 생각할 수 있습니까?

  ㉠ 그렇다　　　　　　㉡ ?　　　　　　㉢ 아니다

⑨ 당신은 보고나 다른 사람의 말을 듣는 가운데에서 당신의 문제를 해결할 힌트를 민감하게 얻을 수 있습니까?

  ㉠ 그렇다　　　　　　㉡ ?　　　　　　㉢ 아니다

⑩ 당신은 아이디어를 내지 않을 수 없도록 환경에 자신을 몰입시킵니까?

  ㉠ 그렇다　　　　　　㉡ ?　　　　　　㉢ 아니다

◎ 채점과 진단

항 목	1	2	3	4	5	6	7	8	9	10	계
득 점											

이상의 각 문제에 ○표가 끝났으면 채점을 한다.

♣ ㉠은 2점, ㉡은 1점, ㉢은 0점으로 하여 각각의 점수를 합하면 된다.

♣ 16점 이상의 사람은 창조력을 발휘할 조건을 갖추고 있으므로 창조력을 발휘할 수 있다.

♣ 11~15점까지의 사람도 창조력 발휘의 조건은 나쁘지 않다. 그러나 불충한 점도 있으므로 그런 점을 개선하면 창조력은 신장된다.

♣ 10점 이하가 되면 창조력 발휘 조건이 점점 나빠진다. 이런 사람은 창조력 발휘 방법을 잘 연구하여 그 조건을 잘 알 필요가 있다.

4. 자유롭고 여유 있게 생각한다.

샐러리맨은 일상적으로 여러 가지 문제에 부딪치고 그 해결을 강요당한다. 어떤 해결책이 없을까하고 머리를 짜내지만 그다지 좋은 아이디어는 떠오르지 않게 되고, 시간이 흐르면 점점 초조해지고 이윽고 자신감을 잃어 갈등이 생긴다. 그리고 자신에게는 재능이 없기 때문에 아무리 생각하여도 안 된다는 자기 합리화를 하게 된다.

전혀 난국에 맞설 수 없게 되고 조금이라도 일상의 문제가 해결되지 않을 때에도 역시 갈등이 일어난다. 또한 자기 합리화를 하게 되고 두뇌의 활동이 멈춰버린다. 기획하는 사람에게 일에 진척이 없으면 이와 같은 일이 생기고, 세일즈맨이 어려운 손님을 대할 때 역시 갈등과 자기 합리화가 일어난다. 이 때문에 자연히 각자의 능력에 벽이 높아지고, 그 벽을 넘지 못하게 되어 버린다. 창의력을 필요로 하는 때가 눈에 띄게 많아짐에도 불구하고 창의력을 발휘할 수 없게 되어 버리는 것은 항상 갈등 때문이다. 다시 말해 초조와 혼란으로 인해 두뇌의 활동이 경직되어버림으로써 생각처럼 움직일 수 없게 된다. 그러므로 창의력을 발휘하고 새로운 것을 고안하여 벽을 뛰어넘으려면 과감히 갈등을 버리고 사고를 유연하게 하는 것이 중요하다.

새로운 아이디어라고 하는 것은 종래와 같은 방법으로는 떠오르지 않는다. 종래에 없었던 사고방식이 가능할 때 떠오르는 것이다. 그리고 이러한 사고방식은 두뇌의 활동이 유연하고 자유로울 때 가능하다.

두뇌가 자유롭게 깊이 있게 활동할 때 자신이 지금까지 경험한 지식과 새로운 정보, 힌트를 자유로이 접목할 수 있는 것이다.

이와 같이 생각했던 소재를 자유로이 접할 때 지금까지 생각지 못했던 아이디어가 떠오르게 되는 것이다.

청진기를 발견한 의사 라에네크는 오래 전부터 인간의 몸 속 상태를 알 수 있는 방법이 없을까에 대해 여러 가지로 궁리하였다. 어느 날 그는 공원에서 한 아이가 놀이 기구의 다리를 두드리면 건너편 다리에서 다른 아이가 귀를 대어 들으며 놀고 있는 모습을 보았다. 그 모습을 지켜보고 있던 라에네크에게 문득 그것을 이용하여 몸 속의 소리를 들을 수 있는 기구를 만들면 되겠다는 아이디어가 떠올랐다. 이렇게 해서 라에네크는 청진기를 만들 수 있는 힌트를 얻게 된 것이다.

당시 그는 오로지 사람 몸 속 상태를 알 수 있는 방법이 무엇일까 하는 연구에만 몰두해 있었다. 이 때문에 눈에 들어온 풍경이 그가 평소 생각하고 있었던 문제의식과 연결되어 청진기를 발명하게 된 것이다.

책상 앞에서 무언가 좋은 아이디어를 찾기 위해 머리를 짜낼 때에는 더욱 초조해지고 사고는 경직되어 버린다. 경직 상태로 떨어지게 되면 두뇌의 활동은 부자유스러워져 지금까지 당연한 일이었던 것밖에 생각할 수 없게 된다. 이 때문에 소재의 독창적 연결이 불가능해지고 자극이 일어날 수 없는 것이다. 독창성을 낳게 하려면 먼저 자유분방한 두뇌의 활동이 필요하며 머리에 떠오르는 힌트를 비판하지 말아야 한다.

이 두 가지 조건이 필요한 것도 두뇌의 활동을 자유로이 하고 지금까지 없었던 정보를 연결할 필요가 있기 때문이다. 그러나 문제를 해결하고 아이디어를 발견하고자 하면 언제나 이것과 반대되는 상황이 일어나게 된다.

우선 두뇌의 활동이 갈등으로 경직되며 초조해지고 자기 비판이 높아지는 것이다. 이 때문에 독창성을 낳는 데 좋지 않은 상태로 되어 버린다. 여기서 기분을 전환하여 경직된 상태를 풀고 느긋하게 사고를 할 수 있는 상태로 전환시키는 일이 필요하다.

5. 문제 의식이 힌트를 얻게 한다.

'필요는 발명의 어머니'란 격언이 있듯이 무언가 필요성에 쫓겨 창의적인 고안을 하지 않으면 안 될 상황 아래에서 발명이라는 것이 이루어지게 된다.

그러나 누구나 필요하다고 해서 발명할 수는 없다. 대부분의 사람은 발명의 필요성에 쫓겨 초조해지게 되면 사고가 경직되고 오히려 발명해내기 어려운 심리 상태로 되고 만다. 필요에 의해 발명하려면 마음이 동요하지 않고 부드럽고 자유분방하게 생각할 수 있는 심리 상태가 필요하다. 또 발명이라는 것은 한두 번 생각해서 되는 일이 아니다. 수십 수백 번을 생각하고, 좋은 아이디어를 찾을 수 없어도 포기하지 않고 끊임없이 생각하는 정신이 필요하다.

보통의 경우 몇 번이고 생각하여도 좋은 아이디어를 찾을 수 없으면 절망에 빠지고 노력을 계속하지 않는다. 이와 같이 발명이 필요하고 발명을 위해 노력을 계속하는 와중에도 발명을 곤란하게 하는 심리적 요인이 잠재되어 있기 때문에 발명이라 하는 것은 참으로 어려운 일이다.

따라서 이러한 모순을 극복하고 발명하고자 하는 사람은 다음의 세 가지 사항에 유의하여야 한다.

첫째, 항상 문제 의식을 갖고 생각한다.
둘째, 외부의 정보에 대한 감수성이 민감해야 한다.
셋째, 몇 번씩 실패하여도 용기를 잃지 말고 유연한 사고로 생각한다.

이와 같이 했을 때 비로소 발명이 가능해지는 것이다.

질레트라는 사람은 세일즈맨이었다. 매일 아침 출근 시간에 쫓겨 서둘러 면도를 하다보니 때때로 면도할 때 힘이 들어가 얼굴에 상처를 내곤 했다. 그래서 세일즈맨의 얼굴에 상처가 있다면 영업에 지장을 초래하므로 얼굴에 상처를 주지 않는 면도날이 없을까 생각하곤 하였다.

어느 날 일을 마치고 맥주를 마시며 피로를 풀고 있는데, 그 때 맥주 병뚜껑이 눈에 들어왔다. 그 순간 질레트의 머릿속에 이것을 면도날에 붙여 보면 어떨까 하는 생각이 떠올랐다. 이것이 오늘날 질레트가 안전면도날을 발명할 수 있었던 힌트였던 것이다.

워터맨은 보험 세일즈맨이었다. 악전고투 끝에 겨우 손님에게서 계약을 얻어내어 계약서에 필요한 사항을 써 내려가던 중, 만년필의 잉크가 새어나와 힘들여 쓴 계약서를 망치고 말았다. 이러한 쓸쓸한 경험을 하면서 그는 잉크가 새지 않는 좋은 만년필을 만들 수 없을까 하는 문제의식을 갖게 되었다. 그리고 여러 가지로 만년필의 개량을 궁리한 끝에 세계적으로 유명한 워터맨 만년필을 발명하게 되었다.

질레트와 워터맨처럼 면도날이나 만년필에 문외한이라도 그것을 개량하고 자 하는 문제의식을 갖고 궁리하면 발명의 기회를 잡을 수 있다. 또한 두 사람은 자신의 탐구를 완수하기 위하여 외부의 정보에 매우 민감하였고, 그 때문에 힌트를 얻을 수 있었다. 더욱이 힌트만으로 발명이 완성된 것은 아니다. 이 힌트를 바탕으로 안전 면도날이나 만년필을 발명할 때까지의 길고 부단한 노력이 있었던 것이다.

6. 일상적인 현상 속에서 원리를 파악한다.

창의하고 고안하려면, 우선 문제의식을 갖는 일이 필요하다. 그런데 샐러리맨 중에는 의외로 문제의식을 갖고 있는 사람이 드물다.

"당신이 지금 하고 있는 일 중에서 무엇이 가장 중요합니까?"라는 질문에 확실히 대답하는 사람은 적다. 또 대답할 준비가 되었어도 그다지 중요하지 않은 일을 중요하다고 생각하는 사람이 많다. 이것은 항상 업무에 쫓겨 계획성이 없고 임기응변 식으로 대처하기 때문에 일어나는 현상이다. 이런 상황에서 확실한 문제의식을 갖고 창의, 고안을 할 수 없음은 당연한 일이다. 창의하고 고안하려면 업무를 중점적으로 파악하고 그것을 능숙하게 처리하려는 사고가 우선 중요하다.

이와 같은 일은 점차로 그 사람의 직감(육감)을 발달시키므로 외부에서 날아오는 정보에 대한 감수성이 예민해지는 것이다. 물론, 훌륭한 발명가의 경우에는 천성적으로 감수성이 예민하다. 이런 점에서 오기모토 씨나 마쯔시다 씨의 경우가 좋은 예이다.

이 두 사람은 정보에 대한 육감이 날카로워 보통 사람이라면 그냥 지나칠 상황에서 아이디어의 힌트를 잡아내었다. 그러므로 어떠한 난국에 부딪쳐도 갈등이 적었고, 그야말로 사고의 움직임도 지속되어 보고 듣는 일에서 여러 가지 교훈을 얻을 수 있었던 것이다.

마쯔시다 씨는 책을 통해 사람과의 만남에 있어서 좋은 점은 발견하되 나쁜 점을 보아서는 안 된다는 인간관계론의 기본을 배웠다. 또한 장님이 지팡이 하나에 의지하면서도 넘어지지 않는다는 사실에 착안하여 계획을 세우고, 일을 실패 없이 수행하기 위해서는 장님이 지팡이로 장애물을 하나하나 두드리면서 걷는 것처럼 한걸음 한걸음 계획에 맞추어 나가는 통제가 필요하다는 원리를 얻을 수 있었다. 이렇게 보고 듣는 것에서 교훈을 얻을 수 있었던 것은 뛰어난 감수성이 있었기 때문이다.

그러나 보통의 경우 이러한 뛰어난 직감이 작용할 수 없으므로 자신이 노력하여 후천적으로 이러한 직감을 연마하는 훈련을 해야 한다.

천재는 현상에서 법칙성을 취할 수 있는데, 이것은 타고난 천성으로 직감이 싹트기 쉬운 소질을 갖고 있기 때문이다. 물론 어떠한 천재라도 노력하지 않고 이와 같이 뛰어난 육감이 작용하는 것은 아니다. 이러한 천재도 여러 가지로 노력한 결과로 깨닫게 되는 것이다. 단지 보통 사람과는 달리 깨닫는 시간이 빠른 것뿐이다.

3, 4세 때부터 훌륭한 그림을 그려 전문가를 놀라게 하는 천재화가가 있는 것처럼 천재는 극히 짧은 시간에 뛰어난 재능을 나타낸다. 그러나 보통 사람의 경우에는 자신의 노력으로 직감을 키우지 않으면 안 된다.

그러기 위해서는 훌륭한 사람들이 만들어 낸 법칙, 원리를 배워 취하고 늘 직감을 연마해야 하는 것이다. 이것은 마치 스포츠와 바둑, 그리고 장기에 통달하기 위한 수행과 같다고도 할 수 있다.

전문가가 만든 형태와 정석을 배우고, 이것을 매일 사용하면 점차로 직감이 생긴다. 그래서 어떠한 경우에도 순간적으로 형태를 이용하여 대응할 수 있게 되는 것이다. 미리 현상에 대응하기 위해서 원리를 잘 습득하고 우연한 현상에 이 원리를 이용하여 대응한다. 천재가 일상 생활 속에서 원리를 취하는 것에 비하면 조금은 번거로운 방법이나 이를 마다하지 않고 노력하는 데 온힘을 다하면 역시 현상 중에서 원리를 취할 수 있다. 이렇게 되면 보통 사람이라도 여러 가지 정보에 대하여 날카로운 감수성으로 아이디어를 창출하게 된다.

7. 원리를 알면 아이디어를 얻기 쉽다.

샐러리맨이 업무 면에서 아이디어를 창출할 육감이 작용할 수 있도록 하려면 항상 자신의 업무를 원리적으로 받아들이는 훈련을 하는 것이 중요하다.

왜냐하면 원리적으로 업무를 취하는 훈련을 하다보면 많은 정보 중에서 아이디어의 힌트를 잡을 수 있는 육감이 발달하기 때문이다. 업무를 능률화할 경우와 작업을 능률화할 경우에도 그 업무 과정을 잘 분석하고 하나하나 과정의 업무 방법을 원리적으로 취하면 그 업무를 능숙하게 수행할 직감이 발달하게 되어 업무를 개선할 수 있는 아이디어를 쉽게 발견할 수 있는 것이다.

모든 부분에 있어 업무 담당자는 업무를 습관적, 상식적으로 반복하는 것이 아니라 그 업무를 합리적으로 과학적 원리에 준하여 탐구하는 것이 중요하다.

최근 행동 과학이 주목받는 것도 업무의 방법 혹은 조직 중에 있는 인간의 행동을 가능한 한 과학적이고 합리적으로 할 필요를 통감하기 때문이다.

여러 학자나 실업가에 의해 업무의 모든 부분을 합리화할 연구가 행하여지고 있다. 따라서 새로운 과학을 업무에 도입하고 자신의 업무를 원리적으로 파악함으로써 쉽게 합리화할 수 있다. 그러나 업무를 합리화하고 원리적으로 취하기 위하여 여러 방면에서 정보를 수집하고 원리화하지 않으면 안 될 일이 아직도 많은 게 사실이다.

정보 수집 방법은 당신이 업무를 원리적으로 파악할 수 있는가의 여부에 따라 가치가 결정된다고 할 수 있다.

정보를 수집하려면 우선 자신과 똑같은 업무를 능숙하게 처리하는 사람의 업무 처리 방법을 보고 배울 필요가 있다(사내 혹은 사외에서 찾아본다). 또, 신문 · 잡지 · 책 등에서 업무를 원리적으로 파악하는 갖가지 힌트를 모아야 한다(다양한 종류의 매스컴에 끊임없이 주의를 기울이고 그 중에서 정보를 취하는 훈련이 중요하다). 그리고나서 이들의 정보원이 어디에 있을까를 끊임없이 연구하고 찾으려는 노력을 해야만 한다.

이와 같이 수집된 정보를 기초로 하여 자신의 업무를 원리적으로 파악하는 연구를 끊임없이 행하지 않으면 안 된다. 장기나 바둑의 명인이 새로운 정석을 발견하거나 검도 · 유도 등의 스포츠가 독자적인 기본형을 개발하는 것은 여러 가지의 정보를 기초로 하여 스스로 연구하여 방법을 체득한 결과이다.

이와 같은 경우가 역시 당신의 업무에도 필요하다. 업무를 원리적으로 잡을 수 있는 훈련을 함으로써 아이디어를 찾아내는 직감이 날로 발달해 가는 것이다.

8. 가설을 세우고 실행에 옮긴다.

독창성을 발휘하려면 어떠한 문제에 부딪쳤을 경우 그 문제를 해결하기 위하여 가설을 세우고, 실행하고, 확인하는 것이 중요하다.

이와 같이 행동력이 뒤따랐을 때만이 독창력을 발휘할 수 있다. 많은 사람들이 가설을 세우고 실행하는 일이 무척 어려워 어떻게 할까 망설이는 경우가 많다. 이 때문에 독창력을 발휘할 수 없게 되는 것이다.

앞에서 예를 들었던 가고우 악기사의 경우에도 359만 엔의 자본금에 비해 고리의 차용금은 3,500만 엔에 달하였고 가고우마쓰 씨의 의형인 부사장은 단지 어떻게 할까 고민만 했을 뿐 어떠한 대책도 세우지 않았다. 가고우마쓰 씨는 공장장에서 전무로 승진한 후 무엇인가 처리하지 않으면 안 된다고 생각하였다.

가고우마쓰 전무가 차용금을 정리하기 위해 세운 가설은 두 가지이었다. 그처럼 차용금이 많은 회사에 차입금을 인수해 주는 은행은 없었다. 자본금을 늘린다 해도 보증해 주는 사람도 찾기 어려울 것이다. 그러므로 보통 사람이라면 가설을 세워 놓고도 대책이 서지 않아 손을 들고 말았을 것이다.

그러나 그는 이 두 가지 가설을 실행하기로 결심하였다.

우선 증자의 경우, 회사에 출자하는 상인 및 판매점 등을 설득하여 650만 엔을 늘리고 1,000만 엔의 자본금으로 하는 데 성공하였다. 그러나 이것은 차용금 3,500만 엔에 비하면 너무도 보잘 것 없는 것이었다. 그 다음으로 나고야의 마루하찌증권사의 사장과의 상담에서 그의 열의가 받아들여져 증자받는 데 성공하여 400만 엔을 받게 되었고 다음 해에는 수권 자본을 확대하여 3,500만 엔으로 증자할 수 있었다. 또한 관계 기관에 차입을 신청, 이것이 통과되어 3,000만 엔을 차입하는 데 성공하였다. 이렇게 해서 실행이 불가능하다고 생각했던 가설의 차입금을 일거에 반제하게 되었던 것이다.

이처럼 가고우마쓰 씨는 난제에 부딪쳤을 때 그것을 극복하기 위하여 가설을 세우는 지혜가 있었고, 그 가설을 실행에 옮기는 실천력을 갖고 있었기 때문에 재기 불능의 회사를 재건하였으며, 그 이후 회사를 발전 궤도에 올려놓아 오늘날의 번영을 누리게 되었던 것이다.

9. 정보와 원리가 필요하다.

독창력을 개발하려면 왕성한 행동력이 필요하다. 행동력이라고 해서 지금까지의 방법 그대로 반복하는 행동력이 아니라 끊임없이 현상을 개선하고 진보시키며 또한 난국에 부딪쳐도 그것을 극복하려는 혁신적인 행동력이 필요하다.

이 두 가지를 수행하려면 우선 정보를 충분히 수집해야 한다. 그리고 업무를 원리적으로 파악하는 것이 필요하다. 이 두 가지가 능숙하게 되어야 한다.

예를 들어, 어떤 세일즈맨이 매월 영업실적이 장애(장벽)에 부딪쳐 올라가지 못하는 상황에 빠졌다고 하자. 이 장벽을 어떻게 돌파할까가 중요한 문제이기는 하지만 이 과제를 잘 극복하여 성적을 올리는 사람은 극히 드물다. 대부분의 사람은 이것도 저것도 아닌 단지 체념적으로 생각할 뿐 앞을 내다보는 일을 게을리 하게 된다. 혁신적인 진보를 하려면 자신의 세일즈 방법이 어디에 문제가 있는가 확실히 가설을 세우고 그 가설에 의하여 세일즈 능력을 발휘하는 방식이 필요하다.

우선 다른 세일즈맨들은 어떤 방법으로 세일즈를 할까, 특히 뛰어난 세일즈맨의 세일즈 방법을 알아보고 이것을 연구한다. 자신의 주위에 있는 사람, 선배 혹은 매니저로부터 배우고, 보다 넓게는 타사의 세일즈맨, 베테랑 세일즈맨의 세일즈 방법에 대한 정보를 모아 연구할 필요가 있다. 이와 같이 뛰어난 세일즈맨의 세일즈 방법에 대한 정보를 가능한 한 많이 모아 그 중에서 세일즈를 능숙하게 할 수 있는 힌트를 잡아내야 한다. 그러나 타인의 방법을 흉내 내는 것만으로는 충분하지 않다.

다음으로 중요한 것은 세일즈의 원리를 잘 취하는 일이다.

앞에서 예를 들었던 것과 같이 세일즈를 능숙하게 하기 위해서는 원리를 최초의 주목 단계에서부터 최후의 완결 단계까지 충분히 취하는 것이야말로 자신의 세일즈 방법의 허점을 확실히 알 수 있는 것이다.

타인의 뛰어난 방법을 최대한 알고 있는 것과 세일즈의 원리를 취하고 있는 상태에 따라 자신의 방법은 어디가 취약한가를 확실히 알게 된다.

그 결과, 최초로 자신에게 부족했던 점, 즉 능숙하게 손님을 주목시킬 수 없었던 점에 허점이 있다고 하면 이것을 마스터하는 것을 최초의 가설로 설정한다. 또한 손님의 저항이 있을 때, 그 저항을 되받아칠 수 있는 연기의 서툼이 허점이라면 저항을 받아칠 수 있는 연기에 힘을 넣는 것을 제2의 가설로 한다.

이와 같이 자신의 허점을 고칠 두 가지의 가설을 확립했다면 다음엔 이 가설에 기인하여 손님을 주목시킬 연기와 저항에 대처할 연기를 펼치기 위한 방법을 실행의 단계에 넣는다. 가설을 실행하는 데 어떠한 방법이 좋을까를 알기 위해서는 기존의 뛰어난 세일즈맨의 세일즈 방법을 폭넓게 알 필요가 있다. 더욱이 주목시키고 대처해야 할 연기를 능숙하게 하려면 원리를 충분히 습득해야 할 필요가 있다.

이 두 가지가 능숙하게 되어 가설을 실행에 옮길 경우 자신에게 더욱 이로운 방식을 고안할 수 있게 되고 점차로 자신의 허점이 시정되어 세일즈의 능력은 진보해 간다.

우리가 업무를 수행하는 경우에는 끊임없이 창의, 고안을 하여야 하며 이 창의력이 유감없이 발휘되려면 가능한 한 많은 정보를 수집하는 동시에 업무의 원리를 잘 취하는 것이 전제되어야 한다.

10. 아이디어가 나올 때까지 사고사이클을 반복한다.

지금까지 서술한 독창성을 발휘하는 과정은 다음과 같다.

♣ 문제의식을 갖는 일
♣ 문제를 해결하기 위한 가설을 세우는 일
♣ 가설을 실행에 옮기는 일
♣ 가설을 세우고 이것을 실행에 옮기기 위해 끊임없이 정보를 수집하는 일, 그리고 업무를 원리적으로 파악(필요 조건)

그러나 이와 같은 과정이 다음에서 다음으로 능숙하게 행하여질 수는 없다. 가설을 세우는 일 그 자체가 간단하게 되지 않거나 가설을 실행하는 게 능숙하게 안 될 때도 있기 때문이다. 그렇게 되면 점차 절망에 빠지고 두뇌의 활동이 나빠지게 된다. 그리고 아무리 생각을 해도 좋은 방법이 떠오르지 않아 자신의 소질탓으로 자기를 합리화하게 된다. 이렇게 되면 중도에서 포기해 버린다.

이에 대한 방지책이 있다면 다시 한 번 생각해 보고 좋은 아이디어가 떠오르지 않더라도 체념할 생각을 버리는 일이다. 그리고 자기가 즐기는 일을 하면서 기분 전환을 한다. 그리하면 점차로 경직되었던 사고가 원활하게 된다. 이렇게 하다보면 지금까지 생각지 못했던 아이디어가 문득 떠오를 때가 있다.

업무에서 벗어나 산보중에, 식사 후 커피를 마시고 있을 때 갑자기 지금까지 몰랐던 문제의 해결 실마리를 찾게 되는 경우도 있다. 여유를 가짐에 따라 경직된 사고가 원활해지고 지식과 관념이 자유롭게 연결될 수 있으며 그러다 보면 문득 기발한 착상이 떠오르게 되기 때문이다. 그렇지만 한두 번 여유를 갖는다고 해서 기발한 착상이 떠오르는 것은 아니다. 몇 번의 여유를 가졌음에도 불구하고 잘되지 않는 경우도 많다. 그러나 이럴 때 결코 체념하지 않겠다는 마음가짐을 가지면서 한편으로는 다시 한 번 체념한 듯한 여유를 갖는 일이 중요하다.

그렇게 여유를 가진 후, 업무로 돌아갈 때에는 더욱 새로운 정보를 접촉하게 되고 또한 부족한 업무의 원리를 취하게 된다.

이와 같이,

♣ 기분을 전환하여 유유자적한다.
♣ 꾸준히 정보를 수집한다.
♣ 원리에 대하여 배운다.
♣ 너무 원리에만 집착하면 사고가 경직되므로 다시 한 번 기분을 전환한다.
♣ 정보를 수집한다.
♣ 원리를 배운다.
♣ 다시 한 번 유유자적한다.

이러한 사이클을 계속 반복한다. 그러는 동안에 이윽고 자극이 오게 되고 훌륭한 아이디어가 와 닿는다.

아이디어 개발의 방법은 이와 같은 훈련 사이클을 반복해감에 따라 독창력을 연마하게 되는 것이다. 이것을 반복하는 동안에 정보는 어떤 방식으로 수집하면 좋을까, 정보는 어느 곳에 있을까, 필요한 정보를 모두 모았는가의 여부 등 자신에게 필요한 직감을 연마한다.

또한 업무의 원리를 취하기에 필요한 이론을 수집하려면 어떻게 하면 좋을까, 그러한 이론은 어디에 있을까, 필요한 이론을 모으고 있는 걸까 등의 육감도 발달되며, 동시에 독창력 발달에 필요한 직감이 개발되는 것이다.

관리자가 집중력을 강화하는 실행노트

1. 집중하면 피곤하지 않다.

어떤 노이로제에 걸린 사람이 재미있는 방법으로 자신의 병을 고친 이야기를 하는 것을 들은 적이 있다. 그는 매일 아침 일찍 일어나 사당에 나갔는데, 이 때 바늘을 꽂은 긴 대나무 작대기로 사당 경내에 떨어져 있는 담배꽁초를 주웠다고 한다. 그리고 이것을 매일 아침 반복하는 동안에 노이로제가 없어졌다는 것이다.

이렇게 이리한 일로 노이로제를 고칠 수 있었는가? 바로 무엇인가에 정신을 집중했기 때문이다. 담배꽁초를 줍기 위해 정신을 집중하고 있는 동안 점차로 심신이 상쾌해지고 노이로제를 고칠 수 있게 되었던 것이다.

우리들이 노이로제에 걸리는 것은 마음에 고민이 있어 그것을 괴로워하기 때문이다. 마음의 갈등이 대뇌의 일부 신경세포의 움직임에 갈등을 일으켜 극도로 피로하게 되어 노이로제가 되는 것이다. 따라서 노이로제를 고치려면 대뇌에 있는 신경세포의 갈등을 없애지 않으면 안 된다. 그러기 위해서는 무엇인가에 집중할 필요가 있다. 무언가에 집중하고 있으면 거기에 주의가 집중되므로 지금까지 갈등을 일으켰던 마음이 약해져 간다. 또 집중하고 있으면 신경계통이 긴장하게 되어 잘 움직이게 되고 그것과 동시에 호르몬 계통의 움직임도 좋아져 점차로 건강을 되찾을 수 있게 된다.

앞의 예에서는 매일 아침 담배꽁초를 줍는 일에 집중하고 있는 것이 신경계통을 집중시켜 건강하게, 그리고 호르몬 계통의 움직임을 좋게 하여 노이로제를 고칠 수 있게 된 것이다.

이와 같이 무언가에 집중하는 일은 우리들의 신경에 있어서도, 신체의 건강에 있어서도 매우 좋은 일이다. 그러나 이러한 원리를 잘 모르고 있으면 집중하는 일이 거꾸로 우리를 피로하게 만드는 좋지 못한 것으로 오해받기 일쑤이다. 그러나 그것은 어처구니없는 오해이다.

나는 일요일이 되면 주로 가정에 봉사를 한다. 아내와 아이들과 함께 두세 곳의 백화점에 들러 쇼핑을 하고 집으로 돌아올 쯤에는 피로를 느끼게 된다. 그리고 다음날인 월요일에는 아침부터 업무 때문에 바쁘게 뛰어다녀 오전에는 어느 회사에 강연차 출장을 가고 오후에는 어느 공장에 어드바이스를 하기 위해 외출을 한다. 게다가 저녁에도 강연을 할 때가 있어 숨돌릴 틈없이 바쁜 하루를 보낸다. 그러나 오히려 이런 평일에는 더욱 의욕이 생겨 여유가 있는 일요일보다 피로를 덜 느낀다. 백화점을 순회하는 일은 자신의 의지가 아닌 아내와 아이들을 위한 서비스차원에서 이루어지기 때문에 결국에는 마음에 갈등이 생겨 피로를 보다 빨리 느끼게 되는 것이다.

그러나 업무일 경우에는 확실한 목적을 갖고 마음을 긴장시켜 일에 빠져들어 훨씬 더 많이 두뇌와 신체를 사용하는 데도 그다지 피로를 느끼지 않는 것이다.

두뇌와 신체의 피로라는 것은 얼마 만큼 긴 시간 동안 사용되었나 하는 시산상의 문제가 아니라 사용하는 방법에 따라 결정되는 것이다. 어떠한 일이든 억지로 하게 되면 빨리 피로를 느끼게 되나 기쁜 마음으로 집중하게 되면 신경이 긴장되어 의욕이 생기고, 호르몬이 분비되어 생각보다 피로를 덜 느끼게 되는 것이다.

2. 집중하면 이상한 힘이 나온다.

인간은 무언가에 집중을 하게 되면 굉장한 힘이 나오는 경우도 있다. 집중하는 일이 인간의 정신력과 체력을 매우 강하게 움직일 수 있음을 가리키는 것이다. 화재가 났을 경우 장롱이나 평소에 들지 못했던 무거운 것들을 들어내는 '화재장력'이 발휘되는 것도 집중력의 효과를 실증하는 것이다.

최근 최면술의 경우에서도 최면에 걸린 사람이 어깨를 의자의 한쪽 모서리에 얹고 다리를 다른 의자의 한쪽 모서리에 얹어도 경직된 채 편안히 눕게 되는 전신 경직이 일어난다. 이와 같은 힘이 발휘되는 것도 암시의 언어에 따라 집중력이 발휘되기 때문이다.

반대로 이와 같은 일도 있다. 장의 상태가 나쁠 때 맥주를 마셔 설사를 하게 된 사람이 있다면 그 이후 맥주를 마실 때마다 설사를 하게 된다. 또 우유를 마셔 설사를 하게 되었다면 그 이후 우유를 마실 때마다 설사를 하기도 한다.

이와 같은 일이 일어나는 것도 역시 집중력이 원인인 것이다. 다시 말해 우유나 맥주가 좋지 않다는 강한 의식에 빠져 그 사람의 대뇌에 맥주와 설사라는 반사신경이 한데 묶인 채 고정되었기 때문이다.

보통 조건반사는 몇 번을 반복해야 일어나는 일이지만 단 한 번의 경험으로 반사되어버리는 것은 강한 의식이 단 한 번의 경험으로 집중되고 그 결과로 조건반사가 만들어지기 때문이다. 그 이후 앞서와 같은 맥주와 우유 때문에 설사라는 조건이 성립되어 버린다. 이처럼 강한 믿음에서 무언가를 집중적으로 수행한다면 큰 힘을 갖게 되는 것이다.

물론, 집중의 효과는 나쁜 경우에만 나타나는 것이 아니다. 내가 중학교 시절 검도를 배울 적에 몸통을 잘 칠 수가 없어서 이를 극복하기 위해 끊임없이 노력을 하였으나 요령을 터득할 수가 없었다. 그러던 어느 날 선생님에게 요령을 배워 온힘을 다해 정신을 집중한 상태에서 상대의 몸통을 치게 되었고 마침내는 그 요령을 습득하게 되었던 것이다.

이와 같이 그 무엇인가를 열심히 할 때 단 한 번의 경험에서도 반사조건이 생기는 경우가 있다.

3. 집중하면 능력이 신장된다.

꿈자리가 좋은 날에는 운이 따른다는 샐러리맨이 있다. 이런 날은 세일즈 성적도 매우 좋다. 이렇게 운이 따르는 것은 그 날의 상태가 좋다고 믿기 때문이다.

이렇듯 믿음에 따라서 그 사람의 태도에 자신이 생기고 사람을 끌어당기는 힘이 나오는 것이며 더욱이 세일즈 연기에 집중할 수 있게 되는 것이다.

운동 선수나 예능인의 경우에도 '운'이 따른다고 생각하면 자신의 기량을 더욱 능숙하게 발휘하게 되는데, 이것은 '운'이 수행 업무를 집중시켜주기 때문에 평소 이상의 힘이 발휘되는 것이다.

올림픽에서 일본과 러시아의 배구팀이 우승을 놓고 싸우게 되었을 때의 일이다. 양 팀의 실력 차이는 거의 없었다. 그러다가 일본 팀에 서브가 돌아오는 횟수가 많아졌고 그 때부터 일본 팀은 갑자기 강해졌다. 그 이유는 서브가 올 때 '운'이 따른다고 생각했기 때문이다. 반대로 러시아 팀은 상대적으로 약해지고 실수가 많아졌다. 이렇게 실수가 빈번해져 서브가 일본 팀으로 넘어가면 러시아 팀의 갈등이 점점 커져 동시에 '운'이 나빠지게 되었던 것이다. 이 때문에 러시아 팀은 많은 실점을 했고, 더욱더 실수를 많이 하게 되었다.

나는 이 경기를 통해 동등한 실력이지만 집중할 때에는 극히 강하게 되고 갈등할 때에는 매우 약하게 된다는 것을 인상적으로 볼 수 있었다. 일본 팀 감독은 확실히 이와 같은 승부 심리를 잘 알고 있는 듯했다.

선수들은 매일 8시간 30분 동안의 맹연습을 통해 신체를 철저히 단련하고 불과 5시간의 수면을 취했다고 한다. 일본 팀 감독은 이런 식으로 선수들을 훈련시켰다고 한다. 이처럼 맹렬한 연습을 시킨 것은 선수가 어떠한 쇼크에 부딪쳐도 동요하지 않고 집중적으로 경기를 펼칠 수 있게 하기 위해서였다. 그러므로 러시아 팀에 서브를 빼앗겨도 그다지 갈등을 일으키지 않고 다시 서브를 빼앗아 시종 유리한 시합으로 리드할 수 있었던 것이다. 쇼크에 대한 내성과 언제라도 경기에 집중할 수 있는 태도를 갖춘 것이 러시아 팀을 이길 수 있었던 원인이었다.

우리가 능력을 개발해 나갈 경우에는 갈등을 누르고 얼마나 끊임없이 집중적으로 업무를 수행하느냐의 여부에 따라 그 효과는 다르게 나타난다. 여기서는 어떻게 집중력을 완성하게 하는가가 자기를 개발하는 데 있어 매우 중요한 과제가 된다.

4. 집중력을 테스트한다.

당신에게 집중력이 있는가의 여부는 집중하는 대상에 따라 다르다. 만약 테니스에 흥미가 있으면 테니스를 하고 있을 때는 집중을 할 수 있다. 그런데 업무가 단조로워 재미가 없다고 생각하면 업무를 수행할 때 곧 산만해지고 집중할 수 없게 된다. 그러므로 집중력이 있는가의 여부는 일반론으로는 말할 수 없고 무엇에 대하여 집중력이 있는가를 살펴보아야 한다.

집중이 가능한가의 여부는 그 대상에 대하여 어느 정도 흥미를 갖고 있는가, 그것을 어느 정도 이해하고 있는가, 혹은 대상의 의의를 인지하는가, 그것에 따라 자신의 욕구가 만족되어지는가의 여부로 결정되기 때문이다. 그러나 특정 대상이나 중요한 일에 대해서도 주의를 집중하지 않고 그저 건성으로 머리를 쓰는 사람도 있다.

여기에서 일반적인 주의 집중력을 가늠하는 테스트를 해보자. 당신의 일반적인 주의 집중력은 어느 정도인가. 다음의 테스트에 따라 알아 보자.

◎ 집중력테스트

다음의 10문항에 대하여 해당하는 부분에 ○표를 하시오.

① 배가 고플 때?
　　㉠ 잘 생각할 수 없다.
　　㉡ 양자의 중간이다.
　　㉢ 보통으로 생각할 수 있다.

② 수면 부족일 때 업무를 수행하려면?
　　㉠ 두뇌의 활동이 나빠진다.
　　㉡ 양자의 중간이다.
　　㉢ 두뇌의 활동은 보통이다.

③ 주위가 시끄러울 때?

　㉠ 잘 생각할 수 없다.

　㉡ 양자의 중간이다.

　㉢ 보통으로 생각할 수 있다.

④ 싫은 사람과 만날 때?

　㉠ 잘 이야기할 수 없게 된다.

　㉡ 양자의 중간이다.

　㉢ 보통으로 생각할 수 있다.

⑤ 책을 읽을 때?

　㉠ 집중하기 매우 어렵다.

　㉡ 양자의 중간이다.

　㉢ 집중하기 매우 쉽다.

⑥ 타인의 말을 들을 때?

　㉠ 집중하기 매우 어렵다.

　㉡ 양자의 중간이다.

　㉢ 집중하기 매우 쉽다.

⑦ 취미나 스포츠 등에 몰두할 때?

　㉠ 집중하기 매우 어렵다.

　㉡ 양자의 중간이다.

　㉢ 집중하기 매우 쉽다.

⑧ **걱정이 있으면?**

　㉠ 생각을 잘 정리할 수 없다.

　㉡ 양자의 중간이다.

　㉢ 다른 생각을 하고 있을 때는 걱정을 잊어버린다.

⑨ **의논하여 형세가 나빠지면?**

　㉠ 갈피를 못 잡고 횡설수설한다.

　㉡ 양자의 중간이다.

　㉢ 냉정하게 이성적으로 생각한다.

⑩ **업무에 재미가 없으면?**

　㉠ 할 마음이 없어진다.

　㉡ 양자의 중간이다.

　㉢ 참고 계속한다.

◎ 채점과 진단

항 목	1	2	3	4	5	6	7	8	9	10	계
득 점											

♣ 채점 방법은 ㉠은 0점, ㉡은 1점, ㉢은 2점으로 한다.

♣ 16점 이상이면 주의 집중력이 좋다.

♣ 12~15점까지는 주의 집중력이 있는 편이다.

♣ 8~11점까지는 주의 집중력이 보통이다.

♣ 7점 이하는 집중력 부족이라고 할 수 있다.

5. 의의를 알면 집중할 수 있다.

어떠한 업무라도 좋은 점이 있으면 나쁜 점도 있다. 업무가 싫다고 생각하는 사람은 그 업무의 나쁜 점만 보고 있기 때문에 싫어하게 된다. 만약 이 사람이 그 업무의 좋은 점을 볼 수 있게 되면 나쁜 점은 점점 보이지 않게 되고 일을 좋아하게 될 것이다. 이것은 심리학적으로 말하여도 옳은 것이다.

업무를 볼 때도 이와 마찬가지이다. 업무에는 좋은 점과 나쁜 점이 있지만 좋은 면을 확실히 보고 있는 사람에게는 나쁜 면이 보이지 않고 반대로 나쁜 면을 보고 있는 사람에게는 좋은 면이 보이지 않는다.

업무의 좋은 면만을 항상 보도록 하면 점차로 나쁜 면이 보이지 않게 되고 업무에 애착이 생긴다. 업무의 좋은 면만을 보기 위해서는 그 업무의 의의를 파악하는 일이 매우 중요하다.

죄인에 대한 형벌의 하나로 해봐야 별 외의가 없는 일을 시키는 경우가 있다. 가령 이런 것이다. 갑의 구멍에서 물을 퍼내어 통에 가득 채운 후 다시 을의 구멍에 붓는다. 다음에 을의 구멍에서 다시 물을 퍼내어 갑의 구멍에 붓는다. 이와 같은 작업이 몇 번씩 되풀이되면 대부분의 죄인은 이 일을 견뎌내지 못하고 점차 정신에 이상이 오게 된다. 이처럼 의의가 없는 작업을 하면 인간은 견딜 수 없게 되는 것이다.

우리가 업무를 수행할 때에도 이와 같은 경우가 있다. 하고 있는 업무에 의의를 느끼지 못하면 못할수록 고통은 커지고 집중할 수 없게 된다. 그러므로 집중하기 위해서는 업무의 의의를 느끼는 일이 매우 중요하다.

6. 이해와 흥미를 집중시킨다.

업무에 집중할 수 없는 사람은 업무가 시시하고 재미없으므로 집중할 수 없다. 즉 업무를 재미있게 하는 방법을 알지 못한다는 뜻이다. 업무는 얼마든지 재미있게 할 수 있는 것이다. 그 방법으로써 흥미의 심리적 원칙을 알 필요가 있다.

어떤 사람이 베토벤의 작품을 듣고 훌륭하다고 생각하거나 피카소의 그림을 보고 감동하는 것은 그 사람의 마음은 베토벤이나 피카소에게 공감하고 있기 때문이다. 즉 베토벤과 피카소를 이해할 수 있는 것이 마음의 한가운데(대뇌의 한가운데)에 있기 때문이다. 이것은 TV의 수신기를 어떤 방송국 주파수에 잠깐 맞추는 일과 같다. KBS와 같은 파장을 수신기가 낼 수 있다면 KBS의 전파를 수신할 수 있게 된다. 안에 있는 전파와 밖에 있는 전파가 일치되었을 때 화면에 영상이 비춰지는 것이다. 외부의 그 무엇인가를 잡으려면 내부의 것과 동일하게 만들지 않으면 안 된다. 그러나 베토벤과 피카소를 알지 못하는 사람도 많다. 이런 사람들은 베토벤의 작품을 들어도 좋다는 생각이 없다. 그리고 피카소의 그림을 보아도 무엇이라 말할 수 없이 우습게 보일지도 모른다. 이러한 사람들은 마음 한가운데에 베토벤과 피카소를 이해할 수 있는 그 무엇이 없기 때문이다. 베토벤에 열중하고 피카소에 빠지려면 베토벤과 피카소를 이해하는 그 무엇이 대뇌의 한가운데에 없으면 안 되는 것이다.

업무에 집중하는 경우에도 똑같은 이치이다. 업무가 재미없는 것은 업무를 이해하는 것이 마음에 없기 때문이다. 그러므로 일을 앞에 두고도 재미를 느끼지 못하는 것이다. 업무를 재미있게 처리하려면 업무를 잘 이해하려는 마음을 가지지 않으면 안 된다. 그렇게 하려면 업무의 원리를 잘 파악하는 일이 매우 중요하다.

바둑이 재미가 있으려면 정석을 확실하게 배우고 그것을 잘 마스터하는 일이 선행되어야 한다. 그러면 언젠가는 실전에서 배워둔 정석을 활용해야 하는 국면에 부딪치게 된다. 바로 그 때 무릎을 치며 쾌재를 부르게 되는 것이다.

자신의 대뇌에 있는 정석(원리)과 현실의 국면(현상)이 일치할 때 비로소 능숙하게 대처해 나가게 되는 것이다. 이 때에는 뭐라 말할 수 없는 쾌감을 느끼게 되고 바로 이것이 베토벤과 피카소에게서 감동을 느꼈던 것과 같은 심리상태가 되는 것이다. 다시 말해 마음속에 있는 모든 것과 외부에 있는 것이 조화를 이룰 때 큰 기쁨을 맛볼 수 있게 된다는 말이다.

스포츠에서도 마찬가지이다. 자신이 평소 훈련한 형(form)을 현실의 국면에서 자주 사용함으로써 더욱 능숙해지게 된다.

업무에서도 이와 똑같다. 우선 자신이 하는 일을 합리화하거나 작업에 있어서 능률화하는 원리를 잘 마스터한다. 그리고 그 원리를 이용하여 자신의 일과 작업을 개선하고 합리화, 능률화하여 본다. 이것을 능숙하게 잘 넘기면 말할 수 없는 기쁨이 와 닿을 것이다.

이와 같이 업무의 원리와 요령을 잘 마스터하여 이 원리에 `의거하여 일을 바라보면 업무가 이해됨은 물론이요 원리에 의거하여 업무를 합리화하고 개선해 나갈 수 있는 여건이 조성되며 업무에 대한 큰 기쁨이 표출되는 것이다.

앞에서 설명한 것처럼 생산 공정에서 작업원에게 표준화를 맡기게 되면 그 작업원은 자신의 작업을 원리적으로 공부하고 그것과 동시에 작업 능률이 점차 향상된다. 자주적으로 업무의 원리를 배우면서 업무를 진행하는 사람은 업무에 대한 이해와 흥미를 향상시키고 업무에 집중할 수 있게 되는 것이다.

7. 요령을 알면 집중할 수 있다.

올바른 집중 방식을 확립하고 훈련하지 않으면 집중 효과가 오르지 않고 점점 저항이 많아져 집중을 할 수 없게 된다. 이 집중 방식이라고 하는 것은 지금까지 서술한 업무와 스포츠를 원리적으로 파악하고 원리에 기인하여 올바른 형을 만든 것으로써 말하자면 업무의 시스템이라는 것이다.

검도, 유도, 무용, 그 외의 모든 예능에는 유파라는 것이 있다. 유파에 따라 그것을 배우는 경우는 기본적 원리, 혹은 형(폼)에 각각 독자적인 것이 있고 그 도를 나타내는 원리, 혹은 형의 체계가 만들어진다.

도를 닦음에 있어서도 어떤 유파에서 그 형을 그대로 배우게 되면 수행에 정진하기 쉽다. 더욱이 언제까지 이 형을 취하고 있는 것이 아니라 형을 마스터하면 점차 자신이 새로운 형을 창출할 수 있게 된다.

형이란 것은 연습할 경우의 기준이 되고 이 기준에 의거하여 자신의 행동에 좋고 나쁨을 판정할 수 있고 기준이 있음으로써 훈련의 집중이 쉬워진다. 기준이 없으면 자신의 방법이 올바른가 올바르지 못한가의 여부에 자신이 없고 갈피를 못 잡게 되어 집중할 경우 저항이 생기게 된다. 자기류란 것은 합리적 근거에 의거하여 만들어지는 경우가 적어 몇 번이고 반복하여도 어떤 단계 이상 진보하지 않게 된다.

업무에서도 마찬가지이다. 그 일에 능력을 펼치려면 그 일을 능숙하게 하기 위한 기본 원리를 파악하고 방법을 체계화할 필요가 있다.

세일즈맨의 경우라면 먼저 예를 든 바와 같이 주목에서부터 완결까지 구매자 심리과정을 잘 파악하고 구매자 심리에 대응한 판매자 연기의 체계를 만들어 내야 한다.

이것이 세일즈에 통달하기 위한 시스템인 것이다. 또 아이디어를 개발하려면 독창력 개발 방식을 마스터하고 그 원리를 갖추어 아이디어 개발을 훈련해야 한다. 기획에서도 조사, 총무, 경리에 이르기까지 모두 그 업무의 원리를 파악하고 합리적으로 하기 위한 방식을 확립한다.

업무를 수행할 경우에는 이 방식을 갖추어 실시하고 실제에서 이 방식을 사용해 보고 실정에 맞지 않거나 형편이 나쁜 곳이 있으면 그것을 개선해야 한다. 이처럼 끊임없이 시스템을 개선, 진보시켜 가는 것이 필요하고 이 시스템이 잘 정비되어감에 따라 업무에 보다 집중할 수 있게 되는 것이다.

이런 의미에서 말하면 시스템이란 것은 일을 잘하기 위한 도구다. 이 도구가 잘 정비되어 뛰어나게 되면 업무에 더욱더 충실할 수 있게 되고 집중하기가 더욱 쉬워진다. 반대로 업무가 재미없고 집중이 안 되는 사람은 거의 일의 요령과 원리를 모르고 있다고 할 수 있다. 그러므로 업무를 처리하려 할 때 상황을 모르게 되는 것이고, 이것이 심리적 저항이 되어 업무와 친숙해지지 않는 것이다.

8. 목표를 세워 집중한다.

업무에 진정으로 흥미를 느낀다면 집중하는 일은 그야말로 쉽다. 그러나 그런 경우는 매우 드물고 피로하거나 업무가 짜증스러울 때가 많다. 여기에서 집중을 방해하는 조건이 일어나도 그것에 지지 않고 열중하려고 한다면 끊임없이 자신의 업무에 매이게 할 동기가 필요하다. 그러기 위해서는 업무의 목표를 갖고 그것을 끝까지 할 수 있도록 습관을 붙이는 일이 중요하다.

오늘은 어느 정도의 양을 처리하고 혹은 어느 정도 능력을 발휘한다는 것을 확실하게 목표를 세운다. 이 목표는 자신이 모든 능력을 발휘하지 않으면 달성할 수 없을 만큼 높은 것이 좋다. 이 목표를 어떻게든 이행하고자 할 때 업무 방법을 고안하고 업무에 필요한 공부를 하게 된다. 높은 목표를 세웠던 일이 업무에 긴장감을 가져다주는 동시에 시간의 귀중함을 깨닫게 하므로 그것을 효과적으로 사용하게 된다.

미국에서는 이 목표에 따라 인간의 능력을 최대한으로 사용하고 있다. 가령 어떤 유학생이 미국의 대학에서 청소부로 일하고 있다고 하자. 청소부라고 하여도 월급에 있어서는 우리나라보다 일곱 배 가량 많다. 그러나 그 일의 실제를 알고 보면 매우 냉정하다. 우리나라에서 약 30명의 청소부가 일해야 하는 면적을 단 3~4명에게 맡기는 것이다. 우리나라 청소부에 비해 10배 정도의 일을 하고 7배 정도의 월급을 받으므로 오히려 우리보다 임금이 싸게 주어지는 것이다.

그들은 그 넓은 면적을 8시간 안에 마치지 않으면 안 되므로 숨가쁘게 일해야만 한다. 상황이 이러하므로 청소를 어떻게 빨리, 능률적으로 할까 하는 작업 연구가 철저하게 이행된다.

한 교실에 책상이 50개, 하나의 책상을 청소하는 데 소요되는 시간은 3초, 합하여 2분 30초, 대걸레의 폭이 1m, 교실의 넓이는 사방 15m, 필요 왕복 시간 1분을 합하여 15분, 세제를 묻힌 대걸레로 각 교실을 닦는 데 소요되는 시간 2분, 칠판 청소 2분 등 이와 같이 면적에 대한 소요 시간을 정해 놓고 계산하여 결산한 교실의 청소 시간은 합계 25분이 된다. 따라서 청소부는 이 시간 안에 청소를 하지 않으면 안 되므로 날듯이 뛰어다니며 청소를 하는 것이다.

9. 합리화에 따라 집중할 수 있다.

전력을 다해 업무에 집중하지 않으면 안 될 경우가 되었다면 이제는 업무 방법이 문제가 된다. 업무 방법을 철저하게 합리화시키지 못하면 능률화를 생각하여도 저항이 많아지므로 능숙하게 할 수 없다. 따라서 업무 방법의 기본을 원리적으로 연구하고 이것을 개선하려는 노력이 필요하다. 업무의 시간 연구와 동작 연구가 미국에서는 특히 철저하게 이루어지고 있다.

이와 같이 업무에 집중하려면 집중을 방해하는 모든 요인을 없애고, 끊임없이 원리적으로 연구하여 업무 방법을 더욱더 합리적으로 하지 않으면 안 된다.

최근 행동과학이 경영의 모든 면에서 채택되고 있는 것도 업무와 인간의 행동을 합리화시키면 시킬수록 우리들의 행동은 생리와 심리의 법칙에 따라 그 업무에 저절로 열중할 수 있게 되기 때문이다. 열중하여 업무를 행하고 있을 때에는 자아의 확대감이 일어나고 스스로 자신감이 넘치게 된다. 이 자신감이 한층 더 업무에 집중할 수 있게 한다. 그리고 이 사람이 능력을 비약시키는 것이다.

내가 학생 시절 탁구를 하였을 때에도 컨디션이 좋을 때는 열중하게 되고 점점 집중할 수 있게 되어 어떠한 어려운 공이라도 쉽게 반격할 수 있었다. 그렇게 되면서 더욱 자신감이 생기고 마치 내 자신이 아닌 것처럼 예상 외의 역량을 발휘할 수 있었다. 자신감이 넘쳐흐를 때는 대단히 훌륭한 솜씨를 펼치곤 했다. 바로 이러한 때 새로운 요령을 취하여 이것을 기회로 진보하게 되는 것이다.

반대로 손이 생각대로 움직이지 않거나 실수가 많을 때는 열중할 수가 없었고 이 때 손의 움직임은 둔해지고 더욱 자신감을 잃어 실수를 많이 하게 되어 평소보다도 못 하게 되었다. 열중할 수 없는 경우에는 자신감을 상실하여 능력을 완전히 소용 없게 만들어 버리는 것이다.

10. 집중력 향상법

집중력을 향상시키기 위해서는 다음과 같은 단계별 숙달이 필요하다.

◆ 제1단계 : 목적을 확실히 한다.

집중력을 높이는 훈련은 기억력을 높이는 경우와 마찬가지로 그 목적을 분명히 해두는 것이 중요하다.

◆ 제2단계 : 심신을 편안히 갖도록 한다.

몸(신체)과 마음(정신)을 편안히 갖도록 한다. 이 단계에서는 첫째로 마음을 침착하게 유지하고 둘째로 피로감을 회복시키는 일이 무엇보다도 중요하다. 따라서 집중력을 배양하기 위해서는 이들 두 가지 요소를 숙달해 놓도록 한다.

◆ 제3단계 : 과거의 좋은 이미지를 연상한다.

앞에서 설명한 바와 같이 기억력을 높이기 위해서는 '대상에 대한 과거의 좋은 이미지'와 '기억 자체에 대한 과거의 좋은 이미지'의 두 가지를 연상한다. 따라서 집중력을 높이기 위해서도 '대상에 대한 과거의 좋은 이미지'와 함께 '집중한다고 하는 것 자체에 대한 과거의 좋은 이미지' 등 두 가지를 연상해야 하는 것이다. 예를 들어 일에 대하여 집중력을 향상시키려고 하는 경우 일에 대한 과거의 좋은 이미지란 '회사의 중대한 일을 말끔히 처리한 후 기분 좋게 한 잔했다'라든지 '작년에 연말 보너스가 충분히 지급되어 보너스로 단기간의 해외 여행을 할 수 있었다'는 등을 말한다.

한편 집중하는 일 자체에 대한 과거의 좋은 이미지라고 하는 것은 '저 기계를 설계할 때는 집중하여 임할 수 있었다', '요즘 들어 정성을 들여 고객에게 상품 설명을 했더니 고객들도 매우 진지한 표정이었다'는 등이 그 예라 할 수 있다.

이들 과거의 좋은 이미지라고 하는 것은 집중하려고 할 때 과거에 얻을 수 있었던 즐거움과 환희를 환기시켜 주는 것이다. 이와 동시에 집중이 가능하다고 하는 자신감과 당신에게 적합한 집중 방법을 가르쳐 주게 된다. 따라서 제3단계에서는 i) 집중할 수 있다고 하는 자신감 ii) 당신에게 적합한 집중 방법 iii) 집중하려고 하는 일에 흥미를 갖는다고 하는, 집중력을 높이기 위한 세 가지 요소를 숙달시켜 줄 것이다.

◆ 제4단계 : 미래의 좋은 이미지를 연상한다.

미래의 좋은 이미지를 연상한다는 것은 집중력을 높이려고 하는 대상에게 즐거운 이미지를 연결하는 역할을 하지만 동시에 희망하고 있는 곳까지 도달되지 않는 경우에는 미래에 대한 희망을 가질 수 없다고 하는 절박감이나 긴박감을 부여하기도 한다. 이러한 제4단계에서는 i) 절박감, 긴박감을 부여한다 ii) 즐거운 일에 연결된다고 하는 집중력을 높이기 위한 두 가지 요소를 숙달시켜 준다.

◆ 제5단계 : 전체의 이미지를 연상한다.

문제 전체의 이미지를 연상함으로써 알고 있는 것과 알지 못하는 것이 명확해지며 동시에 어째서 자신은 이와 같은 일을 하려고 하고 있는가, 또한 하지 않으면 안 되는가 하는 해답이 분명해지는 것이다. 그리고 언제 어떠한 일이 일어날 것이라고 하는 예상조차도 가능해진다. 또한 예상이 가능해지면 자신이 일으켜야 할 행동의 시기가 스스로 느껴지게 되는 것이다.

그리고 전체의 이미지를 연상하고자 했을 때부터 전체의 윤곽이 선명해지게 된다.

즉 그렇게 함으로써 집중해야 할 포인트라고 하는 것을 명확하게 포착할 수 있게 되는 것이다. 이러한 제5단계에서는 i) 포부를 정할 것 ii) 이미지를 넓힐 것 iii) 예상해 볼 것 iv) 기한을 정할 것 등 집중력을 높이기 위한 네 가지 요소를 숙달시켜 주게 된다.

이처럼 앞에서 설명한 네 가지 단계가 숙달될 경우에 과연 어떠한 경우에 힘을 빼고 심신을 쉬게 히면 좋은가 또한 그렇게 하기 위해서는 어떻게 해야 할 것인가를 알게 된다. 따라서 적절한 휴식을 취한다고 하는 집중력을 높이기 위한 나머지 요소도 자연스럽게 숙달되는 것이다. 각 단계의 구체적인 방법은 앞에서 설명한 기억력을 향상시키는 방법과 동일하다.

11. 목적 달성으로의 선택 기준

우리들은 간혹 실로 하찮은 것 ― 술, 도박, 담배, 경마, 섹스 등 ― 에 흥미를 가지고 그것에 매달려 실패하는 경우가 많다. 결코 길지 않은 한 번뿐인 인생인데도 그것들에 매달려 파탄을 맞이하는 예가 적지 않다. 보다 중요한 인생 패턴은 모든 일을 합리적으로 생각하고 생활하는 것이라고 여겨진다.

작금의 사회는 수를 헤아릴 수 없을 정도의 다양한 능력이 요구되고 있다. 이런 점에서 기업에서는 실로 개성이 풍부한 인재를 요구하고 있는 것이다.

이는 동일한 학교에서 동일한 것을 배운 학생의 경우에도 그 학생의 시간적, 공간적인 환경이나 취미, 관심 등이 상이한 이상 육성된 능력의 질과 양에는 매우 큰 차이가 생기는 것이다. 따라서 현대인들은 제각기의 개성을 살려

나감으로써 얼마든지 사회에서 유용하게 활용할 수 있는 기회가 주어지게 되는 것이다.

보잘 것 없고 하찮은 일에 매달려 그 기회를 망가뜨려서는 안 된다. 그러므로 무엇보다도 유용한 것은 가능한 한 장기적인 전망을 가지고 모든 기회에 자신의 역량을 발휘할 수 있도록 하는 종합력이 필요하다는 것이다.

이를 위해서는 자신의 일상행동을 조절하면서 하찮은 일과 중요한 일을 선별하여 자신이 최상의 상태를 유지할 수 있도록 하는 조건 정비가 필요하다.

12. 목표를 정할 것

나는 무엇 때문에 살고 있는 것일까? 이것은 매우 어려운 문제이다.

예를 들면, 부모의 기대에 어긋나지 않기 위해서인가, 사회 발전에 봉사하기 위해서인가, 아니면 사기 자신만의 행복을 위해서인가(그런 것이 있는가, 없는가는 별도 문제로 하고). 물론, 막연하게 행복해지고 싶다고 생각하는 것은 자유이지만 그러한 추상적인 희망만으로 살아갈 수 있을 정도로 현실의 세계는 달콤하지만은 않은 것이다. 이 세상에서 보다 알찬 인생을 보내기 위해서는 좀더 구체적인 인생 목표를 나름대로 창조할 필요가 있다. 목표는 목적이나 희망보다 좀더 구체석이며, 설실하고 매력적이며, 달성할 수 있는 것이어야 한다.

목표는 그 사람의 성장도에 따라 변화한다. 그러나 그 변화는 동일 선상의 연장인 것이 바람직하다.

예를 들면, H라는 사람은 최근에는 자동차 세일즈맨을 희망하다가 그 다음에는 변리사를 희망하고 또 그 다음에는 사업가를 희망한다고 하는 등 목표를 계속 바꿔가며 생활하는 샐러리맨이다. 그 이유야 어떻든 이러한 사람은 소위 자기 자신의 인생 목표를 조잡하게 꾸려 가는 인물이 아닐 수 없다. 모름지기 목표를 안이하게 생각해서는 곤란하다. 목표는 의지라고 할 수 있다. 따라서 목표는 초지일관하여 관철하려고 하는 결의로 다져져 있지 않으면 안 된다.

가령, 프로 세일즈맨을 목표로 한다면 과연 그 일이 일생을 통하여 추구할 만한 가치가 있는 목표인가를 생각하며 그것이 곧 납득이 가는 목표라면 어떠한 역경이 있을지라도 이를 중도에서 포기하지 않겠다고 하는 굳은 결의가 필요한 것이다.

13. 목적과 목표는 다르다.

앞에서 설명한 내용과 비슷한 이야기지만 '목표는 구체적이다' 라고 하는 점을 새롭게 인식할 필요가 있다.

예를 들면, 여행의 목적은 관광, 상용, 귀성 따위이다. 목표는 목적보다는 더욱 즉물적, 현실적이 된다. 즉 관광이라면 '제주도의 김씨를 방문하여 한라산을 구경하자' 고 하는 것이 목표가 될 것이다. 그러나 상용의 경우는 '제주시의 주변에서 우리 회사의 신제품을 몇십 개 팔고 싶다' 고 하는 목표가 있을 것이다. 목표는 이와 같이 세밀하고 구체적일수록 집중력의 발휘가 용이하게 되면 달성이 촉진된다는 점을 착안할 필요가 있다. 요컨대 목표를 구체화하고 의미를 부여함으로써 그 사람의 집중력을 발휘시킬 수 있으며 집중의 성과를 충분히 음미할 수 있게 되는 것이다.

예를 들어 세일즈의 목표도 무슨 동으로부터 무슨 동까지 예상 고객 몇 집에 대해 한 집에 한 시간씩 몇 시간에 걸쳐 몇 퍼센트의 영업 목표를 성공시킨다고 하는 것처럼 목표를 세분화할 수 있다. 따라서 목표 없는 일(업무)인 공부(연구)는 전혀 의미가 없다. 바꿔 말하자면, 어떻게 해서든 목표를 능숙하게 설정하는가가 일이나 공부의 중심 과제가 된다는 의미이다.

어느 유명한 컨설턴트는 "목적을 가지고 천천히 걷는 사람은 목적 없이 달리는 사람보다도 언제나 빠르다."라고 피력한 바 있다. 따라서 과연 자신은 무엇을 하면 좋은가를 능숙하게 생각하는 사람은 이를 위해 달성하지 않으면 안 될 사항과 진행 방법에 대해 다각도로 검토하지 않고는 착수하지 않는다. 이런 사람들은 우선 자신의 목적을 명확하게 설정하는 일부터 시작한다.

또한 명확한 목적을 설정하기 위해서는 어떠한 일이 필요한가를 전부 추출하여 보는 일이 필요하다. 그런 다음 그 일의 전체를 살펴 어느 정도의 단계로 분류할 수 있는가를 고려해 그 단계마다 필요한 시간을 계산해보아야 한다.

CEO
부록 2

관리자는 자기가 맡은 업무만 해서는 안 된다.
보다 폭넓은 상식과 견문지식을 고루 갖추어야 한다.
관리자는 주로 읽고 생각하고 계산하는
업무중심으로 일을 추진하게 된다.
그렇기 때문에 경영용어뿐만 아니라
일반적인 경제상식도 알아두어야 한다.
다음은 관리자 · 간부들을 위한 일반상식 문제이다.
최소한 다음과 같은 상식 문제는 알아두기 바란다.

1. 다음 용어를 간략하게 설명하시오.

(1) 목표관리제도

(2) PERT(Program Evaluation and Review Technique)

2. 다음 질문에 답하시오.

(1) 유동비율의 공식을 쓰시오.

(2) 유동자산 1,500(백만원), 유동부채 1,200(백만원)이라고 한다면
유동비율은 얼마인가 ?

1. 다음 용어를 간략하게 설명하시오.

　(1) Project Team

　(2) Span off Control

2. 다음 질문에 답하시오.

　(1) 자기자본 비율의 공식을 쓰시오.

　(2) 총자본 1,000(백만원), 자기자본 200(백만원)의 경우 자기자본 비
　　　율은 얼마인가 ?

1. 다음 용어를 간략하게 설명하시오.

   (1) Brain Storming

   (2) On the Job Training

2. 연간매출액 15억원, 평균자본금을 6억원으로 한다면 총 자본회
   전율은 얼마인가? 또한, 바람직한 회전율은 얼마인가?

   (1) 공 식

   (2) 해 답

   (3) 바람직한 회전율

1. 다음 용어를 간략하게 설명하시오.

   (1) Morale Survey

   (2) Counselling

2. 고정자산 2억원, 자기자본 1억 5천만원, 장기 차입금 1 억원, 단기 차입금 5천만원인 경우, 다음 질문에 답하시오.

   (1) 고정비율은 얼마인가 ?

   (2) 고정 장기적합률은 얼마인가 ?

1. 다음 용어를 간략하게 설명하시오.

   (1) Risk Management

   (2) Result Management(결과에 의한 관리)

2. 당기 구매액 8억원, 매출액 12억원, 받을 어음 잔액 2억원, 외상 판매대금 잔액 1억원, 지불어음 잔액 5천만원, 외상매입금 잔액 1억 5천만원이라면,

   (1) 지불계산 회전율의 공식은?

   (2) 지불계산 회전율은 얼마인가?

   (3) 수취(영수)계산 회전율의 공식은?

   (4) 수취(영수)계산 회전율은 얼마인가?

1. 다음 용어의 의미를 간략하게 설명하시오.

   (1) Marchandising

   (2) Project Life Cycle

2. 자기자본 2억원, 타인자본 3억원, 단기 차입금 1억 5천만원, 장기 차입금 5천만원인 경우, 다음 질문에 답하시오.

   (1) 총자본대 차입금 비율의 공식은?

   (2) 총자본대 차입금 비율은 얼마인가?

   (3) 이 숫자는 타당한가?

1. 다음 용어의 의미를 간략하게 설명하시오.

　(1) Dynamic Programing

　(2) Job Rotation

2. A회사는 자본금 5천만원, 내부유보 7천만원, 총자본 4억원이다.

　(1) 자기자본 비율은 얼마인가 ?

　(2) 자본저축은 몇 배인가 ?

1. 다음 용어의 의미를 간략하게 설명하시오.

  (1) Top Management

  (2) Product Manager 제도

2. 종합 상사인 S사는 사원 80명, 총자본금 6억 4천만원이다. 금년의 경상이익은 총자본의 10%였다. 매출액은 총자본의 3배이다.

  (1) 1인당 경상이익은 얼마인가 ?

  (2) 총자본 회전수(율)는 얼마인가 ?

  (3) 그들의 숫자는 타당한가 ?

1. 다음 용어의 의미를 간략하게 설명하시오.
   (1) X이론 · Y이론

   (2) Career Plan

2. Y회사는 고정자산 2억원, 자기자본 1억 8천만원, 장기 차입금 7천만원이다.
   (1) 고정비율은 얼마인가?

   (2) 고정 장기적합률은 얼마인가?

   (3) 그들의 숫자는 타당한가?

1. 다음 용어의 의미를 간략하게 설명하시오.

   (1) Human Assessment

   (2) Venture Business

2. H회사는 지불이자 1,600만원, 수취어음이자 400만원, 차입금
   2억원, 할인어음 1,000만원, 장기예금 600만원이다.

   (1) 실제 지불이자율은 얼마인가 ?

   (2) 그 숫자는 타당한가 ?

1. 다음 용어의 의미를 간략하게 설명하시오.

  (1) 분식결산

  (2) 사업부제

2. M회사는 고정비 3,000만원, 한계이익율 40%, 매출액 1억원이다.

  (1) 손익분기점 매출액은 얼마인가 ?

  (2) 손익분기점 조업도는 얼마인가 ?

1. 다음 용어의 의미를 간략하게 설명하시오.

   (1) Spin Out

   (2) 組織 Slack

2. 소매업을 하는 T회사의 경상이익은 5,000만원, 자기자본 1억
   원, 타인자본 2억원이다.

   (1) 자기자본 이익률은 얼마인가 ?

   (2) 총자본 이익률은 얼마인가 ?

   (3) 그들의 숫자는 타당한가 ?

1.

(1) 이는 목표에 의한 관리를 의미한다. 조직구성원에 대해 행동목표를 부여하고, 그것을 어떻게 달성할 것인가 하는 방법면에서 각 개인의 자주성과 창의력에 기대하는 관리방법을 말한다.

더 나아가 조직 측면에서 조직 전체가 창출해낸 조건만을 제시하며, 목표설정 그자체는 각 개인이 자주적으로 달성하도록 노력하는 일도 이에 포함된다. 이러한 경우에 관리자는 직책을 이용하여 일방적으로 또는 위압적으로 명령만을 내리는 역할이 아닌 어디까지나 목표설정을 지도하고, 다수인의 목표설정을 조정하며, 목표달성에 필요한 정보를 제공하도록 해야 한다. 또한 목표달성도를 측정하여 장애요소를 제거시켜 주는 촉진적 역할을 담당해야 한다. 목표관리제도는 조직의 거대화에 따른 폐해를 줄인다는 데에 큰 목적을 두고 있다.

(2) PERT는 Program Evaluation and Review Technique의 약자로서, 즉 계획의 평가·검토 기술을 말한다. 신규 프로젝트(project) 등의 수행에 있어서는 프로젝트를 구성하는 부분활동을 논리적 또는 기술적으로 관련시켜 네트워크(network)의 형식을 취하도록 한다. 또한, 그 겨냥은 시간과 코스트(cost)의 양면으로부터 이 네트워크를 검토하여 프로젝트의 완료를 위해 부분활동의 네트워크 가운데 가장 긴 시간을 필요로 하는 경로가 다른 전체 경로를 통제(규율)하도록 한다. 이와 같은 최장시간 경로를 위기경로(危機經路)라고 하며, 이것이 허용시간을 초과할 경우에는 계획 자체의 수정이 필요하다.

2.

(1) 유동자산 ÷ 유동부채

(2) 1,500 ÷ 1,200 = 125%

1.

(1) 이는 신규특정의 해결해야 할 과제, 예를 들면, 설비투자 계획의 설정을 처리하기 위해 그것에 가장 유효하도록 만들어진 특정조직을 말한다.

문제의 성격에 따라 그것에 가장 적합한 인원·능력을 그 문제해결을 위해 결집시켜 집중적으로 처리할 필요가 있다. 이와 같이 하여 만들어진 팀(team)이 곧 프로젝트 팀(project team)이며, 프로젝트를 추진하면서 탄력적으로 인원을 교체·보강하고 과제가 달성되면 해산하는 방식을 반복한다. 군대에서는 이와 같은 팀을 태스크 포스(task force : 기동 부대)라고 하며, 최근에는 기업에서도 이 용어를 사용하는 경우가 많다.

각 프로젝트 팀의 중심 인물을 프로젝트 리더라고 한다.

(2) 한 사람의 관리자가 직접 또는 효율적으로 관리할 수 있는 부하직원의 수를 스팬 오프 컨트롤(span off control)이라고 한다.

이것은 관리범위·관리한계·통제범위·관리의 폭 등으로 해석되고 있다.

조직이 비약적으로 커지게 되면 계층의 수(數)가 증가하게 되는데 이는 스팬(span)이 유한하기 때문이다. 계층화의 폐해를 감소시키기 위해서는 유효성을 잃지 않으면서 스팬(span)을 확대하여 계층수를 감소시키지 않으면 안 된다.

2.

(1) 자기자본 ÷ 총자본

(2) 200 ÷ 1,000 = 20%

1.

(1) 이는 창조적 두뇌의 집단적 개발법으로서 그룹의 각 개인이 아무런 구속을 받지 않으면서 자유롭게 자기의 창조적 아이디어를 생각나는 대로 제안하는 토의 방법이다. 미국의 오즈번(A. F. Osborn)이 창안한 방법인데, 편의상 사회자를 두기는 하지만 일반적인 회의와는 그 성격이 다르다. 사전에 의제를 정하지 않으면서 각 개인의 연쇄적 사고를 촉진하는 것만으로도 실행 가능한 새로운 아이디어 내지 착상을 얻을 수가 있다. 이의 핵심요점은 타인의 발언을 부정하거나 비판하지 않으면서 지속적으로 연상을 발전시켜 가는 것이다.

(2) 이는 종업원에 대한 교육훈련의 한 가지 방법이다. 업무에 임하면서 일상적인 업무 속에서 교육훈련을 실시한다는 견해에 따른 것이다. 이와 같은 견해에 입각하여 기술하자면 모든 관리자는 업무 수행의 지휘감독관의 역할을 해야 하는 것은 물론이거니와 업무수행 과정에서 부하의 능력을 향상시켜야 할 책임을 맡고 있는 교육자이기도 하다. 이 방법은 시간의 결손을 줄이면서 업무를 통해 실제적인 기술·지식을 습득할 수 있으며 또한 관리자(교육자)와 부하직원과의 친밀감을 증대시키면서 학습의욕을 높일 수 있는 효과적인 방법이다.

반면에 이 방법은 지도자(관리자)의 수준 높은 자질이 요구되며, 교육훈련의 내용을 체계화시키는 데도 상당한 어려움이 뒤따른다.

2.

(1) 연간매출액 ÷ 평균자본

(2) 2.5 ~ 3 회전(回轉) 이상

1.

(1) 이는 종업원의 모럴(moral : 사기·근로의욕)의 높고 낮음을 측정하는 활동을 말한다. 측정법은 크게 두 가지로 나뉘어지고 있다. 첫째는 종업원의 활동과 성과를 기록하여 그 추세 변화나 돌연적인 변화 추이에 주목하면서 모럴의 상태를 파악하는 것이다. 즉 애로사항의 수와 내용, 결근율, 이직률, 재해율, 업무의 실패율 등이 중요한 재료가 된다.

둘째는 태도 조사로서 고유의 모럴 서베이라고 할 수 있다. 이 방법에서는 면접 내지는 질문용지에 의해 종업원의 태도와 그 밑바탕에 있는 의식을 조사하게 된다. 면접은 시간과 비용이 소요되므로 질문용지에 의한 방법이 일반적으로 이용되고 있다.

종업원은 질문받고 있는 사항에 대해 '예' '아니오' 등의 답변을 하도록 하는 형태로 체크한다. 그런 이후에 그것을 종합하여 태도를 측정하면 된다.

(2) 이것은 직장의 사기(moral)를 높이거나 유지하기 위한 하나의 방책이다. 종업원이 업무나 업무 이외의 사항에 대하여 어떻게 생각하고 있으며 어떠한 감정을 지니고 있는가를 발견하여 직장의 업무에 보다 효과적으로 적응할 수 있도록 하기 위해 실시하는 방법이다.

이는 현재 업무(일)에 적응하지 못하고 있는 부하직원과 고민을 안고 있는 부하직원을 발견하여 보다 적극적인 상담·지도를 실시하여 조직에 적응할 수 있도록 선도하는 것이 목적이다. 기계화에 의한 인간성의 상실 문제가 부각되고 있는 요즘 종업원이 보다 적극적으로 조직에 순응할 수 있도록 하는 방책이 더욱 절실히 요구되고 있다. 상담원(카운슬러)은 무엇보다도 상대방의 신뢰를 얻을 수 있는 인물이어야 하며, 그래야만 부하직원으로 하여금 편안한 마음으로 상담에 임하게 할 수 있다.

2.

(1) 2억 ÷ 1.5억 ≒ 133%

(2) 2억 ÷ (1.5억 + 1억) = 80%

1.

(1) 이는 다름아닌 위험 관리를 말한다. 경영활동에 따른 각종 형태의 리스크(risk)에는 여러 가지 형태가 존재하게 되는데, 즉 고용 · 생산 · 판매 · 투자 · 연구 · 개발 등의 업무활동에 따른 동태적 · 투기적 리스크, 지진 · 화재와 같은 정태적 · 순수 리스크, 그리고 경제적 · 사회적 · 심리적 · 물리적 · 법률적인 것 등으로 구분하는 방법이 있다.

리스크의 처리방법은 기본적으로 리스크 컨트롤(risk control)과 리스크 파이넌스(risk finance)의 두 가지로 구분된다.

전자(前者)는 리스크를 회피 · 경감 · 분산하는 방법으로, 안전장치의 설치와 같은 기술적인 대응책과 정기검사 · 교육훈련과 같은 인적 대응책이 있다. 한편, 리스크 파이넌스는 보험(保險)과 같이 리스크 발생시에 자금적인 대책을 준비하는 것이다.

(2) 결과에 의한 관리를 말하는 것으로, 보통의 매니지먼트(management)는 ① 목표를 설정하고 ② 그 목표를 달성할 수 있도록 지휘 · 지도하며 ③ 그 결과를 감독한다는 것에 비해 이 방식은 ⅰ) 조직 전체가 기대하는 결과를 다수인에 분할한다. 이것은 '명령'이라고 한다. ⅱ) 그 분할된 결과를 각자가 실현함으로써 기업 전체의 목표를 달성할 수 있다. ⅲ) 따라서 그 과정이 어떻든 업무 결과가 완전하게 달성된다면 좋다고 하는 견해이다.

2.

(1) 분기구매액 ÷ (지불어음 + 외상 매입금)

(2) 8억원 ÷ (0.5억원 + 1.5억원) = 4회전

(3) 순매출액 ÷ (받을 어음 + 외상대금)

(4) 12억원 ÷ (2억원 + 1억원) = 4회전

1.

(1) 이것은 일반적으로 상품화 계획이라고 해석하고 있다. 적절한 상품을 적절한 가격으로 적절한 시기에 적절한 수량을 제공하기 위한 계획, 즉 과학적인 수법을 바탕으로 하여 팔리는 제품(상품)을 생산하는 것이다. 이를 위해서는 시장 조사를 참고로 하면서 ① 제품의 품질 ② 제품의 디자인과 포장 ③ 제품 자체의 개량 ④ 제품의 새로운 용도 개척 ⑤ 제품 라인(형태·크기가 다른 동일 종류의 제품)의 확장 ⑥ 제품 라인의 합리화 등의 관점에 의한 검토가 추가된다.

(2) 이는 제품이 개발되어 시장에서 팔리기 시작하면서부터 시장에서 모습을 감추기까지의 경제적 양상을 말한다. 일반적으로 제품(상품)의 라이프 사이클(life cycle)은 다음과 같다.

① **도입기** 제품의 가치를 인식시키면서 판매촉진 활동을 해야 하는 시기로서 매출(판매)이 저조한 시기.

② **성장기** 매출이 상승되고, 가격·비가격(제품내용)면의 경쟁이 격화되는 시기.

③ **성숙기** 매출이 평균을 유지하는 시기.

④ **쇠퇴기** 아무리 노력해도 매출이 감소하거나 규격히 저하되는 시기.

　　이와 같은 관점에서 어느 제품(상품)의 성장기 또는 성숙기간 중에 다음 제품을 개발하지 못하면 기업의 성장은 어려워진다.

2.

(1) (1.5억원 + 0.5억원) ÷ (2억원 + 3억원)

(2) 40%

(3) 메이커에서 10% 오버, 상사에서 20% 오버되어 있다.

1.

(1) 이는 동적 계획이라고도 한다. 주로 컴퓨터를 사용하여 상호 관련 있는 일련의 의사결정을 다단계에 걸쳐 전체목표를 달성하도록 하는 계획 문제로서 전체를 가장 효율적으로 달성하기 위한 수학적 방법을 말한다.

장기 계획은 예산계획 · 설비갱신계획 · 수송계획 · 생산증대를 위한 자원분배 등 경영의 의사결정에도 폭넓게 사용되고 있다.

(2) 이는 후계 경영자의 육성방법의 하나로 계획적으로 여러 가지 직무를 역임시켜 그 수행경험을 통하여 능력 · 지식 · 자질을 개발시키는 방법이다. 경영자는 제너럴리스트(generalist)로서 종합적 · 대국적 · 전략적으로 의사결정을 해야 한다는 점에서 특정영역에 편중되지 않는 폭넓은 시야가 요구되고 있다. 이와 같은 요점에 부응하기 위한 방법의 하나로 잡 로테이션(job rotation)이 출현하게 되었다. 이제 하나의 잡 로테이션은 경영자에 한정되어 적용되는 것이 아닌 일반 종업원에게도 여러 형태의 업무(일)를 계속적이며 교대적으로 담당시킬 수 있는 제도이다. 이 방법은 동일한 업무(일)를 장기간에 걸쳐 부여하지 않는다는 점에서 단조로움에서 오는 의욕의 저하를 예방할 수 있을 뿐더러 직업병도 제거할 수 있다. 또한 이 방법은 공평성을 기준으로 하기 때문에 자기개발에 대한 향상 의욕도 북돋울 수 있게 된다. 따라서 이를 목표관리나 부가가치 배분 방식과 결합시킬 경우에는 더욱 큰 효과를 기대할 수 있다.

2.

(1) (5,000만원 + 7,000만원) ÷ 4억원 = 30%

1.

(1) 이는 일반적으로 최고경영이라든가 최고관리라고 부르고 있다. 현대의 대규모 경영에서는 경영 목표나 전략결정과 실시와의 사이에 결정을 구체화하는 계획을 세워 이를 지시 · 지휘 · 감독하는 기능이 존재하게 된다. 이와 같은 목표 · 전략의 결정 → 지령(명령) → 지휘 → 감독 → 실시라는 기능 계열중 결정은 협의 고유의 경영기능이며 지령(명령)으로부터 감독에 이르는 각 기능이 곧 관리가 된다. 톱 매니지먼트는 결정을 구체화하여 명령하는 기능을 가리킨다. 이와 같은 기능 담당자는 기업의 발전 또는 성장에 따라 달라지게 되나, 자본과 경영의 분리가 이루어지고 있는 현대 기업에 있어서는 결정 기능은 주로 이사진에게 맡겨지며 톱 매니지먼트로서 지령(명령)을 중심으로 하는 결정에서부터 지시에 이르는 기능은 사장이나 중역회의와 같은 기관이 담당한다.

(2) 이는 신제품의 개발과 상품화를 추진하는 전문담당자 제도를 말한다. 즉 제품마다 전담자를 두어 설계로부터 제조 · 판매까지의 각 부문간의 연락과 조정에 임하며 매력 있는 신제품이 적절한 타이밍에 맞춰 생산되도록 촉진활동을 전개하는 것이다. 우선 제품의 구조나 기능에 관한 사양(仕樣)을 작성하고, 시장조사 등에 의해 판매가능성을 검토하여 기술관련부서로 전달하여 설계과정에서 참고할 수 있도록 한다. 또한 기술 코스트(cost)면에서 검토하여 무리라고 생각되는 것은 재검토하고, 가능성이 있는 것은 본격적인 생산이 이루어지도록 추진한다.

여기에는 원재료의 수배 · 포장 · 디자인 · 카탈로그의 준비 등도 포함된다. 즉 본격적인 생산이 시작된 시점에서 프로덕트 매니저 기능은 완료되는 것이다.

2.

(1) 6,400만원 ÷ 80명 = 80만원

(2) (6.4억원 × 3) ÷ 6.4억원 = 3회전

(3) 타당하다.

1.

(1) 미국의 학자 맥그리거가 주창한 학설이다.

　'X이론'은 인간은 노동을 싫어하지만 생활을 지탱하기 위해 할 수 없이 일한다. 따라서 지시나 명령받은 일 외에는 하려고 하지 않는다. 그러므로 엄격한 감독·상세한 지시·명령 그리고 금전적인 자극책을 부여할 필요가 있다는 견해이다.

　'Y이론'은 인간은 일한다는 것 자체를 즐거움이나 놀이와 같이 전향적인 자세로 임한다는 견해이다. 따라서 인간은 자신의 능력향상이나 자기실현을 근로(노동) 속에서 발견하려고 하고 있다. 이런 점에서 가능한 한 종업원도 경영에 참여시키면서 목표관리제도를 도입해야 한다는 견해이다.

(2) 이는 인사이동을 축으로 교육훈련·자격 제도, 능력평가 제도 등을 혼합하여 종합적인 인사관리 제도를 만들어 종업원이 자기의 인생계획 목표와 코스를 그 제도 속의 직무 또는 직위체계 속에서 발견할 수 있도록 하는 제도를 말한다. 이 플랜의 운용에 있어서는 상사가 적절한 지도를 하는 것이 필수적인 조건이 된다. 또한 이 플랜이 겨냥하는 목적은 종업원의 인생계획을 경영활동 속에서 찾도록 하면서 모럴(사기)을 높이며 또한 인재의 개발·활용을 달성하고자 하는 것이다. 또한, 이 플랜은 철저한 인사정보 관리와 함께 목표관리제도와 결합하게 되면 가일층 효과를 거둘 수 있다.

2.

(1) 2억원 ÷ 1.8억원 = 111%

(2) 2억원 ÷ (1.8억 + 0.7억) = 80%

(3) 고정비율은 100% 이내가 바람직하다.

1.

(1) 이는 관리직 후보 사원의 선발법과 육성법을 겸한 평가법이다. 안정성장시대의 관리직의 부족으로 인하여 종래의 연줄에 의한 등용이나 단순한 인사고과에 의한 등용이 퇴색되면서 실력 있는 인물의 등용법을 필요로 하는 시대가 오고 있다.

휴먼 어세스먼트의 예를 들자면, 어느 회사의 3박 4일의 합숙훈련에서 ① 성격·적성(판단력·통솔력·사회성 등) 테스트 ② 지식 응용력과 성격 판정을 위한 문서작성 테스트 ③ 정보수집력·전달력·통솔력·집단행동력을 판정하기 위한 테스트 ④ 논리적 구성력·설득력을 판정하기 위한 자유토론 ⑤ 케이스 스터디(case study)에 의한 현장 테스트를 행하며 인사담당자가 평가자로서 전 과정을 주시한다.

(2) 이는 연구·개발능력의 집약적 발휘를 의도로 하여 만들어진 기업의 프로젝트의 일환이다. 통상 소규모로 시작하는 것이 일반적이나 고도의 기술·창조적인 재능 또는 기업가 정신을 지닌 사람들이 대기업이나 대학의 연구기관을 스핀 아웃하여 시작하는 경우가 많다. 전자·화학·기계 등의 분야에서부터 유통·서비스·사회개발·정보처리 등의 분야에까지 폭넓게 확산되고 있다. 우수한 사람들이 성장분야에 참여하기 때문에 급성장하는 기업이 많은데, 한편으로는 경영능력이 부족하게 되면 난관에 봉착하는 경우도 있다.

2.

(1) (1,600만원 ÷ 400만원) ÷ (2억원 + 1,000만원 ÷ 600만원) ≒ 0.6%

(2) 타당하다.

1.

(1) 이는 기업경영이 위태로운데도 건전(건실)하게 이익을 올리고 있는 것처럼 속이는 결산행위를 말한다. 방법으로는 '자산의 부풀림', '허위매출', '경비의 이월행위', '자회사의 이용' 등 여러 형태의 교묘한 방법이 사용된다. 이것을 방지하기 위해서는 '공인회계사의 감사권한의 확대', '공인회계사에 대한 벌칙의 강화', '감사역의 권한 확대' 등에 주력할 필요가 있다.

이와는 반대로 세금을 줄이거나 내지 않기 위해 조작을 하는 기업도 있다. 관리자(간부)는 거래처의 결산서를 입수한 경우에는 일단은 의문점을 갖고 세밀하게 확인해 볼 필요가 있다. 특히 거래처가 적자 상태를 유지하고 있음에도 흑자(이익)를 내고 있는 회사라고 믿고 거래해서는 위험한 일이다.

(2) 기업의 규모가 커지게 되면 관리면에서는 곧바로 계획이나 방침의 불철저·관료화 징후·업무처리의 지연현상 등이 나타나게 된다. 이와 같은 경향은 다각화 경영이나 지역적으로 분산되어 있는 기업의 경우에는 더욱 심하다고 볼 수 있다.

따라서 제품별(상품별)·지역별로 사업부 형태의 조직단위를 설치, 각 사업부에 전체로서의 기업경영 측면에서 할당계획에 입각한 이익목표만을 부여하여 그것을 어떻게 달성할 것인가에 대해 각 자유재량에 맡기는 제도를 말한다. 각 사업부는 제조·판매를 자주적으로 행하는 독립채산단위로 설정, 업적을 정확하게 측정하여 업적에 따른 배분을 행한다.

말하자면 기업 내에 반독립적인 조직단위를 설치·기업 내 경쟁과 기업 외 경쟁을 직결하여 대기업이 지닌 경직화를 해소시키기 위한 방책으로 실시되는 경우가 많다.

2.

(1) $3{,}000$만원 $\div \left(1 - \dfrac{4{,}000\text{만원}}{1\text{억원}} \right) = 5{,}000$만원

(2) $5{,}000$만원 $\div\ 1$억원 $= 50\%$

1.

(1) 이를 직역하자면 수평(水平)으로 긋는다는 의미를 내포하고 있다. 경영전략적인 측면에서는 합병에 의한 규모 확대에 따라 스페셜리스트를 독립집단으로서 분할시키는 수평다각화의 쪽이 유리하다. 이 선(線)에 따라 기업 내의 두뇌집단, 연구개발부문을 독립시켜 효율을 높이고자 하는 방법을 '스핀 아웃 전략'이라고 한다.

연구부문을 독립시켜 주식회사로 하는 경우 등은 이와 같은 구체적인 사례라고 할 수 있다.

(2) 조직 슬러그란 환경조건이 호황인 경우 예를 들면, 필요한 인원을 과대하게 산정하여 채용하는 것과 같이 조직의 제반 결정이 방만형태로 치달아 개선의 여지가 상당폭 남아 있는 현상을 말한다. 따라서 그것은 '비능률'이라고 부르는 경우도 있다. 그러나 급작스럽게 제거할 수 있는 성격은 아니라고 볼 수 있다.

환경조건이 악화되었을 때 과거의 슬러그는 경영의 여유가 될 수도 있으며, 조직의 존속력에 유용할 수도 있다.

2.

(1) 5,000만원 ÷ 1억원 = 50%

(2) 5,000만원 ÷ 3억원 ≒ 17%

(3) 타당하다.

성공하는 기업의
인간경영

"경영에서 가장 중요한 성공법칙은 인간관리이다."

"기업은 사람이다."라는 말이 있다.

기업뿐만 아니라 우리의 생활에서도 가장 중요한 것이 인간관계이다. 하나의 기업이 최고의 자리에 우뚝서기 위해서는 그 기업을 구성하고 있는 구성원들도 중요하지만 특히 그 구성원들을 이끄는 최고 경영자나 관리자들의 자질도 중요하다. 즉 개인의 인간성, 개성 및 창조적 능력을 존중하여 활용할 줄 아는 인간경영에 자질이 있어야 한다.

지금과 같이 경제가 어려운 때에 정규 사원을 비롯해 파트타임, 중도채용, 중·고령층사원 채용, 여성인력을 효율적으로 활용하는 인재활용술이 이 어려운 난국을 헤쳐나가는 데큰 도움을 줄 수 있을 것이다.

중소기업노무연구회 편 / 홍영의 옮김
/ 신국판 / 368쪽 / 값 11,000원

이 책은 각 기업들의 다양한 경영 실태 속에서 인사·노무 관리 개선에 있어서 많은 도움이 될 수 있기를 바라는 의도로 만들어졌다.

특히 중소기업 경영·노무 관리 개선 지도의 전문가로서 오랫동안 이 분야에 관계하고 중소기업에 있어서 노동력 확보와 활용에 대해서 조사 ·연구를 계속해 온 집필진이 내용을 엮었다.

가림출판사   전화   458-6451   팩스   458-6450

CEO가 될 수 있는 성공법칙 101가지

2001년 2월 5일 개정증보판 1쇄 인쇄
2001년 2월 10일 개정증보판 1쇄 발행

편역자/김승룡
펴낸이/강선희
펴낸곳/가림출판사
기획위원/강경무 · 김충호 · 석종복 · 이창석 · 지창영
기획 · 편집/장연수 · 이선희 · 김진호 · 홍경숙 · 손일호 · 이정아
홍보/한국종
마케팅/강명회 · 이상혁

등록/1992. 10. 6. 제4-191호
주소/서울시 광진구 구의동 57-71 부원빌딩 4층
대표전화/458-6451   팩스/458-6450
인터넷 http://www.galim.co.kr
e-mail   galim@galim.co.kr
천리안 ID galimmb

값 9,500원

ISBN 89-7895-084-1 13330